국어선생님의

과학
으로
세상
읽기

국어선생님의

과학
으로
세상
읽기

김보일 지음

휴머니스트

사유하는 과학을 꿈꾸며

1

영국의 대기 과학자 제임스 러브록은 지구를 하나의 생명체에 비유하면서 인류를 비정상적으로 불어나는 암세포에 빗댄 바 있다. 아닌 게 아니라 인류가 없었다면 지구는 지금보다 훨씬 건강했을 것이다. 천지사방 녹음은 무성하고 강물은 지금보다 훨씬 푸르렀을 것이며, 밀림은 지금보다 훨씬 더 많은 생명체들의 보금자리가 되었을 것이다. 그러나 인류는 과학이라는 막강한 힘을 빌려 근대화라는 명목으로 이 모든 풍성함을 앗아갔다. 하지만 누구도 오늘날을 빈곤의 시대로 규정하지 않는다. 우리는 더욱 풍요로워졌으며, 과거보다 훨씬 더 편리한 생활을 영위하고 있다. 이 모든 혜택이 과학의 덕이라고 우리는 굳게 믿고 있다.

그러나 과학이 인류를 포함한, 지구에 있는 모든 생명체들의 복지를 고려하고 있는가에 대해서는 회의적이다. 2006년 10월 유엔 식량농업기구(FAO)가 발표한 기아 희생자 보고서에 따르면, 2005

년에 10살 미만 아동이 5초에 1명씩 굶어 죽어갔다. 비타민 A 부족으로 시력을 잃은 사람이 3분에 1명꼴로 생겨났다. 세계 인구의 7분의 1인 8억 5천만 명, 65억 인구의 약 20%가 만성적 영양실조 상태에 있다. 아프리카는 전인구의 36%가 기아에 무방비 상태다. 바로 이것이 과학의 시대라는 21세기의 지구촌의 엄연한 현실이다.

2

사회 생물학자인 에드워드 윌슨은 만일 열대 우림의 파괴가 현재의 속도로 2022년까지 계속된다면 남아 있는 면적의 절반이 사라질 것이라고 경고한 바 있다. 열대 우림의 감소는 생물 다양성의 감소로 직결된다. 윌슨은 열대 우림에서 매년 2만 7천 종이 사라질 것이라고 주장한다. 이렇게 본다면 날마다 74종, 시간마다 3종의 생물이 열대 우림에서 사라지는 셈이다. 이런 현실에서 과학은 과연 누구를 위한 과학인가를 물을 수밖에 없다.

그동안 과학은 지식과 부와 권력을 '가진 자'의 것이었다. 그럼에도 불구하고 우리는 과학이 모든 이에게 고른 혜택을 줄 것이라는 환상을 갖고 있다. 물론 과학과 기술로 인해서 인류의 편의가 증진된 것은 부인할 수 없는 사실이지만 그 혜택이 과연 정의로운 방식으로 평등하게 분배되었느냐에 대한 답은 부정적일 수밖에 없다.

제레미 리프킨의 《바이오테크 시대》를 대충이라도 읽은 사람은 유전공학이 거대 기업의 이익을 살찌워 주는 만큼 만인에게 고른 혜택을 돌려주지 않는다는 사실을 눈치 채게 된다. 또한 제약회사들이 오히려 정상적인 것을 비정상적인 것으로 규정하여 약을 판매하고 있다는 역설적인 메시지를 담고 있는, 레이 모이니헌과 앨런 커셀스의 공동저서 《질병 판매학》을 재미있게 읽은 사람이라면 제약회사의 연구 활동이 과연 누구를 위한 것이냐고 물을 수 있다. 로버트 멘델존 박사의 《나는 현대 의학을 믿지 않는다》를 통해 우리들이 반드시 필요하지도 않은 항생제를 투여 받고 있으며, 꼭 필요하지도 않은 시술을 받고 있다는 사실을 알게 된다면 우리는 이렇게 물을 수 있다. "대체 누구를 위한 의학인가?"

3

우리는 과학이 우리를 자유롭게 해 준다고 생각해 왔다. 무지가 우리를 구속하고 있기 때문이다. 이 무지의 구속으로부터 벗어나기 위해서는 응당 '앎'이 필요하다. 이때의 앎은 자연 현상의 배후에 있는 이치를 파악하고 이를 바탕으로 자연에 대한 지배력을 강화하자는 '베이컨식의 앎'을 뜻한다기보다는 과학이 우리가 사는 세계에 과연 정당하게 작동하고 있는가에 대해서 묻고 답하는 '성찰의 앎'을 뜻한다. 과학은 사물에 대한 지식이기도 하지만 우리가 사는 세계에 대한 성찰적 지식이기도 하다. 세계의 시민이라면, 아니 생태계의 일원이라면 누구도 이 성찰적 앎을 게을리해서는 안 된다.

4

우리 사회의 읽고 쓰기의 표본 중 하나인 대학 입시 논술의 최근 경향은 한마디로 '통합'이다. 통합 논술의 가장 큰 특징은 개별 교과들의 지식이 통합되고 상이한 교과 영역이 서로 맞물리고 전이된다는 점이다. 통합 논술에서의 '영역 전이'는 상이한 분야가 어떤 내적인 일관성에 의해 결합되는 양상을 이른다. 가령 '내 마음은 호수요.'라고 하는 문학적 비유도 영역 전이에 해당된다. 마음과 호수는 전혀 다른 영역이다. 하나는 관념의 영역이요, 또 하나는 물질의 영역이다. 그러나 상상력에 의해 결합된 두 개의 낯선 개념은 하나의 비유를 형성하며 새로운 의미망을 만들어 낸다. 바로 그것이 영역 전이의 효과다. 그러나 자신의 의견이나 주장을 영역 전이의 방식, 즉 비유에 의존하지 않고 난해하고 생소한 개념으로 범벅이 된 이론으로 되풀이한다면 듣는 사람으로서는 요령부득이다. 학회지에 수록되는 글들처럼 비슷한 수준의 '정신적 또래'들이 돌려가며 읽는 글들이라면 문제될 것이 없다. 비록 그런 글들이 대중들에게는 난수표와 같은 것일지 몰라도 '그들만의 리그'에서는 충분히 유의미하고 재밌는 글일 수 있기 때문이다. 문제는 그들만의 리그를 빠져나와 대중들과 소통하는 장(場)에서마저 추상적 개념, 전문적 개념들이 난무하는 것이다.

대중들의 눈높이를 고려하면서 대중들과 교감하려는 과학자의 자세를 잘 보여 준 이는 생태학자 로버트 페인이었다. 그는 생태계에서 특정한 종이 사라짐으로써 생태계 전체가 불안정해질 때, 생태계 전체에 미치는 그 특정의 종을 '쐐기돌종'이라 이름 붙였다. 아치를 완성할 때 마지막으로 맨 위에 끼워지는 쐐기돌은 전체 구조를 안정시킨다. 만약 이 쐐기돌을 빼내면 전체 구조가 매우 불안정해져, 외부의 작은 충격에도 아치 구조가 쉽게 무너질 수도 있다. 필자는 생태학자 로버트 페인의 탁월함은 쐐기돌종의 발견에 있기도 하지만 '쐐기돌'의 개념을 빌어 자신의 연구 업적을 대중들과 나누려 했던 그의 '눈높이'에 있다고 생각한다.

5

필자 또한 현장에서 국어를 가르치는 교사로서 인문학의 화두들을 과학에서의 사례들과 연결 짓는 '영역 전이'를 통해 학생들에게 보다 유연한 사고력을 길러줄 수 없을까 나름대로 고민을 해 보았다. 그 고민을 해결하기 위해 한 권 한 권 과학책을 읽어 가기 시작했다. 그 과정은 고통스러웠지만 새로운 사유로 세상을 읽어 가면서 느꼈던 즐거움을 고백하지 않을 수 없다.

공자는 "아는 사람은 좋아하는 사람만 못하고, 좋아하는 사람은 즐기는 사람만 못하다."라고 했다. 그러나 아는 것과 좋아하는 것과 즐기는 것을 굳이 무 토막 자르듯 할 필요는 없다. 일과 노동이 하나가 될 수 있듯이 앎 또한 즐김과 하나가 될 수 있다고 나는 생각한다. 책이 나오기까지 수고해 주신 휴머니스트의 편집자님들과 찡그리기를 무엇보다 싫어하는 나의 가족들에게 고마움과 사랑을 전하며, 이 책을 읽는 시간이 앎을 좋아하는 모든 독자들에게 고즈넉한 즐거움의 시간이 될 수 있기를 바라마지 않는다.

2007년 8월
김보일

차 례

I

공생의 거대한 그물,
다양성

II

편견에 물들지 않는
섬세의 정신

머리말 5

1　부지런한 대지의 청소부 쇠똥구리　14

2　기생충이 있어 건강한 지구　24

3　대지를 경작하는 지렁이　36

4　잡초가 쓸모없는 풀이라고?　42

5　순수한 물은 독이다　50

6　병은 물리쳐야만 하는 인간의 적인가?　60

7　어떻게 하면 경쟁을 배제할 수 있는가?　66

8　자연계에 독점은 없다　72

9　다양성의 가치는 무엇인가?　80

10　지도에 숨어 있는 권력의 얼굴　92

11　내가 보는 세계가 실재의 세계일까?　104

12　나무와 연어가 공생을 한다?　110

13　홍연어들의 호소, 우리를 가만 "내버려 둬"　118

국어 선생님의 과학 읽기

얼어붙은 바다를 깨는 과학책　128

14　어린 시절이 인생에서 중요한 이유는?　134

15　예술은 상상력을 필요로 하고, 과학은 분석력을 필요로 할까?　142

16　편견에 물들지 않는 섬세의 정신　150

17　실험대 위에서 죽어간 동물의 적은 인간의 귀납추리　156

18　타고난 인간의 본성은 과연 없을까?　162

19　자연을 모방하는 생체 모방 공학　174

20 대형 포유류가 사라진 이유는? 186

21 대칭의 아름다움과 비대칭의 감동 192

22 복잡한 현실을 단순화시키는 과학의 이상화 206

23 불완전한 기억은 창조의 샘 218

24 고통은 피해야만 하는가? 224

국어 선생님의 과학 읽기

인간에 대한 통합적 이해를 가능하게 하는 과학책 234

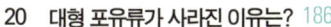

III

과학과 유토피아

25 첨단 무기에 싸움의 정의는 없다 244

26 불편함의 미덕 254

27 시츄가 우스꽝스럽게 생긴 이유는? 264

28 질병을 만들어서 판다고? 272

29 김치는 과연 유구한 전통을 가진 토종 음식인가? 280

30 우리는 누구나 알래스카 인이다 290

31 환경적으로 지속 가능한 최적의 교통수단, 자전거 300

32 시민을 위해 과학 지식을 무료로 파는 과학 상점 308

33 원자력은 에너지 문제의 해결사? 318

34 기술이 위험을 증가시킨다 338

35 저엔트로피 사회를 향하여 삶의 틀을 바꾸자 348

국어 선생님의 과학 읽기

나와 세계를 변화시키는 과학책 읽기 348

찾아보기 356

I

공생의 거대한 그물, 다양성

01

부지런한 대지의 청소부
쇠똥구리

1960년대에 이르러 오스트레일리아의 동물 배설물 문제는 심각한 지경에 이르렀다. 배설물 속에서 자라는 똥파리가 극성을 부렸기 때문이다. 냄새도 냄새지만 이 똥 무더기가 햇볕에 말라붙으면 시멘트처럼 딱딱하게 굳어져 풀도 자라기 힘들게 된다. 이래저래 골칫거리가 아닐 수 없다. 이때 호주 정부가 덤불파리 퇴치를 위해 묘안을 짜낸 것이 쇠똥구리다.

똥 선생전?

박지원의 〈예덕 선생전〉이라는 한문 단편 소설에는 '똥선생'이라는 뜻을 가진 '예덕 선생(穢德先生)'이 등장한다. 예덕 선생의 본명은 엄행수다. 그는 도성의 똥을 수거해 근교의 채소 농가에 거름으로 내다 파는 일을 한다. 학자로 이름난 선귤자가 엄행수를 칭송하여 선생이라 부르며 그와 교분을 맺고 벗하기를 청하려고 하자 선귤자의 제자는 부끄럽다며 그의 문하를 떠나려고 했다. 그러자 그는 제자에게 이렇게 말한다.

"내가 너에게 벗을 사귀는 것에 대해 말해 주마. 모든 사람들이 엄씨의 똥을 가져다 써야 땅이 비옥해지고 많은 수확을 올릴 수 있다네. 하지만 그는 아침에 밥 한 사발이면 의기가 흡족해지고 저녁이 되어서야 다시 한 사발 먹을 뿐이지. 남들이 고기를 먹으라고 권하였더니 목구멍에 넘어가면 푸성귀나 고기나 배를 채우기는 마찬가지인데 맛을 따져 무엇하겠느냐고 대꾸하고, 반반한 옷이나 좀 입으라고 권하였더니 넓은 소매를 입으면 몸에 익숙하지 않고 새 옷을 입으면 더러운 흙을 짊어질 수 없다고 하더군. 엄행수는 지저분한 똥을 날라다 주고 먹고살고 있으니 지극히 불결하다 할 수 있겠지만 그가 먹고사는 방법은 지극히 향기로우며, 그가 처한 곳은 지극히 지저분하지만 의리를 지키는 점에 있어서는 지극히 높다 할 것이니, 그 뜻을 미루어보면 비록 만종(萬鐘)의 녹을 준다 해도 그가 어떻게 처신할지는 알 만하다네."

당시의 선비들이라면 똥 치는 일을 더럽고 천한 일이라 하여 고개를 내저었겠지만 박지원은 사람을 평가함에 있어서 남다른 데가 있었다.

그러나 우리의 경우는 어떤가? 사람을 평가함에 있어 직업이나 신분 등 겉으로 드러나는 조건을 우선시할 때가 많다. 이렇게 사람을 평가하는 태도는 자연계의 존재들을 대할 때도 사정이 달라지지 않는다. 가축이나 곡물처럼 인간에게 필요한 존재들에게는 특별한 대우를 하지만 그렇지 않은 경우에는 푸대접을 하기 일쑤다. 그러나 인간의 짧은 안목으로는 무엇이 진정으로 쓸모 있는 존재인지를 제대로 판단할 수 없다. 쇠똥구리의 경우만 해도 그렇다.

동물계의 예덕 선생, 쇠똥구리

쇠똥구리와 예덕 선생은 흡사한 데가 있다. 먼저 그들은 더러움을 피하지 않는다. 오히려 용감하게 더러움 속으로 뛰어든다. 사실 더러움이란 인간이 자연에 덧붙인 이름에 불과하다. 쇠똥구리에게 똥 무더기는 먹이를 마련해 주는 일터다. 굳이 더러움이란 이름을 붙일 이유가 없다.

쇠똥구리는 예덕 선생 못지않게 부지런하다. 그들은 동물이 내어 놓은 오물 위로 달려가 잽싸게 그것을 땅에 묻는다. 똥이 있는 곳이라면 어디든 마다하지 않는다. 그들은 날마다 소, 말, 코끼리, 원숭이 그리고 인간과 같은 포유류에게서 나오는 수백만 t의 똥을 열심

한 마리의 소는 하루 평균 대략 12덩어리의 똥을 배설한다. 쇠똥구리가 사라졌으니 쇠똥 치우는 일이 골칫거리다. 더구나 비가 오면 쇠똥이 그냥 하천으로 흘러들어 수질을 오염시키기도 한다.

히 먹어치운다. 보통 부지런한 청소부가 아니다.

나탈리 엔지어는 《살아있는 것들의 아름다움》라는 책을 통해 쇠똥구리의 덕을 찬양해 마지않는다. 나탈리 엔지어의 말대로라면 쇠똥구리는 동물계의 '예덕 선생'이다.

쇠똥구리는 당장 먹지 않을 똥을 땅에 묻어 둠으로써 대기 중으로 날아가 버릴 질소를 흙 속에 보존하여 땅을 기름지게 한다. 또 지렁이처럼 땅을 파헤쳐 공기를 잘 통하게 함으로써 식물이 자라기에 좋은 토양으로 만들어 준다. 뿐만 아니라 쇠똥구리의 유충이 기생충과 구더기를 잡아먹기 때문에 질병을 퍼뜨리는 미생물의 수를 줄여 주는 역할을 한다.

나탈리 엔지어는 쇠똥구리가 생태계에서 얼마나 건강한 역할을 하고 있는지를 이렇게 말한다.

"어떤 학자들은 쇠똥구리가 없었다면 덩치 큰 포유동물이 아프리카의 초원 지대 같은 곳에서 대규모로 밀집해서 살지 못했을 것이라고 주장하기도 한다. 쇠똥구리가 초식 동물의 배설물을 먹어치움으로써 초식 동물의 먹이인 식물들이 자랄 수 있게 해 주기 때문이다."

책은 쇠똥구리의 생태학적 가치와 관련해 흥미 있는 일화를 소개하고 있다. 소와 양은 약 200년 전에 오스트레일리아 대륙에 처음 들어왔는데, 그곳의 토종 쇠똥구리들은 캥거루나 코알라가 내놓는 한 입 거리도 안 되는 배설물에 익숙해진 탓에 외국에서 들여온 동물의 엄청난 배설물을 감당할 수가 없었다. 때문에 1960년대에 이르러 동물의 배설물 문제는 심각한 지경에 이르렀고, 배설물 속에서 자라는 똥파리가 극성을 부리게 되었다.

목축을 많이 하는 오스트레일리아에서는 하루 약 2억 개의 똥 무더기가 생긴다고 한다. 냄새도 냄새지만 이 똥 무더기가 햇볕에 말라붙으면 시멘트처럼 딱딱하게 굳어져 풀도 자라기 힘들게 된다. 이래저래 골칫거리가 아닐 수 없다. 이때 호주 정부가 덤불파리 퇴치를 위해 묘안을 짜낸 것이 쇠똥구리다. 호주 정부는 아시아, 유럽, 아프리카에서 24종의 쇠똥구리를 수입하였고, 이로써 배설물

쇠똥구리는 풍뎅이의 일종이다. 풍뎅이는 검정풍뎅이, 풍뎅이, 꽃무지, 사슴벌레, 송장풍뎅이, 금풍이 등 대략 20여 종류가 있다. 불행히도 우리나라에서는 쇠똥구리가 사라진지 오래다. 소가 먹는 사료에 항생제가 들어 있기 때문이다.

문제는 해결되었다.

더럽고 깨끗한 것은 마음의 문제

원효 대사도 "예토(穢土, 똥처럼 더러운 땅)와 정토(淨土, 깨끗한 땅)는 본래 일심이요, 생사와 열반도 궁극에는 둘이 아니다."라고 말한 바 있다. 더럽다느니 깨끗하다느니 하는 것이 마음에 달린 문제라는 것이다.

더러움을 더러움으로 여기지 않고 배설물을 청소해 주는 쇠똥구리에게, 인간은 고약한 선물로 은혜를 대신했다. 바로 소에게 먹이는 어마어마한 양의 항생제가 그것이다. 이제 대한민국에서 쇠똥구리를 찾아보는 것은 여간 어려운 일이 아니다. 소의 똥에 섞인 항생제가 쇠똥구리에게 몹쓸 짓을 한 결과다.

대지의 청소부, 쇠똥구리
그들이 사라진 이유는?

소 한 마리는 하루 평균 열두 덩어리의 똥을 배설한다. 그런데 소는 배설물 주변의 풀을 먹지 않는다. 때문에 그만큼의 풀은 사용할 수 없게 된다. 이로 인해 오스트레일리아에서 발생하는 목초 손실량은 대략 20%가 넘는다고 한다. 소뿐만 아니라 말똥까지 합치면 똥으로 인한 피해는 결코 쉽게 보아 넘길 수 없다. 또 똥에는 파리가 번식하므로 위생 문제가 심각해진다. 오스트레일리아는 이 문제를 해결하기 위해 쇠똥구리를 수입함으로써 목장을 살렸을 뿐만 아니라 파리로 인한 위생 문제를 해결하는 일거양득의 성과를 올렸다. 그러나 이것은 눈에 보이는 성과일 뿐, 눈에 보이지 않는 쇠똥구리의 역할이 더 컸다. 바로 쇠똥구리가 흙을 기름지게 했다는 것이다.

쇠똥구리는 똥을 땅 속으로 운반한 후 그 안에서 먹고 거기에 배설한다. 더구나 쇠똥구리가 한 번 먹은 똥은 이미 충분히 소화된 상태에서 배설되므로 미생물이 분해하기 쉬운 상태가 된다. 이렇게 미생물에 의해 분해된 물질은 빗물이나 바람에 쓸리지 않고 바로 흙에 흡수된다. 이런 과정을 통해 쇠똥구리는 풀밭을 청소하고 흙 속에

양분을 넣어주는 역할을 한다. 미생물에 의해 분해된 좋은 흙에서는 식물이 잘 자라기 마련이다. 이렇듯 쇠똥구리는 이렇게 인류의 생존 터전인 땅을 비옥하게 만드는 중요한 역할을 하는 것이다.

이렇게 고마운 쇠똥구리가 우리나라에서 자취를 감춘 지 오래다. 쇠똥구리가 사라진 것은 사료에 들어간 항생제 때문이다. 비육우로 키워지는 소는 항생제가 들어 있는 사료를 먹고, 항생제가 섞인 똥을 배설한다. 항생제 투성이 똥에서 쇠똥구리가 살아남을 재간이 없다. 자연스럽게 쇠똥구리가 사라진 것이다. 그렇다면 인간은 괜찮은가? 항생제 투성이 소고기를 먹고사는 인간의 건강은 과연 어떨까?

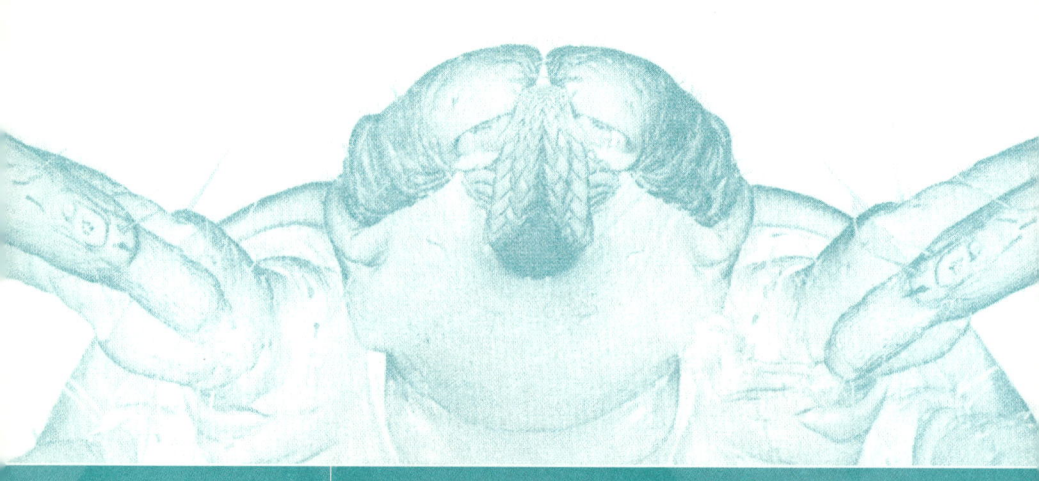

02 기생충이 있어 건강한 지구

《기생충 제국》의 저자 칼 짐머는 기생충에게 '생태계의 파수꾼'
이라는 새 역할을 부여한다. 기생충이 숙주와 경쟁함으로써 결과
적으로 숙주와 기생충 모두 건강하게 진화한다는 것이다. 처음에
기생충이 우월한 상태로 숙주를 파고들면, 숙주는 그 나름대로 유
전자의 변형을 일으키며 대응한다는 것. 이런 물고 물리는 게임이
기생충과 숙주가 같이 진화하게 하는 원동력이 된다는 것이다.

자연계에 쓸모없는 게 있는가?

손가락들이 서로 자기 자랑에 열중이다. 엄지 왈,

"보라구, 내가 제일 굵지!"

이에 질세라, 검지 왈,

"그래도 내가 하는 일이 가장 많을 걸."

이에 중지도 한마디 거든다.

"무슨 소리, 내가 제일 길잖아."

가만 듣고 있던 약지도 이 대열에 동참한다.

"비싼 보석 반지는 몽땅 내 차지야!"

그때 가만히 듣고 있던 새끼손가락이 말한다.

"아무리 그래도 너희들은 내가 없으면 모두 병신이야."

이 우스개 이야기만큼 생태계의 진실을 잘 말해 주는 이야기도 없을 성싶다. 자연계에 존재하는 모든 것은 그것이 아무리 보잘것없는 존재라도 다 생태학적 가치가 있다. 쓸모없는 존재, 해롭기만 하고 조금도 이롭지 않은 백해무익(百害無益)한 존재는 없다는 것이다.

가령 '천남성'이라는 식물은 가을에 먹음직스런 붉은 열매를 여는데, 이를 먹었다간 큰일을 당하게 된다. 무심히 손으로 잎을 따기만 해도 몹시 가려운 알레르기 반응이 일어난다. 심지어는 물집이 생기기도 한다. 또한 입에 닿으면 불에 덴 듯 몹시 화끈거린다. 이런 천남성의 맹독성을 알고나 있는지 염소들은 이 풀을 거들떠보지

민간에서는 천남성의 덩이줄기를 찧어 류머티즘이 있는 부위에 붙이거나 곪은 상처에 가루로 뿌려 환부를 다스렸다.

도 않는다고 한다. 그러나 독도 잘 쓰면 약이 된다던가. 천남성은 한방에서 중요한 약재로 취급된다.

기생충은 박멸해야 하는 인간의 적인가?

사실 자연계에는 독이냐 약이냐는 식의 흑백 논리는 존재하지 않는다. 모든 존재하는 것은 존재하는 것 나름대로의 가치를 지닌다. 기생충을 예로 들어 보자.

우리는 기생충을 쓸모없는 존재로 생각한다. 그러나 2005년 11월 실험 의학 저널(The Journal of Experimental Medicine)에 발표된

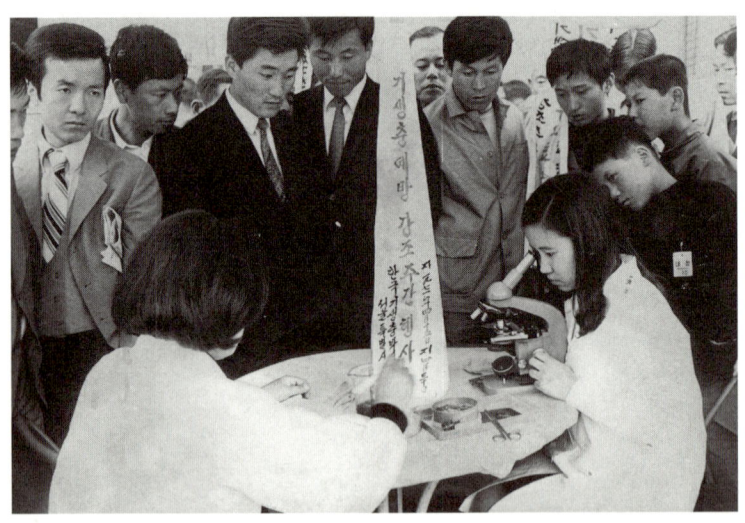

우리나라의 경우 1970년대 초 80%를 웃돌던 기생충 감염률이 현재 4%로 감소했다.

영국 에딘버러 대학교 메이젤(Rick M. Maizels) 교수팀의 연구 결과를 보면 이것이 편협한 흑백 논리에 지나지 않음을 알 수 있다.

기생충 중에는 목숨을 앗아가거나 설사나 소화 불량을 일으키고, 영양 결핍을 초래하는 등 사람에게 악영향을 끼치는 종류도 있다. 그러나 그런 해악만으로 기생충을 인간의 적으로 규정하는 것은 섣부른 판단이다.

기생충의 대부분은 특별한 증상을 일으키지 않지만 인간은 기생충을 적으로 규정하고 기생충을 박멸할 목적으로 구충제를 먹는다. 그러나 문제는 다음이다. 기생충 환자가 급격하게 감소되면서 천식이나 아토피성 피부염, 알레르기성 비염 등의 알레르기성 질환이 급격히 증가하고 있다. 이런 가운데 과학자들은 기생충의 감소가 알레르기성 질환의 증가와 밀접한 관련이 있음을 밝혀 냈다.

일반적으로 알레르기는 부적절한 면역 반응 때문에 일어난다. 인체에 외부의 물질이 유입되면 면역계는 이를 인지하고 필요에 따라 염증 반응을 일으켜 이를 제거한다. 이때 면역 반응이 적절히 조절되지 못하고 과도하게 일어나 자신의 조직을 손상시키는 것이 이른바 '알레르기 반응'이다.

최근에 면역계를 구성하는 다양한 세포들 중에 '조절 *T세포'라고 불리는 세포들이 알레르기를 억제한다는 사실이 알려졌다. 조절 T세포는 면역 반응을 억제시키고 조절하는 역할을 한다. 장 속에서 우리가 먹은 음식물에 대해서 염증 반응을 일으키지 않도록 억제하는 것도 조절 T세포의 기능이다. 기생충에 감염되면 조절 T

T세포(T cell)
면역에서의 기억 능력을 가지며 B세포에 정보를 제공하여 항체 생성을 돕는 세포.

세포가 늘어난다.

에딘버러 대학의 연구팀은 기생충이 조절 T세포를 통해서 알레르기를 억제한다는 가설을 세웠다. 이 가설을 검증하기 위해 연구팀은 생쥐로 실험을 했다. 이 실험을 통해 연구팀은 장에서 기생하는 선충을 실험용 생쥐에게 감염시키고 그 생쥐의 몸에서 조절 T세포가 늘어나는 것을 확인했다. 연구팀은 천식을 앓고 있는 생쥐에 이 조절 T세포를 주입시켜 증상이 호전되었음을 확인했다. 이로써 기생충이 조절 T세포를 증가시키고, 늘어난 조절 T세포가 알레르기를 억제한다는 사실이 증명된 것이다.

그렇다면 기생충은 왜 면역력을 억제하는 걸까? 과학자들은 기생충이 단지 숙주의 면역계로부터 자신을 보호하기 위해 숙주의 면역력을 억제시키도록 진화했기 때문이라고 설명한다. 반대로 숙주는 기생충이 면역력을 억제시킬 것에 대비해 적정 수준보다 과도한 면역 반응을 일으키도록 진화했다는 것이다. 따라서 과학자들은 면역을 억제하던 기생충이 없어지면 면역 반응이 지나치게 되기 때문에 알레르기성 질환을 일으킨다고 추론했다. 곧 인간의 몸은 기생충의 저항을 감안하여 면역 반응의 수준을 정해 놓았는데, 기생충이 모두 사라져 기생충의 저항이 없어지자 인간의 면역 반응이 지나치게 일어남으로써 알레르기를 유발했다는 것이다.

그러나 이것은 우리의 몸으로서도 어쩔 수 없는 일이다. 인간의 몸은 수천만 년 동안 기생충이 득시글거리는 환경에서 진화된 것이지, 오늘날처럼 청결한 상태에서 진화되지 않았다.

자연은 결코 무균 지대, 청정 지대가 아니다. 숲 속의 늪을 상상해 보라. 그곳은 온갖 기생충과 바이러스와 이름 없는 생명들이 들끓는 곳이다. 우리의 몸은 바로 그런 곳에 맞추어 진화되었다.

당당한 생태계의 파수꾼, 기생충

세계적인 과학 칼럼니스트인 칼 짐머는 《기생충 제국》이라는 책에서 기생충은 생태계의 엑스트라가 아니라 당당한 생태계의 주인공이라고 주장한다. 칼 짐머는 기생충이 있는 곳이라면 어디든 달려가 기생충을 관찰했다. 그리고 기생충이 혐오스런 동물이라는 우리의 상식이 그릇된 것임을 밝혀 냈다.

칼 짐머는 기생충에게 '생태계의 파수꾼'이라는 새 역할을 부여한다. 기생충이 숙주와 경쟁함으로써 결과적으로 숙주와 기생충 모두 건강하게 진화한다는 것이다. 처음에 기생충이 우월한 상태로 숙주를 파고들면, 숙주는 그 나름대로 유전자의 변형을 일으키며 대응한다는 것. 이런 물고 물리는 게임이 기생충과 숙주가 같이 진화하게 하는 원동력이 된다는 것이다. 저자는 기생충과 숙주 사이가 상생과 보완의 관계라는 것을 풍부한 예들을 통해 말하고 있다.

몇몇 기생충은 숙주의 면역 체계를 보호한다. 한 번 *주혈흡충에 감염된 사람은 새로 흡충에 감염되기 어렵다는 연구도 있다. 먼저 있던 흡충이 숙주의 면역계를 도와 나중에 도착하는 흡충을 공격하도록 돕는 방식으로 숙주 내 흡충의 숫자를 조절하는 것이

주혈흡충(住血吸蟲)
1.2~2.5cm 길이의 기생충. 사람이나 동물에 기생하여 빈혈이나 혈뇨병을 일으킨다.

다. 물론 생존에 유리한 한도 내에서이긴 하지만 기생충은 다양한 방식으로 숙주를 보호하고 있는 셈이다.

그는 기생충과 숙주의 경쟁이 상호 진화를 돕는다고 설명한다. 칼 짐머는 "기생충은 숙주를 너무 심하게 손상시키면 스스로 해가 될 것이라는 사실을 진화를 통해 배웠다."면서 "우리 인간이 더 성공하고 싶다면 훌륭한 선배인 기생충, 그 대가들에게서 배울 필요가 있다."고 역설한다.

기생충은 박멸해야 할 존재가 아니다

구충(球蟲)
척추동물과 무척추동물에 기생하며 숙주의 장 내막세포에 주로 산다.
카사바
뿌리를 갈아 전분 재료로 쓰는 식물.

거머리가 그렇듯이 ▪구충은 인간의 피가 굳지 않도록 한다. 구충을 이용해 피가 굳지 않도록 하는 항응고제를 개발 중인 생명공학 회사도 있다. 어떤 기생충들은 해충의 수를 조절하기도 한다.

가령, 아프리카 2억 인구의 주산물인 ▪카사바는 갑자기 외래 진디에 걸려 멸종되기 시작했다. 그런데 카사바를 살린 것은 바로 생태학자들이 남미에서 도입한 '카사바 진디'에 기생하는 말벌이었다. 새로운 서식지에 부주의하게 도입된 기생충은 재앙을 일으키기도 하지만, 기생충은 생태계를 균형 있게 만드는 놀라운 힘을 발휘하기도 한다.

모든 기생충과 같은 존재들을 박멸해 버리겠다는 사회는 무서운 사회다. 유태인과 동성애자, 장애인과 같은 열등한 인간들을 청소해 버리겠다는 히틀러와 같은 인종 청소주의자나 사회의 쓰레기 같은 인간들을 없앰으로써 사회정의를 구현할 수 있다는 비뚤어진 애국주의자들이 읽어 볼 만한 책이 칼 짐머의 《기생충 제국》이다.

우리는 이렇게 말할 수 있다.

"기생충이 있는 지구가 기생충이 없는 지구보다는 훨씬 건강하다."

병도 주고 약도 주는 미생물

　1861년부터 파스퇴르는 인간과 동물의 질병은 공기 중을 떠돌아 다니는 아주 작은 미생물로부터 시작된다고 주장했다.

　1864년 스코틀랜드의 외과 의사 리스터는 이와 같은 파스퇴르의 주장을 믿고, 환자 치료에 적용해 보았다. 그는 사람의 몸에 난 상처를 곪게 만드는 것이 미생물이라고 생각하고, 석탄산 희석액을 이용하여 자신이 사용하던 수술 도구를 소독했다. 그전까지 외과 의사들이 수술 도구를 소독하지 않아, 수술 뒤 수많은 사람들이 감염으로 목숨을 잃었다. 리스터는 수술 도구를 소독함으로써 많은 사람들을 살렸을 뿐만 아니라 하수구와 환자들의 배설물을 처리하는 과정에서도 소독을 통하여 큰 효과를 보았다.

　미생물 때문에 사람이 질병에 걸린다면 이 세상에 있는 미생물을 모두 없애면 되지 않을까? 그렇다면 사람의 질병이 모두 사라지지 않을까? 그러나 이것이야말로 하나는 알고 둘은 모르는 큰일 날 소리다.

　미생물 중에는 에이즈의 원인체인 인간면역결핍바이러스(HIV) 같은 것도 있지만 빵과 포도주, 맥주를 만들어 주는 효모와 같은 고마운 것들도 있다. 이런 미생물들이 있기 때문에 우리는 훌륭한 포

1993년 스코틀랜드 셰틀랜드에서 거대한 유조선이 좌초했다. 엄청난 양의 기름이 바다로 퍼져나갔다. 그러나 3주 만에 검은 기름이 사라졌다. 열심히 기름을 분해해 낸 미생물들 덕분이었다.

도주와 맛있는 치즈를 즐길 수 있다. 깨끗한 물도 미생물의 분해 작용 덕분이다.

지구상에 존재하는 미생물의 숫자는 얼마나 될까? 무려 5×10의 31승이다. 저울로 달면 무게만 5만 조 톤, 지구상 모든 생물체를 합친 무게의 60%라고 한다. 이 엄청난 양의 미생물은 잘만 이용하면 인류의 미래를 풍요롭게 하는 훌륭한 재산이 될 수 있다.

메틸로시누스 트리코스포륨은 메탄을 메탄올로 산화시키는 미생물이다. 이 미생물은 화학 산업에서 나타나는 특정 산물을 분해하고 지구의 오존층을 보호한다. 또 폴란드에서 알아낸 '로도코쿠스 클로로페놀리쿠스'라는 복잡한 이름의 미생물은 맹독성 폴리염화페놀을 분해한다고 한다.

이렇듯 기생충이나 미생물은 인간에게 일방적으로 피해만 주는 존재가 아니다. 병도 주지만 때로는 약도 주는 존재가 미생물이다.

03 | 대지를 경작하는 지렁이

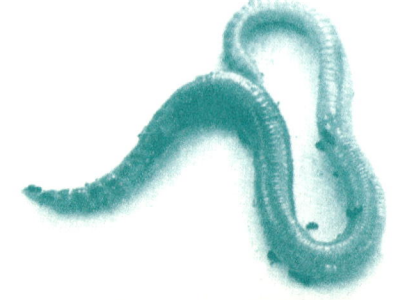

지렁이에 의해서 스폰지처럼 된 땅에는 식물이 뿌리를 내리기 쉽다. 또 지렁이들이 이동한 통로를 따라 공기가 유입되어 땅 속 깊은 곳에서도 생물들이 살아갈 수 있게 된다. 또 지렁이가 이동한 통로는 비가 오면 빗물의 대부분을 땅 속으로 스며들게 하여 비로 인한 피해를 최소화할 뿐 아니라 식물에게 필요한 수분을 땅 속에 저장하여 지하수를 확보하는 역할도 한다.

아픔에 크고 작음이 의미가 있는가?

고려 말의 문인 이규보의 수필 〈슬견설(蝨犬說)〉에는 개〔犬〕와 이〔蝨〕에 대한 이야기가 나온다.

개〔犬〕를 잡는 광경을 보고 마음이 아파 '개'를 다시는 먹지 않겠다는 사람에게, 이규보는 이〔蝨〕를 잡아 불에 태우는 모습을 보고 다시는 '이'를 잡지 않겠다고 말한다. 이에 상대가 '개'와 '이'가 어찌 같을 수가 있느냐고 대꾸하자, 그는 이렇게 말한다.

"무릇 피〔血〕와 기운〔氣〕이 있는 것은 사람으로부터 소, 말, 돼지, 양, 벌레, 개미에 이르기까지 모두가 한결같이 살기를 원하고 죽기를 싫어하는 것입니다. 어찌 큰 놈만 죽기를 싫어하고, 작은 놈만 죽기를 좋아하겠습니까? 그런즉, 개와 이의 죽음은 같은 것입니다. 그래서 예를 들어서 큰 놈과 작은 놈을 적절히 대조한 것이지, 당신을 놀리기 위해서 한 말은 아닙니다. 당신이 내 말을 믿지 못하겠다면 당신의 열 손가락을 깨물어 보십시오. 엄지손가락만 아프고 그 나머지는 아프지 않습니까?"

슬견설(蝨犬說)
이규보가 지은 《동국이상국집》에 나오는 수필. 지은이와 한 손님이 나누는 대화 형식의 구성으로 개와 이를 소재로 사물의 본질을 제대로 보아야 함을 주장하는 작품.

큰 손가락이나 작은 손가락이나 깨물면 아프기는 마찬가지다. 그러나 인간들은 자신의 아픔만을 고려할 뿐 작고 보잘것없는 생명체들의 아픔은 고려하지 않는다. 이규보는 그의 수필을 통해 아픔에 크고 작음의 구분이 무의미하다는 것을 말하고 있다.

따지고 보면 '크다', '작다'는 개념은 절대적인 것이 아니다. '이'는 '개'에 비해 작지만 피부에 기생하는 *옴벌레에 비해서는 엄청나게 크고, 개는 이에 비해 크지만 코끼리에 비해서는 엄청나게 작다. 따라서 '크다'와 '작다'는 개념은 상대적인 개념일 뿐이다.

미(美)와 추(醜) 또한 상대적인 개념이다. 아무리 뛰어난 미인일지라도 물고기는 기겁을 하며 뺑소니를 친다. 인간에게는 양귀비와 같은 미인일지라도 맹수에게는 한낱 뼈와 살에 불과할 수도 있다.

위대한 대지의 경작자, 지렁이

인간이 말하는 '쓸모'라는 것 또한 절대적인 것은 아니다. 해충들로부터 '쓸모 있는' 농작물을 보호한다는 미명 아래 인간은 논과 밭에 농약을 뿌려 댄다. 그 과정에서 지렁이와 같은 수많은 미물들이 죽어 간다. 그러나 사람들은 지렁이가 얼마나 쓸모 있는 존재인가에 대해서는 정작 알지 못한다. 인간은 오직 눈앞의 이익에만 얽매여 무엇이 진정한 쓸모인지를 분간하지 못하는 것이다.

전 세계 어디에나 광범위하게 분포해 있는 지렁이를 무게로 따지자면 땅 속 생물체 전체 무게의 80%나 된다. 지렁이는 두더지와 같이 날카로운 발톱은 없지만 부드러운 몸놀림과 끈적끈적한

옴벌레
옴진드기. 옴진드깃과의 기생충으로, 몸 길이는 0.3~0.4mm이고 원반형이다. 암컷은 사람의 피부를 뚫고 산란하며, 개천충, 양충이라고도 한다.

분비물로 땅을 파고든다. 지렁이는 목이 마르면 땅 밑으로 4~7m나 파고 들어가 물을 찾아 낸다고 한다. 느릿느릿해 보여도 지렁이는 하루에 4km까지도 이동한다. 이렇게 흙을 갈아엎고 공기를 섞어 주며 빗물이 잘 스며들게 하여 땅을 살려 내는 지렁이에게 찰스 다윈은 〈지렁이의 활동에 의한 옥토(沃土)의 형성〉이라는 글에서 '자연의 쟁기'니 '위대한 대지의 경작자'니 하는 별명을 붙여 주었다.

찰스 다윈은 지렁이가 지표면과 땅 속을 왕복하면서 땅 속 서식지에 상하좌우로 이동 통로를 만들어 자연스럽게 흙을 갈아 주고 지표면에서 낙엽과 같은 유기물을 섭취한 후, 땅을 비옥하게 하는 배설물로 농사에 도움을 준다는 사실을 발견한 것이다.

땅 1평방미터당 최고 250마리까지 살 수 있는 지렁이가 팔 수 있는 땅 속 깊이는 2.5미터이다.

지렁이가 땅 속에서 움직인 통로들로 인해서 땅 속에는 수많은 미세한 공간들이 스폰지처럼 상하좌우로 형성된다. 이렇게 지렁이에 의해서 스폰지처럼 된 땅에는 식물이 뿌리를 내리기 쉽다. 또 지렁이들이 이동한 통로를 따라 공기가 유입되면 땅 속 깊은 곳에서도 생물들이 살아갈 수 있게 된다. 또 지렁이가 이동한 통로는 비가 오면 빗물의 대부분을 땅 속으로 스며들게 하여 비로 인한 피해를 최소화할 뿐만 아니라 식물에게 필요한 수분을 땅 속에 저장하여 지하수를 확보하는 역할도 한다.

지렁이에 대한 배은망덕

지렁이 한 마리는 일 년에 20~30 l의 흙을 먹고 배설한다. 그 배설물은 땅을 기름지게 하고 있다. 일찍이 아리스토텔레스는 이런 지렁이를 '지구의 장(腸)'이라고 불렀다. 지렁이가 갈아 주는 흙의 양은 1ha당 많게는 연간 300t, 지렁이가 배설하는 똥의 양은 1ha당 연간 25t이다. 이 지렁이의 배설물이 토양을 비옥하게 만드는 천연 비료인 셈이다.

이런 지렁이에게 인간은 어떤 보답을 할까? 은혜를 원수로 갚는다고 했던가. 독한 화학 비료와 살충제를 지렁이에게 뿌려 대는 인간의 배은망덕이 이만저만이 아니다. 무엇이 진정으로 쓸모 있는가를 모르는, 인간의 어리석음이 빚어 낸 비극이다.

04

잡초가 쓸모없는
풀이라고?

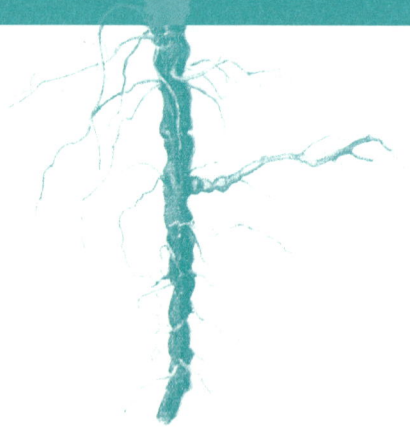

인간은 자신에게 필요한 것은 작물로 이름짓고 자신에게 필요하지 않은 것은 잡초로 규정한다. 인간은 쇠비름의 땅에 버젓이 벼를 심고, 돼지풀이 사는 땅에 옥수수를 심는다. 이렇게 해서 하나는 '작물'이 되고 하나는 '잡초'가 된다. 그러나 과연 잡초가 사람들이 생각하는 것처럼 쓸모없는 풀일까?

잡초가 땅을 비옥하게 만든다?

　산과 들에서 자라는 쇠비름은 잡초가 아니지만 그것이 밭에 자라면 잡초 신세가 된다. 풀은 골프장에 있으면 잡초가 아니지만 밭에 자라면 잡초가 되는 것이다. 흔히 잡초는 '제자리를 벗어나 자라는 모든 식물'로 규정된다. 그러나 《대지의 수호자 잡초》의 저자, 조셉 코케이너는 "누가 어떻게 식물이 자라는 때와 장소의 옳고 그름을 결정할 수 있는가?"라고 항변한다. 설령 그곳이 인삼 밭이든 '일정한 장소에서 땅의 생산력을 유지시키고 있다면' 그곳이 그 식물의 '제자리'라고 그는 말한다.

　잡초 연구에 50여 년의 세월을 바친 그의 연구는 한 옥수수 밭에서 시작되었다. 일정한 대가의 돈을 받고 쇠비름을 뽑고 있던 그에게 한 농부가 충고를 한다.

　　"모든 잡초가 해롭다고 생각하는 것은 엉터리일세. 옥수수가 땅 속
　　깊이 뿌리내려서 더 많은 양분을 흡수하도록 쇠비름 뿌리가 길을 열
　　어 주고 있는 걸세."

　그는 이후에 잡초 연구에 전념한다. 그의 연구는 우리의 상식을 깨기 충분하다.

　잡초는 표토에 결핍되어 있는 광물질을 토양 하부에서 위쪽으로 옮겨 농작물이 그들을 쉽게 이용할 수 있게 한다. 특히 돌려짓기 농법에서 잡초는 토양의 딱딱한 층을 부수어 농작물 뿌리가 깊은 곳

한 논에서 벼를 계속 재배하게 되면 토양의 힘이 약해지므로 몇 년에 한 번씩은 농사를 짓지 말고 그대로 묵혀 두어야 한다. 사진은 휴경 중인 논.

에서 양분을 흡수할 수 있게 한다. 뿐만 아니라 잡초는 토양을 섬유화(토양 입자를 덩어리지게 하는 작용)시켜서 땅을 비옥하게 만든다. 또한 잡초의 종류와 상태는 토양의 상태를 알려 주는 좋은 지표가 된다. 그러나 어떤 잡초는 토양에 특정의 결핍이 일어났을 때만 나타나기도 한다.

　잡초의 역할은 여기서 그치지 않는다. 잡초는 깊은 곳까지 뿌리를 내리고 양분을 흡수함으로써 토양의 모세관을 만들어 낸다. 또 잡초는 빗물에 씻겨 내려가거나 바람에 날아갈지도 모르는 광물질과 영양분을 저장함으로써 다른 식물들이 그것들을 쉽게 이용할 수 있도록 토양의 상태를 유지해 준다. 뿐만 아니라 잡초는 인간과 가축을 위하여 좋은 먹을거리로도 이용된다.

왜 작물은 자생력이 없을까?

인간은 자신에게 필요한 것은 작물로 이름짓고 자신에게 필요하지 않은 것은 잡초로 규정한다. 인간은 쇠비름의 땅에 버젓이 벼를 심고, 돼지풀이 사는 땅에 옥수수를 심는다. 이렇게 해서 하나는 '작물'이 되고 하나는 '잡초'가 된다.

일단 작물로 명명된 식물들에게 인간은 온갖 지원을 아끼지 않는다. 인간은 작물의 경쟁자를 잡초라는 이름으로 솎아 내고, 물을 주고 거름을 주는 등 작물에게 갖은 혜택과 편의를 제공한다.

그러나 작물들에게 제공하는 이런 혜택이 오히려 작물의 자생력을 약화시킨다는 것이 코케이너의 주장이다. 장마나 태풍 때마다 벼가 쓰러지는 것은 뿌리가 튼실하지 못하기 때문이다. 곧 인간의 지원이 벼로부터 야생의 힘을 앗아 갔기 때문이다. 반면 야생의 벼는 다른 잡초들과 경쟁하기 때문에 더 깊은 곳까지 뿌리내려야 한다. 그 결과 야생의 벼는 뿌리가 길고 튼튼해지는 방향으로 적응해 가지 않을 수 없게 된다.

"야생 식물들 대부분은 평생 동안 불리한 조건에서 영양분과 물을 찾아야 하므로 땅 깊은 곳에서 먹이를 찾아다닐 뿌리를 발달시키지 않으면 생존할 도리가 없었다. 인간에 의해 지나치게 많은 양분을 공급받아 오면서 쉽게 살도록 길들여진 농작물은 그네들의 야생 선조들이 가지고 있던 토양 침투 능력을 상실했다. 농작물의 뿌리 체계는 인간들의 기술에 의지하게 됨으로써 자기 보존을 위해 더 이상 진화하지 못하였다."

잡초와 작물은 모두 동등한 자연계의 구성 요소

사실 쇠비름은 쇠비름일 뿐이고 벼는 벼일 뿐이다. 자연계에서
는 동일한 생명체에 불과하다. 그러므로 어느 것이 잘났고 어느 것
이 못났다고 할 수 없는 것이다. 그러나 인간은 자신에게 쓸모가 있
다고 판단하면 작물이요, 쓸모가 없다고 판단하면 잡초라고 규정
한다.

쓸모라는 기준으로 사물을 판단하는 인간의 이 얄팍한 실용주의
는 일찍이 장자(莊子)에게 비판 받은 바 있다. 《장자》에는 "학의 다
리가 길다고 자르지 말고, 오리의 다리가 짧다고 해서 오리의 다리
를 늘리려 하지 말라."라는 구절이 있다. 학의 다리가 길다느니 오리
의 다리가 짧다느니 하는 생각은 인간이 사물을 분별하고 싶은 욕망
에서 비롯된 망상일 뿐이라는 것이다. 학의 다리가 길다고 하지만
타조에 다리에 비하면 짧고 오리의 다리가 짧다고 하지만 참새의 다
리에 비하면 길다. 그럼에도 불구하고 길다거나 짧다는 관념으로 사
물을 마음대로 재단하는 것은 인간이 만들어 낸 편견이요, 오만이라
는 것이 장자의 지적이다. 이런 편견과 오만을 걷어 내고 사물을 평
등하게 보아야 한다는 것이 〈제물론(齊物論)〉의 핵심적 주장이다.
잡초나 작물이나 동등하게 자연계의 구성 요소일 뿐이지, 어느 한
쪽이 일방적으로 우월하거나 열등하지 않다는 것이다.

포크 날의 쓸모는 들쭉한 곳에 있을까, 날쭉한 곳에 있을까?

세상에 과연 쓸모 없는 것이 있을까? 장자는 도(道)는 '바퀴의 비어 있는 중심'이라고 했다. 비어 있음은 '없음'이고, '없음'은 쓸모 없다는 것이 우리의 상식이다. 그런데 장자는 바로 '없음'이 '도'라고 했다. 이 무슨 뚱딴지같은 말인가.

쉽게 생각해 보자. 수레바퀴의 쓸모는 바로 그 중심의 텅 빈 곳에 있다. 수레바퀴의 중심이 비어 있어야지 그곳에 굴대를 끼워서 구르게 할 수 있다. 굴러가는 것이 수레의 본질이다. 그런데 그 중심이 비어 있지 않으면 수레를 구르게 할 수 없으니 수레에서 가장 중요한 본질이 바로 그 중심의 비어 있는 곳에 있다고 할 수 있다.

그러나 인간은 눈에 보이는 것에 매달린다. 당장에 내 이익을 증가시켜 주는 것, 내 욕망을 즉각 실현시켜 주는 것, 나의 쾌락을 증가시켜 주는 것에 일차적으로 관심을 보인다. 사람들이 과학과 기술에 매달리는 것도 과학과 기술이 국가의 부를 증가시켜 주고 경제를 향상시켜 줄 것이라는 믿음 때문이다.

그러나 눈에 보이는 것, 그것이 다는 아니다. 포크의 날을 생각해

수레바퀴의 쓸모는 비어 있는 곳에 있고, 포크의 쓸모는 들쭉한 곳에 있다.

보자. 포크에는 날쭉한 날이 있고, 날과 날 사이에는 들쭉한, 빈 공간이 있다. 단순하게 생각하면 포크의 쓸모는 그 날쭉한 곳에 있다고 생각하기 쉽다. 그러나 날과 날 사이의 '비어 있는 곳', 즉 들쭉한 곳이 없다면 포크는 쓸모가 없게 된다. 쓸모 있음의 '유(有)'는 이렇게 쓸모 없음의 '무(無)'에 의존하고 있으니 '무'는 '유'를 낳는 바탕이 된다고도 할 수 있다. 눈에 보이는 것만이 다는 아니라는 이야기다.

05 순수한 물은 독이다

순수한 물은 생체 기관에 독성이 강한 독처럼 작용한다. 생체 기관에 흡수되면, 혈액과 체액 속에 들어 있는 모든 광물성 염분은 그 물 쪽으로 몰려든다. 왜냐하면 순수한 물은 광물성 염분이 더욱더 잘 용해되게 만들기 때문이다. 당뇨병 환자의 핏속에 응축되어 있는 요소나 요산, 또는 다른 독소들을 제거하기 위해서 이 물을 사용하기도 한다. 당뇨병 환자의 신장은 그 독소들을 여과시키지 못하기 때문이다.

자연은 순수한 세계인가?

자연은 순수한 세계요, 문명은 오염된 세계라고 생각하기 쉽다. 그러나 조금만 생각해 보면 자연적인 상태가 불순물이 없는 순수한 상태라고 쉽게 단정 지을 수 있는 근거를 대기보다는 자연은 순수하지 않다는 근거를 대기가 훨씬 쉽다는 것을 알게 된다. 생각해 보라. 웅덩이 속의 물이 순수한가. 웅덩이 속은 수많은 생명체들이 살아가는 공간이다. 생명체들은 웅덩이 속에서 호흡을 하고 먹이를 취하고 배설을 한다. 웅덩이는 결코 순수할 수 없는 공간이다.

소가 풀을 뜯는 한가로운 전원의 풍경을 상상해 보라. 그곳은 생각처럼 순수한 공간이 아니다. 찬찬히 뜯어보면 그곳은 온갖 생물들의 배설물로 얼룩져 있다. 소의 배설물에는 쇠똥구리가, 말의 배설물에는 말똥구리가 온몸에 배설물을 묻히고 생존을 위한 노동을 한다. 그곳은 한가로운 공간이 아니라 눈물과 땀으로 얼룩진 노동의 공간이다.

순수한 세계는 인공의 세계

미셸 투르니에의 《생각의 거울》은 자연의 세계가 순수의 세계라는 우리의 생각이 허구임을 지적한다. 미셸 투르니에는 자연의 물이 결코 순수한 물이 될 수 없다고 말한다.

순수한 세계는 오히려 인공의 세계, 곧 화학의 세계다. 자연의 물을 그대로 놓아 두면 흙과 부유물들이 가라앉아 맑은 물이 될 것 같은가? 천만의 말씀이다. 샘물을 가만 놓아 둔다고 해서 절대로 맑은 물이 되지 않는다. 맑은 물, 순수한 물을 만들기 위해서는 물리적인 방법, 폭력적인 방법이 동원되어야 한다. 물에 뜨거운 열을 가하거나 여과시켜야만 비교적 순수한 물을 얻을 수 있다. 순수는 이렇게 폭력적인 방법을 동원해야 얻을 수 있는 어떤 것이다.

사실 열을 가하거나 여과시킨다고 해도 순수한 물은 얻어지지 않는다. 물 속에 들어 있는 염분이나 철분을 제거하기 위해서는 증류기 속에 물을 넣고 끓여야 한다.

미셸 투르니에는 물의 순수성이 오히려 인체 안에서 병리적 반응을 일으킬 수 있다고 주장한다.

"순수한 물은 생체 기관에 독성이 강한 독처럼 작용한다. 생체 기관에 흡수되면, 혈액과 체액 속에 들어 있는 모든 광물성 염분은 그물 쪽으로 몰려든다. 왜냐하면 순수한 물은 광물성 염분이 더욱더 잘 용해되게 만들기 때문이다. 그래서 당뇨병 환자의 핏속에 응축되어 있는 요소나 요산, 또는 다른 독소들을 제거하기 위해서 이 물을 사용하기도 한다. 당뇨병 환자의 신장은 그 독소들을 여과시키지 못하기 때문이다. 그러나 환자의 경우에 반드시 필요할 수 있는 이 *투석(透析)이 혈청 염분 농도가 정상인 사람에게는 비극적인 결과를 가져올 수 있다. 칼슘과 칼륨이 몽땅 빠져나가 버려서 죽게 될 수도 있기 때문이다. 실제로 심장은 핏속에 녹아 있는 칼슘과 칼륨의 균형에 의해 유지되는

투석
반투막을 써서 콜로이드나 고분자 용액을 정제하는 일.

소의 배설물이 엉겨 붙은 웅덩이의 물이 순수한가? 아니면 화학적으로 처리한 증류수가 순수한가?
자연이 순수하다는 생각은 근거 없는 착각이다.

전류 덕에 뛰는 것이다. 순수한 물의 흡수는 또한 위출혈이나 장출혈, 또는 피하 출혈을 일으킬 수도 있다."

물의 순수성이 오히려 인체 안에서 병리적 반응을 일으킬 수 있다는 이야기다.

그는 이어 인류의 역사에서 이러한 순수에 대한 집착이 얼마나 많은 비극을 불러 왔는지를 보여 주고 있다.

"순수성이 야기하는 이러한 육체적 재난은 순수성에 대한 강박관념 때문에 역사적으로 저질러진 수많은 범죄에 비하면 아무것도 아니다. 순수성이라는 악마의 말을 탄 사람은 자기 주변에 죽음과 파멸의 씨앗을 뿌린다. 종교적 정화, 정치적 숙청, 종족의 순수성 보존, 천사적 상태에 대한 반육체적 추구, 이 모든 착란은 학살과 수많은.불행으로 귀결된다."

자연은 본래 순수할 수 없다

자연은 온갖 생물들이 삶을 영위하는 터전이다. 그곳은 본래적으로 순수할 수 없는 공간이다. 물 속에는 수많은 생물들이 유영하고, 숲 속에서는 온갖 동물들이 먹고 배설하고 죽고 썩어간다. 자연은 꽃이 피고 새가 울고 맑은 계곡물이 흐르는 공간이기도 하지만, 한편으로 자연은 먹고 먹히는 공간, 죽은 동물들의 시체 위에서 구더

게르만 민족의 순수한 혈통에 대한 집착이 얼마나 많은 유대인들을 죽음으로 이끌었으며, 유대인의 배타적인 시오니즘이 얼마나 많은 팔레스타인 사람을 학살했는가. 순수함을 앞세워 얼마나 많은 테러가 자행되었는가. 사진에서 2006년 미국의 미시간 주 디어본에서 개최된 '이스라엘의 레바논 공격 반대 집회'에 참여한 랍비와 이슬람 성직자가 "유대교는 시오니즘을 반대한다."는 플래카드를 들고 있다.

기가 꼼지락거리는 공간이다. 자연이 순수하다는 생각은 현실이 아니라 우리의 소망에 불과한 것인지도 모른다.

미셸 투르니에는 인간의 배타적 심성이 얼마나 끔찍한 비극을 초래하고 있는지를 육체에 대한 순수한 물의 위험성을 통해 말하고 있는 것이다. 나만이 옳다, 나만이 순수하다는 집착은 여러 가지 양태로 변주된다.

우리는 문명이요, 너희는 야만이라는 생각과 우리는 이성적이요, 너희는 비이성적이라는 생각이 비서구적 세계를 계몽하고 문명화해야 한다는 제국주의 침략의 이데올로기로 발전한 것은 아닐까? 나의 종교만이 옳고 너희의 종교는 미신에 불과하다는 생각이 대량 살육의 종교 전쟁을 야기한 것은 아닐까? 나의 유전자만이 우성의 유전자이고, 너의 유전자는 열성의 유전자라는 생각이 인종 청소라는 대량살상의 비극을 초래한 것은 아닐까? 나만이 옳다는 자기중심주의에서 벗어날 때 비로소 우리는 순수를 논할 자격을 얻을 수 있을 것이다.

우생학의 문제점

사람의 능력이나 성질이 선천적으로 유전에 의해서 결정된다고 가정하고, 이것을 잘 조절한다면 정신적 신체적으로 완벽한 유전자를 가진 인간을 만들 수 있다는 논리가 이른바 '우생학(Eugenics)' 이다. 이 우생학을 철저하게 신봉한 사람은 아돌프 히틀러다.

아돌프 히틀러는 우생학을 정치적으로 악용하여
유대인 학살이라는 비극을 자행하였다.

그는 1939년 9월 장애인이나 정신 질환자 등 사회의 부적격자에 대한 집단 살인 허가 문서인 이른바 'T-4 프로그램'을 실행하라는 극비 지령에 서명한다. 히틀러는 "병자나 기형아를 절멸시키는 것이야말로 병적인 인간을 보호하려는 미친 짓에 비하면 몇 천 배나 자비심 깊은 일"이라고 했다.

이 우생학에 따라 미국에서는 1907년 인디애나 주를 시작으로 1931년까지 30개 주가 정신병자, 백치, 강간범을 거세하는 거세법을 시행했다. 독일도 1932년 부적격자를 자발적으로 거세하는 단종(斷種)법을 통과시켰다. 히틀러는 1941년 8월 18일 T-4 프로그램의 중지를 명령했지만 그 후에도 작전은 은밀하게 계속됐다. 이 작전은 결국 수백만 명의 유태인의 목숨을 앗아 간 '홀로코스트'로 이어졌다.

내 민족의 피만이 순수하고 타 민족의 피는 순수하지 않다는 '깨끗한 피'에 대한 잘못된 믿음이 이 같은 대량 살육의 비극을 불러온 것이다. 우리의 신만이 진리이고 타민족의 신은 우상에 불과하다는 믿음 또한 역사상에서 숱한 종교 전쟁을 불러 왔다. 순수에 대한 과도한 집착은 결국 비극으로 이어진다.

순수에 대한 과도한 집착은 역사적으로 많은 비극을 불러 왔다. 순수한 물이 독일 수 있다는, 온갖 생명체가 공존하는 웅덩이야말로 생명이 살아 숨쉬는 공간이라는 것을 깨달았다면 그 비극을 막을 수 있었을까? 과학에 대한 인문학적 성찰이 필요한 대목이다.

06

병은 물리쳐야만 하는
인간의 적인가?

고통은 몸에 이상이 있다는 빨간 불. 일종의 경고요, 신호인 셈이다. 고통에 민감한 사람은 그 신호를 빨리 알아차리지만 고통에 둔감한 사람은 그 신호를 간과할 수 있다. 그러므로 고통은 인간에게 꼭 필요한 일종의 방어 체계였다.

고마운 유전자? 비만 유발 유전자?

원시인들은 굶주림과 항상 대결해야만 했다. 어쩌다가 운 좋게 사슴이라도 한 마리 사냥한다면 배불리 먹는 호사를 누렸겠지만 배부름은 오래가지 않았다. 고작 한나절이면 끝이었다. 그런데 그 시절 먹이 속의 영양분을 체내에 축적해 둘 수 있게 해 주는 유전자를 가진 사람이 있었다고 해 보자. 남들은 먹으면 그것으로 끝인데 이 유전자를 가진 사람은 마음껏 먹고 체내에 지방으로 영양분을 축적해 놓고 필요할 때에 분해하여 쓸 수 있으니 생존에 훨씬 유리했을 것이 틀림 없다.

다윈 의학
인간의 몸과 정신도 동물의 경우와 마찬가지로 오랜 진화의 역사를 거쳐 만들어진 산물임을 인식하고 질병 역시 주어진 환경에 적응해 가는 과정에서 발생하는 현상이라고 이해하는 의학의 일종이다.

'다윈 의학자'라고 불리는 이들은 바로 이 유전자가 수렵 시대의 원시인들에게는 꼭 필요했던 유전자였다고 말한다. 그렇다면 오늘날 이 유전자의 이름은 무엇일까? 고마운 유전자? 영양 축적 유전자? 답은 '비만 유발 유전자'다. 대체 인간의 생존에 유리했던 이 고마운 유전자가 왜 '비만 유발 유전자'라는 아름답지 않은 이름을 얻게 된 것일까?

다윈 의학자들은 먹을거리가 풍부해진 환경에서 그 이유를 찾는다. 초콜릿, 햄버거, 콜라, 피자, 감자칩…… 풍요의 시대가 도래하자 수만 년 동안 인간의 몸에 존재하면서 영양을 축적해 주고, 필요한 때에 에너지를 꺼내어 쓰게 해 주던 기능을 하던 이 '고마운 유전자'가 이제는 '뚱보 유전자'니 '비만 유발 유전자'니 '성인병 유발 유전자'라는 이름으로 불리기 시작했다는 것이다.

우리 몸의 방어 체계, 질병

우리는 일상생활에서 흔히 겪는 기침이나 통증, 발열, 빈혈 등과 같은 증상들을 질병으로 여긴다. 그런데 다윈 의학은 이 증상들을 적응에 의해 진화된 우리 몸의 방어 체계라고 주장한다. 기침은 허파에서 이물질을 제거함으로써 자칫 폐렴으로 죽을 수도 있는 위험을 예방한다.

아픔을 느끼는 능력 역시 몸에 이롭다. 고통은 몸에 이상이 있다는 빨간 불이다. 일종의 경고요, 신호인 셈이다. 고통에 민감한 사람은 그 신호를 빨리 알아차리지만 고통에 둔감한 사람은 그 신호를 간과할 수 있다. 그러므로 고통은 인간에게 꼭 필요한 일종의 방어 체계이다. 가령 자연계에 고통을 잘 느끼지 못하는 종과 고통에 민감한 종이 있다면 어떤 종이 선택될까? 당연히 고통에 민감한 종이다.

고열은 세균이 일으키는 것이 아니라 인체가 세균에 반응하면서 나타나는 현상이다. 높은 체온은 면역 반응을 촉진하여 병원균의 파괴를 쉽게 한다. 차가운 피를 가진 도마뱀도 병에 걸리면 따뜻한 곳으로 가서 본래보다 체온을 높게 유지한다. 그러나 그렇게 하지 못한 도마뱀은 감염으로 죽을 확률이 높다.

빈혈은 세균으로 하여금 필요 영양분을 얻지 못하게 함으로써 인체를 방어하는 수단으로 해석할 수 있다. 만성적인 간염에 시달리는 환자는 병을 앓는 동안에, 세균이 철분을 이용하지 못하도록 혈액 내에 정상적으로 순환하고 있는 철분의 많은 양을 회수하여 간장 안에 보관해 두기 때문에 빈혈 증상을 보인다는 것이다.

다윈 의학의 주장대로 자연 선택이 신체의 방어 체계를 진화시켰다면, 우리가 상용하는 약은 도리어 우리 몸의 방어 체계 기능을 약화시킬 가능성이 있다. 이질에 걸려 설사를 멎게 하는 지사제(止瀉劑)를 먹은 환자가 합병증에 잘 걸리는 것이 그 예이다.

질병은 퇴치해야만 하는 적이 아니다

김종길의 시 〈성탄제〉에는 사경을 넘나드는 아들을 살리기 위해 해열제인 산수유 열매를 찾아 한밤중에 눈길을 헤매는 아버지가 등장한다. 깊은 밤 아버지는 어둠 속의 눈길을 헤치고 붉은 산수유 열매를 따 오신다. 아들은 아버지가 따온 산수유 열매를 먹고 점차 열이 내려간다. 간을 졸이시던 할머니의 얼굴에도 화색이 돌고 피로하신 아버지의 얼굴에도 미소가 감돈다.

병은 이렇게 사람과 사람을 묶어 준다. '아버지는 나를 싫어하는 것이 틀림이 없어, 그렇지 않다면 어떻게 나에게 이렇게 박정하게 대할 수 있지.' 라고 생각했던 아들도 아버지가 자신의 병을 걱정하며 한밤중 추위에도 불구하고 약을 구해 오시는 모습을 보면 자신의 생각이 짧았음을 깨닫게 될 것이다. 혈육이란 이렇게 같이 아파해 주고, 아픔을 치유해 주는 소중한 존재임을 자신의 병을 통해 저절로 배우게 된 것이다. 그래서 예부터 어른들은 '아이들은 아프면서 자란다.'고 말씀하셨는지도 모른다.

그러나 조그만 증상에도 당장 병원에 가 항생제나 해열제 주사라도 맞아야 직성이 풀리는 오늘날의 아이들이 제대로 아플 틈이 있는지 의심스럽다. 'No Pains, No Gains.'라는 말도 있고, '한 인간의 크기는 그가 겪어야 했던 시련의 깊이에서 온다.'는 말도 있다. 고통을 긍정적으로 표현한 말들이다. 우리는 고통을 퇴치해야만 하는 부정적인 존재로만 생각하고 있지는 않은지 성찰해 볼 필요가 있다.

아픔을 통해서 아이들은 세상을 보는 더 맑은 눈을 갖게 된다. 그것이 어디 아이들뿐이겠는가. 동병상련(同病相憐)이란 말도 있듯이, 같은 병을 앓아 봐야 그 병에 걸린 사람의 처지를 진심으로 이해하고 동정하게 되는 법이다.

병은 퇴치해야만 하는 적이 아니다. 병을 통해 타인의 아픔을 이해할 수 있다면, 병은 타인에게로 가는 사랑의 통로인 셈이다.

07 | 어떻게 하면 경쟁을
배제할 수 있는가?

경쟁을 배제하기 위해 종들은 언제나 서로 원하는 것을 달리하는 방향으로 진화해 나간다. 진화의 과정을 거치면서 모든 동식물들이 서로 조금씩 달라지는 것도 상대방과 똑같으면 둘 중 하나는 멸종할 가능성이 크기 때문이다. 공존하기 위해 서로 다른 니치를 갖도록 변화한 것이다.

경쟁 배제의 원리

　1960년대 가난했던 시절, 밥상에서 소고기를 볼 수 있는 날은 생일날이나 명절날과 같이 특별한 날뿐이었다. 그런 날 밥상에 소고기가 올라오면 서로 한 점이라도 더 먹겠다고 동생과 으르렁거렸던 기억이 있다. 내가 육식을 좋아하고 동생이 채식을 좋아했다면 음식을 놓고 형제끼리 다툴 필요가 없었겠지만 불행히도 우리 형제는 식성이 비슷했다.

　자연계에서도 먹잇감이 비슷하면 먹이를 두고 경쟁이 일어난다. 서로 물고, 뜯는 처절한 살육이 벌어지기도 한다. 이렇게 두 종(種)의 먹잇감이 같으면, 달리 말해서 생태적 요구 조건이 같으면 같은 지역에 공존하기 어렵게 된다. 이때 평화를 원한다면 서로 부딪히지 않아야 한다. 그렇다면 어떻게 해야 부딪히지 않을까?

　방법은 간단하다. 먹잇감을 달리하든지, 거주지를 달리하든지, 활동 시간을 달리하면 된다. 가령 나뭇잎을 먹고사는 애벌레들 중 어떤 애벌레는 오래된 소나무의 잎만을 먹고살고, 또 다른 애벌레는 봄에 막 나온 연한 솔잎만을 먹고산다. 또 노루나 고라니는 어린 소나무나 침엽수의 겨울눈이나 풀을 주로 먹고, 사슴은 나무껍질이나 사초류 등을 먹고산다. 이처럼 먹잇감을 달리하면 분쟁이 일어나지 않는다.

　이때 일반적으로 힘이 센 녀석들은 좋은 먹잇감을 차지하고, 힘이 약한 녀석들은 그보다 나쁜 먹잇감을 차지하게 된다. 이때 한 종(種)이 차지하는 먹잇감, 서식 장소, 활동 시간 등을 생태적 지위, 곧 '니치(niche)'라 한다. 생물은 각각 하나의 생태적 지위를 차지하고 생활하고 있으며, 생태적 지위를 같이하는 두 종류의 생물은 동일한 환경에서는 공존하지 못한다는 것이 이른바 '경쟁 배제의 원리(competitive exclusion principle)'다.

경쟁을 피해 진화한다

1930년대 러시아의 생태학자 가우스(G.E. Gause)는 배양액에서 자라는 두 종의 짚신벌레 개체군을 가지고 많은 실험을 했다. 두 종을 따로 키웠을 때, 각 종의 개체군은 예상대로 S 모양 개체군 생장 곡선을 보였다. 같이 키웠을 때, 처음에는 두 종 모두가 S 모양으로 생장하다가 시간이 지나자 한 종은 생존하고 다른 종은 소멸했다. 이후 30년 동안 유사한 실험을 해 보았는데 다른 원생동물, 효모, 히드라, 물벼룩, 초파리, 쌀벌레 그리고 좀개구리밥에서도 동일한 결과가 나타났다. 이런 결과들에 기초하여 1960년에 생태학자 가렛 하딘은 "제한된 자원을 공동으로 이용하는 두 종은 공존할 수 없다."는 경쟁·배제의 원리를 제안했다.

경쟁을 배제하기 위해 종들은 언제나 서로 원하는 것을 달리 하는 방향으로 진화해 간다. 달리 말하면 경쟁을 배제하기 위해 서로 다른 '니치(niche)'를 가지게 되는 것이다. 진화의 과정을 거치면서 모든 동식물이 서로 조금씩 달라지는 것도 상대방과 똑같으면 둘 중 하나는 멸종할 가능성이 커지기 때문이다. 공존하기 위해 서로

딱따구리는 나무 줄기 밑동 쪽에서 줄기를 타고 올라가면서 아래쪽부터 잡기 쉬운 먹이를 취하고, 동고비는 나무꼭대기에서 줄기를 타고 내려오면서 잡기 쉬운 먹이를 취한다.

다른 니치를 갖도록 변화한 것이다.

같은 나무에 의존해 사는 생물들도 잎을 먹는 것, 수피를 먹는 것, 수액을 먹는 것들이 있다. 이들의 니치가 다르니 서로 부딪힐 일이 없다.

캐나다 남동부 침엽수림에는 동일한 나무에 딱새 5종이 살고 있다. 그런데 이 딱새들은 치열하게 먹이 경쟁을 하지 않았다. 로버트 맥아더라는 학자는 같은 나무 안에서 각각의 딱새들이 자기가 좋아하는 구역이 구분되어 있었다는 사실을 밝혀 냈다. 각 종은 나무의 특정 부위에 둥지를 틀기 때문에 경쟁을 최소화시킬 수 있었던 것이다.

나만의 니치를 찾아

수영 선수는 육상 선수를 부러워하지 않는다. 동메달을 딴 수영 선수는 금메달을 딴 수영 선수를 부러워하기 마련이고, 은메달을 딴 육상 선수는 금메달을 딴 육상 선수를 부러워하기 마련이다. 금메달 삼관왕의 수영 선수가 금메달 오관왕의 육상 선수를 부러워하겠는가? 수영 선수는 육상 선수나 권투 선수를 부러워하지는 않는다. 아예 영역이 다르면 시기심이 발동되지 않기 때문이다.

영화감독은 좋은 영화를 찍기를 바라고, 미술가는 훌륭한 그림을 그리기를 바란다. 영화감독이 미술가를 부러워하지는 않는다는 것이다. 이렇게 자기만의 영역을 갖게 되면 남의 영역을 넘보지 않고 자기만의 세계에 몰입해 최선을 다하게 된다.

고흐는 가난에도 불구하고 혼신의 열정으로 그림을 그렸고, 베토벤은 청력을 잃어 버리는 불운에도 불구하고 작곡에 모든 것을 쏟았다. 고흐의 '니치'가 그림이었다면, 베토벤의 '니치'는 음악이었던 셈이다.

그렇다면 나만의 '니치'는 무엇일까? 그것이 무엇이든 나만의 니치에 몰두할 때 황금만을 좇는 세상의 경쟁에서 벗어나 나만의 새로운 경지를 열어보일 수 있는 것이 아닐까? 미술관에 가 보라. 거기에는 나만의 니치를 좇았던 예술가들의 풍요로운 세계가 있다. 문학도, 음악도 나만의 니치를 좇았던 예술가들의 개성이 피워 낸 꽃이 아닐까.

08 자연계에 독점은 없다

치타가 빨라지면 영양이나 얼룩말도 빨라진다. 초식 동물이 빨라지면 이를 잡아먹는 육식 동물도 빨라진다. 잡아먹히지 않으려면 적보다 빨리 달리라는 것이 '붉은 여왕' 이론의 핵심이다.

붉은 여왕 이론

루이스 캐롤의 소설 〈이상한 나라의 앨리스〉에서 앨리스는 어느 날, 이상한 나라로 빠져 들어가게 된다. 앨리스가 빠져 들어간 세계는 모두 다 쉴 새 없이 달려야만 하는 '붉은 여왕'의 나라다. 붉은 여왕이 지배하는 나라에서는 땅이 빠른 속도로 뒤로 움직이기 때문에 가만히 있게 되면 금세 뒤처지고 만다.

앨리스는 달리며 말한다. "우리 세상에서는 지금처럼 오랫동안 빨리 뛰었다면 보통은 어디엔가 도착하게 돼요."

이에 붉은 여왕은 이렇게 답한다.

"느릿느릿한 세상이군. 그렇지만 보다시피 이곳에서는 네 마음껏 달려도 결국에는 같은 곳에 머물게 돼. 어딘가에 가고 싶다면 적어도 그 두 배 속도로 뛰어야 한단다."

영국의 과학 저널리스트 매트 리들리는 바로 이 대목에서 자신의 책 제목, 《붉은 여왕》을 따온다. 그는 *포식자와 피식자, 기생 생물과 숙주는 살아남기 위해서 붉은 여왕의 세계에서처럼 끊임없이 달려야 한다고 설명한다. 생물체의 진화는 단독으로 일어나는 것보다는, 다른 생명체와의 관계 속에서 더 빨리 이루어지고 이 과정에 적응하지 못한 개체는 도태된다는 것이다.

포식자(捕食者)
다른 동물을 먹이로 하는 동물. 진딧물을 먹고사는 무당벌레나 사슴을 잡아먹는 늑대 같은 것.

지구에서 최고로 빠른 포유류는 치타다. 매트 리들리는 치타가 처음부터 그렇게 달리기를 잘한 것은 아니라고 한다. 초식 동물을

잡아먹히지 않으려면 적보다 빨리 달려야 한다. 치타가 빨라지면 영양이나 얼룩말도 빨라진다.

공격해서 잡아먹는 치타는 먹잇감보다 빨라야 배를 곯지 않을 수 있다. 따라서 치타의 빠르게 달릴 수 있는 유전자는 우성이 된다.

치타의 먹잇감이 되는 영양이나 얼룩말도 사정은 마찬가지이다. 그들도 역시 빨리 달려야 천적에게 잡아먹히지 않는다. 따라서 치타가 빨라지면, 영양이나 얼룩말도 빨라진다. 초식 동물이 빨라지면 이를 잡아먹는 육식 동물도 더욱 빨라진다. 잡아먹히지 않으려면 적보다 빨리 달리라는 것이 '붉은 여왕' 이론의 핵심이다.

자연계에 독점은 없다

기생 생물과 숙주의 관계 역시 붉은 여왕 이론으로 설명할 수 있다. 기생충이 숙주를 파고들면, 숙주는 나름대로 유전자의 변형을 일으키며 대응한다. 기생충은 숙주를 효과적으로 이용하기 위해, 숙주는 기생충을 퇴치하기 위해 스스로를 개선한다. 이 과정이 바로 생물의 진화라는 것이다. 그래서 기생충이 많은 지역이 생태적으로 더 건강하다고 매트 리들리는 말한다.

일방적으로 *숙주의 몸을 착취하는 기생충은 없다. 생각해 보라. 자신이 빌붙어 사는 존재, 즉 숙주의 건강을 망쳐 놓는다면 기생충으로서도 결과적으로 손해이기 때문이다. 숙주가 건강해야 기생충도 마음 놓고 살 수 있는 것이다. 그러므로

숙주(宿主)
기생 생물에게 영양을 공급하는 생물. 기주(寄主)라고도 하며 기생당하는 동식물을 말한다. 기생 동물 중에는 숙주가 특정한 종일 때도 있고, 기생충과 같이 발생 단계에 따라 많은 종류의 숙주를 필요로 하는 것도 있다.

기생충과 숙주의 관계는 빼앗기고 착취하는 일방 통행식 관계가 아니라 차라리 상생과 보완의 관계라고 말하는 것이 옳다.

인간의 세계에서도 '붉은 여왕' 이론은 통한다. 금세기 최고의 역사학자인 아놀드 토인비 박사는 그의 책,《역사의 연구》에서 인류의 역사를 '도전과 응전의 법칙'으로 설명하고 있다.

잉카 문명, 마야 문명, 메소포타미아 문명 등 인류사에는 수많은 문명이 등장했다 흔적도 없이 사라졌다. 그런데 중국을 중심으로 한 극동 문명, 인도 문명, 이집트 문명 등은 지금도 건재하다. 왜 그럴까. 토인비는 자연재해나 외세의 침략 같은 도전을 받지 않은 문명은 스스로 멸망해 버렸지만, 오히려 심각할 정도로 도전을 받았던 문명들은 지금까지 찬란하게 발전해 오고 있다고 설명한다.

마추픽추는 15세기 중반 잉카 제국이 종교 중심지로 건설한 도시다. 1525년경 에스파냐 침략자들에게 정복당하였다. 오랫동안 고립되어 살아와 전염병에 대한 면역이 전혀 없었던 그들은 에스파냐 인들의 학살과 전염병으로 100여 년 사이에 원주민의 90% 이상이 사망하였다.

기업도 마찬가지가 아닐까? 최고의 경영 전문가로 평가받고 있는 톰 피터스는 "누군가 쫓아오는 사람이 없으면 절대 발전할 수 없다."고 말한다. 기업은 경쟁사들의 끊임없는 도전을 통해 발전하고 성숙해 나간다는 것이다. 시장에서의 우위를 차지하기 위해 서로가 긴장의 끈을 놓지 않고 끊임없이 노력하기 때문이다. 얼마 전 한 회사의 CEO는 아놀드 토인비를 인용해 "그동안 외부 도전에 적절히 응전한 결과 우리 회사가 변신에 성공할 수 있었다."며 "앞으로도 끊임없이 도전과 응전을 해 나가자."고 강조했다.

독점이 아닌 상생의 길로

기업가들의 목표는 이윤이다. 그들은 가급적이면 더 많은 이윤을 내기를 원한다. 이윤 창출을 위해서라면 불법마저도 마다하지 않는다. 그래서 자신의 시장에 다른 기업이 뛰어들려고 하면 갖은 방법을 동원하여 진입을 방해하기도 한다. 자금력이 있는 회사는 손해를 감수하고서라도 자신의 제품 가격을 낮추어 결국 자금력이 없는 회사를 시장에서 도태시키려고 한다. 공생보다는 독점이 훨씬 더 많은 이윤을 보장해 주기 때문이다. 그것이 자본주의 시장의 냉혹한 현실이다.

그러나 독점 상황에서도 제품의 질과 소비자에 대한 서비스의 질이 유지될 수 있는가? 그에 대한 대답은 '아니오'다. 과도한 독점 체제는 해당 기업과 사회의 경쟁력을 떨어뜨리는 결과를 초래한다. 가격은 높아지고, 소비자에 대한 서비스의 질은 떨어지게 마련이다.

독점은 자연계에서나 인간의 세계에서나 정당하지 못할 뿐만 아니라 바람직하지도 않다. 이제 너와 내가 같이 사는 상생(相生)을 생각할 때다. 좋은 친구를 두는 것만큼이나 좋은 라이벌을 두는 지혜가 필요한 시대이다.

09 다양성의 가치는 무엇인가?

어렸을 적 생물학 도감을 펴면 어류에서 파충류, 포유류로의 진화를 보여 주는 그림들을 볼 수 있었다. 이 그림들이 말하고 있는 것은 무엇일까? 이 그림은 진화는 단세포─다세포─파충류─포유류의 단계를 거쳐 영장류인 호모 사피엔스로 단선적으로 진행되고, 인간은그 단선적 진화의 정점에 있다고 주장한다. 이것은 오만한 인간 중심주의자들이 만들어 낸 허구이다.

획일적인 인간의 지각 시스템

미국의 남북 전쟁 때 북군은 표준화를 이용해 전세를 유리하게 이끌었다. 방아틀뭉치가 고장난 총과 노리쇠뭉치가 고장난 총이 있다면 적어도 한 정은 사용할 수 있어야 하는 게 오늘날의 상식이다. 그러나 당시의 총은 방아틀뭉치와 노리쇠뭉치를 갈아 끼울 수 없었다. 다시 말해 부품끼리의 호환성이 없었다. 결국 1개의 부품이라도 파손될 경우 소총을 통째로 버려야 했다. 지금의 시각에서 볼 때 비효율도 이만저만이 아니다.

이런 상황에서 북군은 소총을 표준화하였다. 노리쇠뭉치가 고장난 총의 방아틀뭉치를 방아틀뭉치가 고장난 총에 끼울 수 있도록 한 것이다. 결국 표준화를 통해 호환성이 뛰어난 소총을 가지게 된 북군은 전쟁에서 승리를 얻어낼 수 있었다. 이것은 표준화의 위력이 얼마나 큰 것인가를 실감하게 하는 사례다.

'3S', 즉 표준화(Standardization) · 단순화(Simplification) · 전문화(Specialization)는 생산성 향상에 필수적이다. 3S는 대량생산을 가능하게 했고, 이는 제품의 질적 향상과 가격의 하락으로 이어졌다. 3S로 대표되는 획일성과 규격화는 경제성, 즉 효율성을 낳았다.

인간의 지각 시스템도 어찌 보면 획일적이라 할 수 있다. 장미의 붉은 색과 혈액의 붉은 색은 엄격하게 말해서 다르다. 장미의 붉은 색과 입술의 붉은 색도 엄연히 다르다. 그러나 우리의 언어는 그 다양한 사물 현상들을 뭉뚱그려서 '붉다'라고 인식한다.

사물은 저마다의 섬세한 특징을 갖는다. 그러나 우리는 하나하나

노리쇠뭉치 노리쇠에 결합된 부품 전체
방아틀뭉치 방아쇠가 달려있는 쇠뭉치 부분

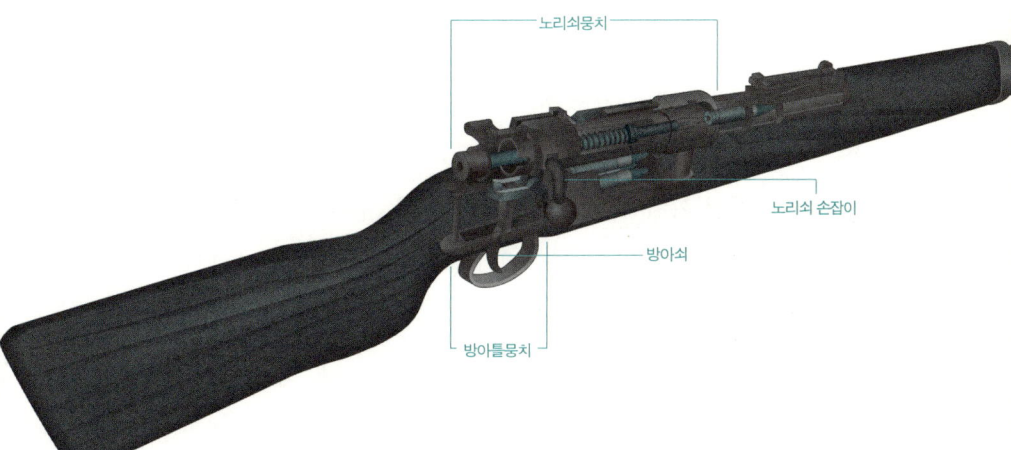

미국 남북 전쟁 때 북군은 소총의 표준화를 통해 전쟁을 승리로 이끌었다. 노리쇠뭉치가
고장난 총의 방아틀뭉치를 방아틀뭉치가 고장난 총에 끼운 것이다. 이는 소총의 표준화
가 없었더라면 불가능한 일이었다.

의 개별적 사물이 가지는 섬세함을 그 자체로 인식하지 않고 추상적으로 인식하는 경향이 있다. 종달새의 다리와 타조의 다리, 코끼리의 다리와 조랑말의 다리는 엄격히 다르다. 그럼에도 우리는 그것을 획일적으로 '다리'라고 인식한다. 언어의 이런 추상성 덕택에 우리는 세계 속의 사물들을 체계적으로 분류하여, 세계에 대한 통일적 인식을 획득했다.

추상은 구체에 대한 폭력이다

과학도 이런 획일화, 추상화의 산물이다. 우리는 빗방울이 떨어지고, 나뭇잎이 떨어지고, 돌멩이가 떨어지는 등의 수많은 낙하 현상을 경험한다. 우리의 인식의 시스템은 그것을 낱낱의 경험으로도 인식하지만 아울러 그 수많은 경험적 사례로부터 '낙하 법칙'이라는 추상적 이론을 추출해 낸다.

추상(抽象)이란 개별적 현상으로부터 공통점을 '뽑아 내는' 과정이다. 그런데 사물의 공통점을 뽑는 추상(抽象)의 과정은 구체적 사물이 가지는 개별적 고유성을 버리는 사상(捨象)의 과정과 동전의 양면이라는 점이다. 예를 들어 우리가 장미꽃을 '붉다'라고 표현했을 때, 우리는 그 장미가 가지는 고유의 독특한 색깔을 간과하게 된다는 점이다. 하나하나의 구체적 사물은 바로 그 독특한 무늬와 향기 속에 자신의 개별성을 구현하고 있지만 불행하게도 우리는 추상적이고도 획일적으로 사물을 인식하게 된다.

그러나 세상은 이분법적으로 존재하지 않는다. 어둠이 있고 밝음이 있지만 새벽이나 저녁과 같이 흐리멍덩한 시간도 있으며, 뜨겁지도 않고 차지도 않은 미지근한 상태도 있다. 획일적으로 단정 지을 수 없는 애매모호한 상황이 얼마든지 존재한다.

■퍼지 이론의 이론적 핵심은 사물이 존재하는 양상을 섬세하게 인식하자는 데 있었다. 퍼지 이론에 의하면, 공산품을 제작할 때 사물의 다양한 측면을 의식한다면 보다 정확하면서도 효율적인 물건을 생산할 수 있다. 퍼지 이론의 중요성은 복

퍼지 이론
논리값이 참(1) 또는 거짓(0)이 아닌, 0에서 1 사이의 값을 연속적으로 취하는 논리에 의해 구성되는 수학 이론.

잡한, 즉 단순하지 않고 '흐리멍덩한' 사물 현상을 보다 엄격하고 정확하게 처리하는 수학적 이론이라는 데 있다. 구체적 사물 현상을 획일적 도식으로서가 아니라 보다 세련된 수학적, 즉 정확하고도 섬세한 사고로 처리함으로써 보다 바람직한 기기들을 만들자는 것이 퍼지 이론을 공학적으로 이용한 과학자들의 의도였다.

추상화를 통해 인간은 자연의 사물들을 질서 있게 분류하여 자연을 체계화시켰지만, 그 반대로 하나하나의 사물이 가지는 특성과 뉘앙스(섬세한 차이)를 잃어버렸다. 철학자 니체는 이를 두고 '추상은 구체에 대한 폭력'이라고 표현한 바 있다. 과도한 추상화가 구체적 사물이 가지는 섬세한 느낌과 풍부한 표정을 잃게 만들었다는 것이다. 그러므로 세계를 획일적으로 인식하지 않겠다는 것은 결국 사물이 가지는 섬세한 느낌과 풍부한 표정을 그 자체로 인식하겠다는 것이다. 사물이 가지는 섬세한 느낌과 풍부한 표정, 그 어떤 추상적 언어로도 환원될 수 없는 그 사물만이 가지는 독특성의 세계,

바로 그것이 우리가 귀로 듣고, 눈으로 볼 수 있는 자연의 세계, 곧 다양성의 세계다.

진화는 진보가 아닌 다양성의 증가다

어렸을 때 생물학 도감을 펴면 생물이 어류에서 파충류, 포유류로 진화했다는 것을 보여 주는 그림들을 볼 수 있었다. 유인원에서 현생 인류로의 진화 과정 또한 친절하게 보여 주고 있었다. 그런데 이 그림들이 말하고 있는 것은 무엇일까?

이 그림은 진화는 단세포-다세포-파충류-포유류의 단계를 거쳐 영장류인 호모 사피엔스로 단선적으로 진행되고, 인간은 그 단선적 진화의 정점에 있다고 설명한다. 그러나 스티븐 제이 굴드는 이것이 "오만한 인간 중심주의자들이 만들어 낸 허구"라고 일축해 버린다. 그는 진화에 대해 "진보가 아닌 다양성의 증가"라고 말한다.

스티븐 제이 굴드는 인간을 다른 생물들과 분리시켜 우월감을 느끼는 전통적 관념을 버리고 인간을 생명의 거대한 역사 속에 나타난 우연한 존재로 생각하라고 말한다. 곧 인간이 다른 생물에 비교해 특별히 잘난 게 없다는 주장이다. 그러니 인간이 세상의 모든 생명체 위에 군림할 특권이 없다는 것이다. 인간은 다른 생물들처럼 자연계를 구성하는 하나의 생물체에 불과하다.

그는 진화를 우발적인 돌연변이와 이에 대한 자연 선택의 결과로 해석한다. 고생물의 화석 연구를 통해 그는 진화가 특정한 방향성

인간은 다른 동물들 위에 있는가? 인간의 진화는 특정한 방향을 가지고
점진적으로 이루어진 것이 아니라는 것이 스티븐 제이 굴드의 주장이다.

을 가지고 점진적으로 이루어지는 것이 아님을 발견하고, 1972년 '진화는 생태계의 평형 상태가 갑자기 깨어지면서 나타나는 현상'이라는 가설을 제안하여 학계의 주목을 받았다. 굴드는 진화의 동력을 필연이 아니라 '우연'이라고 보았다. 즉 생물은 생태계가 안정된 평형 상태에서 오랫동안 거의 진화하지 않다가 빙하기의 도래, 운석 충돌 등으로 평형 상태가 깨지면서 순식간에 진화하거나 소멸했다는 것이다.

그의 이론은 진화를 '발전'으로 보는 직선적 생명관, 곧 인간을 궁극적 가치로 보는 인간 중심주의에 대한 우회적인 공격이었던 셈이다. 그의 논리대로라면 인간의 언어 능력은 그 능력이 갖는 장점을 획득하기 위한 적응 과정을 통해 만들어진 것이 아니라, 뇌가 커진 결과로 인해 얻어진 '우연의 부산물'일 뿐이다. 또 진화는 우리가 생각하는 대로 뇌 용량이 커지거나 말의 체구가 커지는 등의 직선적인 과정이 아니며, 다양한 종이 우발적으로 창출되어 제각기 생존하는, 즉 모두 함께 모여 지구라는 '집(house)'을 꽉 '채우는(full)' 과정이라는 것이다. 그러니까 그의 책 제목이기도 한 《풀 하우스》는 다양한 생물들이 함께 공존하는 진화의 최종 목적지를 상징한다고도 볼 수 있다. 그의 논리대로라면 지구의 역사를 다시 비슷한 조건에서 반복한다 해도 인간이 탄생할 확률은 거의 제로일 것 같다. 결국 인간의 바람과는 달리 '인류의 탄생은 한순간 우연히 일어난 우주적 사건에 지나지 않으며, 만약 생명의 씨앗이 다시 뿌려져 생명의 나무가 비슷한 조건에서 자라난다면 다시는 일어나지 않을 사건'일 뿐이다.

그는 "생명의 우수함은 한 뛰어난 특성이 아니라 넓게 퍼져 있는 차이"라면서 '차이'를 강조한다. 차이가 낳는 것은 '다양성'이다. 다양성이야말로 세계가 존재하는 방식이다. 그럼에도 불구하고 우리가 다양성을 인정하지 않는 것은 자신의 특성만을 배타적으로 강조한 결과다.

인간이 진화의 정점에 서 있는 것도 아니요, 만물의 영장도 아니요, 수많은 자연계의 생물종처럼 우연의 존재에 불과하다는 사실을 인식함으로써 인간은 보다 겸허해질 수 있을 것이다. 파괴된 생태계를 회복하는 것은 인간 종(種)으로서의 겸허함을 회복하는 일일 것이다. 자신이 세계의 꼭대기에 있는 존재요, 신에 의해서 선택받은 존재라는 착각이 세계를 자기 마음대로 부릴 수 있다는 오만으로 이어지는 한, 앞으로도 건강한 생태계를 기대할 수는 없을 것이다.

한 대학 총장의 비빔밥 이론

서울대 정운찬 총장은 2002년 총장 취임 직후 신입생을 구·군별로 할당하는 지역 할당제로 뽑겠다고 선언했다. 교수들은 위헌 소지가 있다며 반대했고, 결국 지역 균형 선발로 절충했다. 서울대는 2008년, 정원의 3분의 1을 지역 균형 선발로 뽑기로 했다. 정운찬 총장은 지역 균형 선발을 점차 확대했으면 한다고 말했다. 서울대뿐만 아니라 주요 대학들이 지역 균형 선발을 대폭 도입하게 되는 게 그의 바람이다. 그의 이런 바람은 다양성이야말로 창조성의 밑심이라는 소신에서 비롯되었다. 그는 이렇게 말한다.

"1966년, 서울대 경제학과에 입학했더니 50명 중에 17명이 경기고 출신이었어요. 돌이켜보면 같은 경기고 출신에게서보다 다른 학교 출신이나 시골 친구들에게서 많이 배웠습니다. 아버지를 일찍 여읜 나에게 '운찬아, 아버지 성묘 안 가나? 같이 가자!' 하는 녀석은 시골에서 온 친구였거든요. 밖을 보아도 미국 유수의 대학들에는 지역 쿼터·국가 쿼터·아시아 쿼터 등 쿼터제가 다 있어요. 중국의 주요 대학들은 아예 지역 할당제를 합니다. 그래서 총장이 되자마자 옛날부터 생각했던 것을 해 버린 겁니다."

2005년 서울대 신입생의 1년 간 학업성취도를 조사한 결과, 지역 균형 선발 전형으로 입학한 학생들의 평균 학점은 4.3점 만점에 3.17점, 정시 모집으로 입학한 학생들은 3.05점으로 나타났다.

그는 지역 균형 선발의 최대 목적은 서울대 다양화라고 말한다. 서울대가 지식 전수 기관을 넘어 지식 창출 기관이 되려면 우선 구성원이 다양화되어야 한다는 것이 그의 소신이다. 그는 교수 신규 채용에서도 타교 출신을 3분의 1 이상 뽑았고, 외국 교수나 외국인 학생도 가능한 한 많이 들였다.

갖가지 나물과 밥에 고추장까지 고루 섞인 비빔밥처럼 그 구성 요소가 다양해야 서로 다른 경험과 새로운 생각을 나눌 수 있다는 게 그의 믿음이다. '동종 교배'로는 세상이 발전할 수 없다는 것이 지역 균형 선발 전형을 추진했던 그의 신념이었다.

지역 균형 선발 전형은 성공했다. 정시 모집으로 선발한 학생의 대학 성적보다 지역 균형 선발 제도로 뽑은 학생의 대학 성적이 좋다는 통계가 이를 증명하고 있다.

IO

지도에 숨어 있는 권력의 얼굴

중세 기독교 지도가 예루살렘을 중앙에 배치했던 반면, 메르카
토르 투영법으로 만들어진 지도는 유럽을 중앙에 배치했다. 메
르카토르 투영법으로 제작된 지도에는, 유럽이 세계의 중심이
라는 서구 우월주의가 그 배면에 깔려 있다고 할 수 있다.

지도는 객관적일까?

사막에서, 평원에서, 고원과 산에서 그리고 전장과 낯선 대륙의 도시에서 지도는 마치 맹인을 이끄는 맹도견처럼 여행자들을 안내한다. 지하철에는 지하철 지도가 있고, 여행사에는 관광 지도가 있고, 경찰서에는 방범 치안 지도가 있다. 주소, 지역, 노선도, 우편번호, 교차점과 건물 이름만 알면 지도가 길을 가르쳐 준다. 피자 가게나 중국 음식점도 동네 지도를 이용하면 한눈에 들어온다.

우리들은 '있는 것'을 '있는 대로' 보여 주는 것이 지도라고 생각한다. 수학과 투시법, 측량 기술 등에서 일어난 변화 덕분에 지도 제작 기술이 발전했다는 점에서 지도 제작 과정이 대단히 과학적이라고 믿고 있는 것이다. 하지만 《지도, 권력의 얼굴》의 저자, 제러미 블랙은 지도는 우리들의 생각처럼 과학적이지 않으며 오히려 정치적이라고 한다. 고대로부터 세계 지도와 세계적 패권을 주장하는 세력이 서로 밀접한 관련을 맺어 왔다는 것이다. 지도 안에 제국주의적 야욕이 숨겨져 있었던 것이다. 제러미 블랙은 더 나아가 지도는 '권력의 얼굴'이라고 단언한다.

인종 차별이 심한 남아프리카공화국의 지도를 보면 지도의 정치성을 쉽게 알 수 있다. 수많은 주요 흑인 거주지들, 특히 흑인 분리 거주 지구는 남아프리카공화국의 지도에서는 무시되거나 최소화되어 있다. 흑인 거주 지역들, 특히 불법 점유지들을 지도로 표현하기 어려웠던 사정을 반영하고 있지만, 중요한 이유는 다른 데 있다. 남아프리카공화국에서는 인구 조사 자료의 정확도가 인종 집단에 따라 달랐던 것처럼, 남아프리카공화국 지도들이 안고 있는 가장 근본적인 문제는 백인들을 위주로 지도가 제작되었다는 점이다. 농촌 지역의 소규모 백인 도시들이 실제보다 훨씬 더 두드러지게 표시되었다는 사실은 그것을 증명하고 있다.

남아프리카공화국의 지도는, 지도가 객관적이라는 우리의 통념에 보기 좋게 한방 먹인다. 지도 제작자들은 객관적인 눈을 가진 이들이 아니었다. 무엇을 더 중요하게 보고, 무엇을 덜 중요하게 보아야 할지를 결정한 것은 그들의 눈이 아니라 그들의 정치적 이해 관계였다. 역사상에 나타난 다른 수많은 지도들 또한 지도의 정치성을 잘 보여 주는 증거에 불과하다.

지도에 반영된 자기중심주의

현대 인쇄술의 특성상 세계를 지도로 표시할 때 사용되는 가장 일반적인 형태는 직사각형이다. 그런데 이 직사각형 지도들은 지구의 원형을 잘 살리지 못한다. 위선과 경선은 곡선이 아닌 직선으로 보이게 하며, 지구는 모서리가 직각이고 분명한 테두리가 있다는 잘못된 시각적 특성을 갖게 한다. 둥근 구(球)를 평면에 펼치다 보니 투영법에는 왜곡이 따를 수밖에 없는 것이다. 지도화와 관련된 논쟁은 이 투영법의 문제에서 비롯된다.

수세기에 걸쳐 서로 다른 많은 투영법들이 여러 가지 용도를 위해 고안되어 왔다. 16세기, 멀리 떨어진 식민지와의 교역 기회를 활용하기 위해 엄청난 거리를 항해해야만 했던 시절, 메르카토르는 세계를 원통형으로 묘사한 투영법을 만들었다. 이 투영법에서는 경선들이 양 극점에 모이지 않고 평행 상태를 유지했다. 양 극점이 적도와 같은 원주를 갖도록 확장되었다. 따라서 양 극점 가까이에 있는 대륙들(예를 들면 유럽 대륙)이 적도 근처의 육지에 비해 실제보다 훨씬 크게 표시되는 단점이 있었다. 대신 메르카토르의 투영법을 사용하면, 곡선으로 이루어진 지구의 실제 표면과 달리 각도가 변하지 않아 지도상의 모든 부분에서 방위가 정확하게 유지되었다. 이에 따라 방위가 변하지 않는 직선들을 지도의 평면 위에 표시할 수 있었는데, 이는 항해를 위해서는 반드시 필요한 것이었다. 그러나 지역에 따라 축적이 바뀔 수밖에 없었고, 결국 크기가 왜곡되고 말았다. 이 메르카토르의 투영법을 따를 경우 양극의 지점들이 무한대로 확대되어 결국 지도에 표시할 수 없게 되었다.

그러나 이 불안전한 지도는 유럽의 통치자들이나 상인들에게는 전혀 문제가 되지 않았다. 그들은 중위도 지역, 그러니까 서쪽으로는 아메리카 대륙, 동쪽으로는 남아시아 지역에 대한 탐험과 정복을 통해 얻을 수 있는 가능성을 조사하는 데에만 관심이 있었기 때문이다.

중세 기독교 지도가 예루살렘을 중앙에 배치했던 반면, 메르카토르 투영법으로 만들어진 지도는 유럽을 중앙에 배치했다. 또 메르카토르 투영법으로 제작된 지도는 극지방이 확대되어 보이기 때문에 유럽 대륙의 크기가 실제보다 크게 보였다. 메르카토르 투영법으로 제작된 지도에는 유럽이 세계의 중심이라는 서구 우월주의가

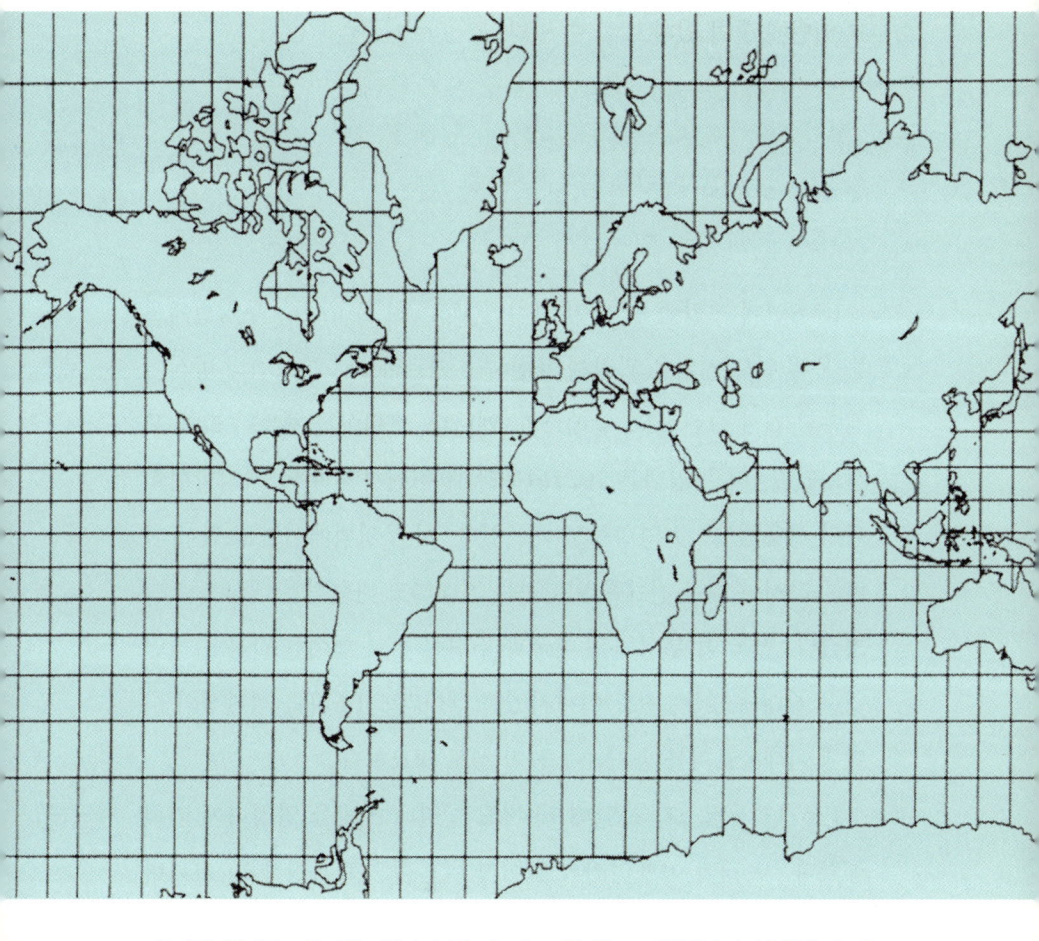

지도가 객관적이라고 하는 것은 사실이 아니다. 메르카토르 투영법으로 제작된 지도는 불안전한 지도였지만 유럽의 통치자들이나 상인들에게는 크게 문제가 되지 않았다. 그들의 관심은 중위도 지역에 대한 탐험과 정복이었기 때문이었다.

그 배면에 깔려 있다고 할 수 있다.

지도는 인간의 정치적 관심을 반영한다

1898년에 고안된 반 데어 그린텐(Van der Grinten) 투영법에서는 온대 위도 지역을 과장해 표현하는 메르카토르 투영법의 방식이 계속된 결과 그린란드, 알래스카, 캐나다, 소련이 실제보다 크게 표시되었다. 이 투영법은 1922년부터 1988년까지 미국 지리학협회에서 사용했고, 그 영향력도 대단했다. 이 투영법에서는 소련이 마치 유라시아 대륙 전체를 위협하는 거대하고 위협적인 대상으로 그려졌다. 결국 이 투영법은 미국과 소련이 서로 첨예한 갈등을 하던 냉전 시대에 맞는, 지도 이미지였던 셈이다. 지도라는 객관성의 이면에 이데올로기를 숨기는 솜씨가 실로 교묘하다.

1967년 페터스가 고안해 낸 지도는 열대 지방을 엄청나게 키워 놓았다. 그 결과 아프리카의 길이가 극단적으로 과장됐다. 그러나 열대 지역을 강조한 이 지도는 제 3세계에 대한 관심과 일치했고, 국제 구호 단체들로부터 극찬을 받았으며 제 3세계에 관심을 갖고 있던 교황청이나 기독교 단체들로부터도 열띤 지지를 받았다. 또 페터스의 세계지도는 《남북 관계 : 생존을 위한 계획》이란 책에서 호평을 받으며 책의 표지에 실리기도 했다. 서구의 사고방식으로부터 벗어난 새로운 세계 질서를 필요로 하면서도, 지도학 자체에는 무관심 했던 당시의 요구에 페터스의 지도가 정확하게 부응한 셈이었다. 세계의 형상이 지도에 객관적으로 반영된 것이 아니라, 인간의 정치적 관심이 지도를 지배한 결과라고 하겠다.

세계관을 반영하는 지도

유럽이 세계 지도의 한가운데 있어야만 한다는 생각에는 유럽 국가들이 영향력을 행사했던 제국주의적 영향력이 반영되어 있다. 지도에서 유럽이 중앙의 위치를 차지한다는 유럽 중심적 사고는 1884년, 표준시와 경도 결정의 기준이 되는 경도 0도를 영국 그리니치를 지나는 경선으로 선택한 국제회의를 통해 강화된다. 이러한 자기중심주의는 유럽 내부에서만 벌어진 것이 아니었다. 19세기에는 여러 명의 지도학자들이 0도 경선이 워싱턴이나 미국의 도시들을 통과하도록 한 지도를 제작하기도 했다.

자기중심적 세계관은 동양에서라고 예외는 아니었다. 혼일강리역대국도지도(混一彊理歷代國都之圖)는 17세기에 마테오 리치의 곤여만국전도(坤興萬國全圖)가 한국에 들어오기 전까지 가장 훌륭하고, 사실상 유일한 세계지도였다고 한다. 이 지도의 큰 결점은 중화적(中華的) 세계관에 의하여 중국을 너무 크게 그려 넣었다는 점이다. 이런 지도로 인해 '중국이 세계의 중심이며 변방의 나라들은 미개하다.'는 세계관으로 발전했다는 것을 발견하는 것은 그리 어려운 일이 아니다.

나만이 세계의 중심이라는 생각은 나는 우월한 존재이고, 타인은

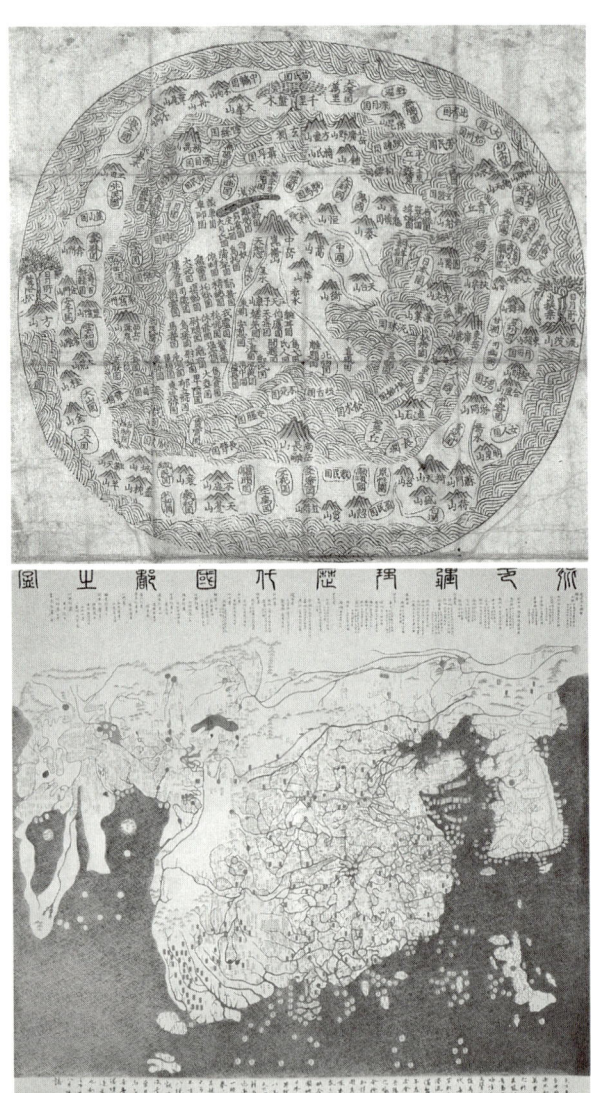

천하도(위)는 조선 중기부터 제작된 세계지도로, 현재 영국 대영박물관에 소장되어
있다. 혼일강리역대국도지도는 1402년에 제작된 우리나라 최초의 세계지도로, 현
재 류코쿠[龍谷]대학 도서관에 소장되어 있다.

열등한 존재라는 독선적인 편견을 낳는다. 바로 그러한 독선과 편견이 수많은 전쟁의 도화선이 되었다. 단언하건대 세계의 중심은 없다.

내 안에 뿌리내린 서구 우월주의

종교학자 조현범의 책,《문명과 야만-타자의 시선으로 본 19세기 조선》은 천주교와 개신교 선교사가 남긴 기록을 통해 서구인이 조선을 어떤 눈으로 보고 있는가를 살펴볼 수 있는 책이다. 이 책에 묘사되어 있는 조선인은 기독교적인 복음과 문명의 빛으로 개조되어야 할 인간들에 불과했다. "어리석고 미개한 원시인들아. 우리가 식민지 지배를 통해 너희에게 문명의 빛을 주리라." 바로 이것이 식민주의자들의 생각이었다. 한국인들만이 가지는 문화적 특수성에 대한 배려는 눈꼽만큼도 없었다. 오만한 식민주의자들은 자신들의 침략을 오히려 야만인들에 대한 베풂으로 생각했다.

그들에게 조선이라고 하는 존재는 계몽하고 개조해야 할 대상에 지나지 않았다. 자신은 '주인'이고 타인은 '종'이라는 독선, 그것이 제국주의자들의 오만한 시선이었다. 미개인들의 전근대적인 문화를 과학과 이성의 이름으로 개조하자는 것이 계몽주의의 구호였다. 제국주의와 계몽주의는 좋은 동반자였다.

제국주의의 비뚤어진 시각도 문제지만 서구의 폭력적 계몽주의가 우리 안에 자연스럽게 내면화되었다는 것이 더욱 큰 문제다. 우리들 대부분은 우리도 모르게 동양은 서구에 비해 뒤떨어지고 촌스럽다고 생각한다.

　당신은 한국 식당보다는 서양식 레스토랑이 더 세련되고, 국악보다는 서양의 고전음악이 훨씬 품위 있다고 생각하고 있지는 않은가? 동남아인을 사귀고 있는 친구와 미국의 백인을 사귀고 있는 친구가 있다고 하자. 과연 당신은 누구를 부러워할까?

　내 것만이 최고의 것이요. 내가 도달한 단계가 최고의 단계라는 식의 국수주의도 문제지만 자신을 존중하지 못하는 것도 큰 문제다. 자신을 냉정하게 객관화할 수 있는 시선만이 부정적 현실을 넘어 새로운 미래를 창조한다는 것을 잊지 말아야 하겠다.

II

내가 보는 세계가
실재의 세계일까?

인간이 눈으로 보고 귀로 듣는 세계는 실재의 세계가 아니라 '움벨트'이다. 모든 동물이 공유하는 경험이 아니라 인간들만의 특유한 경험일 뿐이다. '각인각색', '제 눈에 안경'이라는 말이 있듯이 그 경험마저도 보편적인 것일 수는 없다.

모든 것은 상대적이다

《장자》의 〈제물론(齊物論)〉의 한 구절을 읽어 보자.

이제 자네에게 한번 물어 보겠네. 사람은 습한 데서 자면 허리 병으로 반신불수가 되어 죽게 되지만 미꾸라지도 그렇던가? 사람은 나무 위에 있을 경우 벌벌 떨지만 원숭이도 무서워하던가? 셋 가운데 어느 쪽이 바른 거처를 알고 있는 건가?

사람은 초식 동물의 고기를 먹고, 순록은 풀을 뜯고, 지네는 뱀을 맛있게 먹고, 올빼미는 쥐를 즐겨 먹지. 넷 가운데 어느 누가 올바른 맛을 아는 것일까?

원숭이는 *편저를 짝으로 하고 고라니는 사슴과 교배하고 미꾸라지는 물고기와 함께 놀지. 모장과 여희는 세상 사람들이 미녀라고 칭송하지만, 그들을 보면 물고기는 물 속 깊이 달아나고 새는 하늘 높이 날아오르며 순록과 사슴은 결사적으로 달아나지. 넷 가운데 누가 천하의 미인을 아는 것일까?

장자는 이 구절을 통해 모든 가치가 상대적임을 말하고 있다. 어떤 하나의 가치가 배타적으로 우월할 수 없다는 것이다. 인간에게는 습한 상황이 미꾸라지에게는 정상적인 상황이고, 나무 위란 공간은 인간에게는 정상적인 조건을 벗어난 상황이지만 원숭이에게는 정상적인 상황이라는 것이다. 그러나 인간은 늘 자신의 기준

편저(猵狙)
'원숭이가 편저를 짝으로' 한다는 것은 원숭이가 자기보다 못한 종과 교미를 한다는 뜻이다.

으로 모든 사물과 가치를 평가하려는 좁은 소견을 버리지 못한다.

떡갈나무 바라보기

'동물의 눈으로 바라본 세상'이라는 부제가 붙은 책,《떡갈나무 바라보기》(주디스 콜, 허버트 콜 공저)는 인간의 시선이란 것이 얼마나 편협하고 독선적인 것인가를 풍부한 사례를 통해 일깨워 준다.

이 책은 '움벨트(umwelt)'라는 용어를 소개하는 것으로 시작된다. 1957년,《동물과 인간 세계로의 산책》을 쓴 야콥 폰 웩스쿨이 만든 이 용어는 동물이 경험하는 주변의 생물 세계를 나타내기 위해 만들어졌다. 움벨트는 모든 동물이 공유하는 경험이 아니라 개개의 동물에게 특유한 경험을 일컫는다. 예를 들어 색맹이 보는 세상과 정상인이 보는 세계는 같을 수가 없는데, 이때 정상인과 색맹은 다른 움벨트를 가지고 있다고 말할 수 있다. 이런 논리를 확대해 본다면 이 세상에 존재하는 개체 수만큼의 움벨트가 존재한다고도 말할 수가 있다. 인간이 가지는 움벨트만이 절대적인 현실은 아니라는 것이다.

진드기는 포유동물의 따스한 피에 알을 낳는다. 눈도 없고 귀도 없는 진드기는 풀잎이나 나뭇가지에 매달려 있다가 토끼나 다람쥐 등 포유동물이 지나가는 순간 포유동물의 몸에서 발산하는 부티르산의 냄새를 감지해 포유동물의 몸으로 떨어진다고 한다. 미국의 로스토크 연구소에는 무려 18년 동안 굶주린 채 나무에 매달려, 자신의 밑으로 포유동물들이 지나가기를 기다리고 있는 진드기가 있다고 한다. 이런 진드기의 시간과 인간의 시간 감각은 같을 수 없다는 것이 저자의 주장이다. 또 인간은 1초에 18개에서 24개의 이미지를 지각할 수 있지만 남아프리카의 '나이프피시'라는 물고기는 1초 동안 1,600가지의 전기 충격을 구별할 수 있다고 한다. 이러한 사례들은, 하나의 고정된 시간관으로 세계를 파악하는 것이 섣부른 세계 인식일 수 있음을 말해 준다.

공간의 개념도 동물에 따라 다를 수 있다. 물 위를 미끄러지듯 달리는 소금쟁이를 잡아서 어항에 담아 두고 관찰하면 위쪽이나 아래쪽에서 움직이는 물체에는 반응하지 않는다. 또한 짚신벌레는 앞이나 뒤 또는 오른쪽이나 왼쪽을 구별할 수 없는 공처럼 방향에 신경

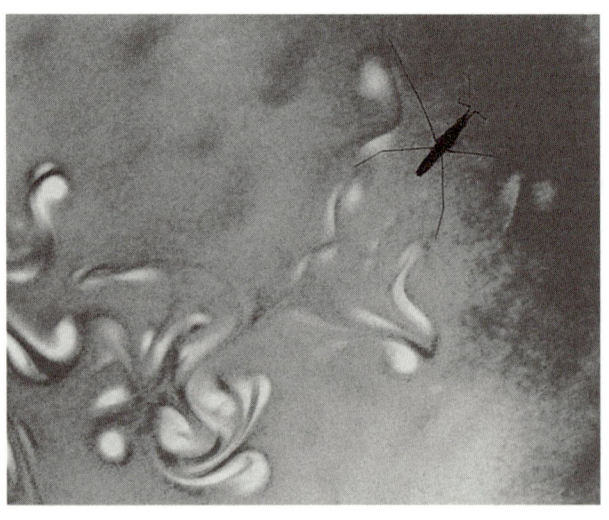

소금쟁이의 세계는 2차원적이라서 수면을 살짝 건드리기만 해도 반응하지만 아래쪽이나 위쪽의 움직임에 대해서는 반응하지 않는다.

을 쓰지 않을뿐더러 방향을 전혀 알아차리지도 못한다. 그런가 하면 수나방은 2.4km 떨어진 곳에 있는 암나방의 아주 희미한 냄새를 따라가 짝짓기를 하고, 돌고래도 160km나 떨어져 있어도 암수가 대화를 하여 만날 수 있다는 것이다. 이렇듯 동물들과 인간의 공간관이 같을 수는 없다.

보이는 것이 전부가 아니다

인간은 자신의 망막에 비친 사물이 세계의 실상이라고 생각하지만, 엄밀히 말해서 그것은 세계의 실상이 아니다. 인간의 감각이 지금과 다르게 설계되었다면 인간은 지금과는 전혀 다른 세계를 세계의 실상이라고 우길 것이 분명하다.

인간이 눈으로 보고 귀로 듣는 세계는 실재의 세계가 아니라 '움벨트'다. 모든 동물이 공유하는 경험이 아니라 인간에게만 특유한 경험일 뿐이다. '각인각색', '제 눈에 안경'이라는 말이 있듯이 그 경험마저도 보편적인 것일 수 없다. 내가 감지한 세계, 내가 경험한 세계가 세계의 실상이 아니라는 겸손이 필요한 것도 이 대목이다. 내가 이렇게 보았으니 너희들도 이렇게 보라는 것은 유아론적 독선이다. 내가 보는 세계가 유일한 세계는 아니다.

12

나무와 연어가 공생을 한다?

공생의 세계는 거대한 그물망에 비유할 수 있다. 그물코 하나하나는 결코 홀로 존재할 수 없다. 하나의 그물코는 다른 그물코에 의존해 있다. 만약 하나의 그물코가 풀리게 된다면 다른 그물코도 온전할 수 없다.

숲과 더불어 살아가는 한국인, 탁광일

캐나다의 서쪽 끝 밴쿠버 섬에 위치한 뱀필드(Bamfield)는 인구 300명가량의 오지 마을이다. 태평양을 마주하고 있는 뱀필드는 밴쿠버 섬 서해안의 바클리 만(灣) 남쪽에 있다. 밴쿠버 섬 서해안의 많은 마을들이 그렇듯, 뱀필드는 무성한 원시림으로 덮여 있다. 뱀필드에는 일 년 동안 약 3,500mm의 비가 내린다. 우리나라 강우량의 세 배에 가까운 양의 비 덕분에 이곳에는 세계에서 키가 가장 큰 나무, 직경이 가장 굵은 나무, 수령이 가장 오래된 나무들이 우거져 있다.

이곳 뱀필드에 숲과 더불어 살아가는 한국인이 있다. 바로 탁광일 씨다. 32세의 늦은 나이에 유학길에 올라 밴쿠버의 브리티시 컬럼비아 대학에서 임학을 공부하고 있던 그는 1990년 여름 뱀필드에 가게 된다. 탁광일 씨는 벤쿠버 섬의 거대한 숲에 반해, 1999년부터 4년 간, 이 지역의 생태계를 보호를 목적으로 설립된 미국 SFS(School For Field Studies, 생태 현장 실습 학교)의 캐나다 뱀필드 센터의 교수로 지내게 된다. 그는 학교가 문을 닫은 뒤에도 이 섬의 작은 도시에 남아 집필 활동을 계속하고 있다.

SFS에서의 체험을 바탕으로 그는《숲은 연어를 키우고, 연어는 숲을 만든다》라는 책을 엮는다. 그는 책에서 숲, 개울, 연어, 바다는 서로 별개의 존재가 아니라 하나의 커다란 생명의 고리로 연결되어 있음을 깨달았다고 말한다.

나무와 연어가 공생하는 구조

2001년 미국의 〈생태학지〉에는 연어와 강가의 나무가 서로 이익을 주고받으며 산다는, 동화 같은 기사가 실렸다. 미국 워싱턴 대학의 로버트 나이만 교수팀은 알래스카에 있는 여러 강가의 나무를 조사한 결과 연어가 올라오는 강가의 나무가 그렇지 않은 나무보다 무려 3배나 빨리 자랐음을 관찰했다.

연어가 많이 올라오는 강가에서 자란 86년 수령의 가문비나무는 그 굵기가 50cm를 넘는다. 보통의 나무의 굵기는 30cm였지만 이곳의 나무들은 태평양을 거슬러 올라온 연어의 사체에 있는 질소와 인을 풍부하게 섭취하기 때문에 성장이 빨랐던 것이다. 연어가 바다에서 강으로 영양 물질을 옮기는 컨베이어 벨트 노릇을 한 셈이다. 연구팀은 나무의 나이테를 조사하면 과거에 연어가 얼마나 많이 올라왔는지도 알 수 있을 것으로 기대했다.

태평양 연어의 행동을 연구한 토머스 퀸은 연어들이 강을 통해 질소와 인을 육지로 운반해올 때 곰이 큰 몫을 담당한다고 말한다. 곰들은 습성상, 연어를 잡으면 다른 곰들을 따돌리기 위해 연어를 먹기 전에 냇가의 둑이나 냇가의 숲으로 가지고 간다고 한다. 그리고 나서 연어의 영양소가 풍부한 부분만 먹는다는 것이다.

2만 마리 이상의 연어 사체를 분석해 본 결과 곰은 연어 한 마리의 약 25% 정도만을 먹는 것으로 알려졌다. 특히 곰은 지방 성분이 많은 연어의 알 같은 부분을 선호했다고 한다. 이렇게 좋아하는 부분만 먹은 곰들은 다시 연어를 잡으려고 냇가로 돌아온다. 곰들은

곰은 연어를 잡아서 육지로 가지고 간다.
그리고 20% 정도만 먹고 남긴다.

곰이 먹다 남긴 것을 다시 새와 다른 포유류들이
먹어치운다.

잘 자란 나무는 강을 깨끗하게 하고 강가에 그늘을 만들어
연어에게 알을 낳는 장소를 제공한다.

먹다 남은 찌꺼기들의 성분인 질소와 인을 섭취하고
나무는 무럭무럭 성장한다.

자기가 먹는 것보다 훨씬 많은 연어를 잡는다고 한다.

곰의 이러한 먹는 습성은 생태계에 활력을 불어 넣는다. 산란 후에 죽을 운명인 연어의 사체는 새나 냇물 속의 물고기들이나 곤충들에 의하여 소비되고, 미생물들에 의해 분해되어 다시 바다로 되돌아간다. 바다로 되돌아가면 연어들의 사체에서 얻을 수 있는 영양분을 육지 동물들은 이용할 수가 없게 된다. 바로 이런 문제를 해결해 주는 것이 곰이다. 곰들은 냇가 주변에서 연어를 먹고 찌꺼기를 남김으로 해서 육지의 생물에게 바다의 영양소를 공급하는 역할을 하는 셈이다.

곰이 먹다 남긴 연어의 사체는 새들과 포유류들이 먹어치운다. 그러고도 남은 부패한 찌꺼기에서는 질소와 인이 발생하고, 나무들은 이 질소와 인을 섭취하며 무럭무럭 성장한다. 나무는 강을 깨끗하게 하고 강가에 그늘을 만들어 연어에게 알 낳는 장소를 제공하고, 강에 떨어진 큰 나무 조각들은 어린 연어의 피신처가 되어 주기도 한다. 나무들이 연어에게 고맙다는 듯이 보답을 하는 것이다.

연어는 나무에게 바다의 보물인 질소와 인을 전해 주고, 나무는 연어에게 보금자리와 은신처를 제공한다. 이렇게 서로 도움을 주고받으며 연어와 나무는 공생을 실천하는 것이다.

공생의 세계는 거대한 그물망에 비유할 수 있다. 그물코 하나하나는 결코 홀로 존재할 수 없다. 하나의 그물코는 다른 그물코에 의존해 있다. 만약 하나의 그물코가 풀리면 다른 그물코도 온전할 수 없다. 이와 마찬가지로 강으로 회귀하는 연어의 숫자가 줄면 나무들뿐만 아니라 육지의 동물들도 영향을 받게 된다. 생명의 그물망은 하나하나의 그물코가 유기적으로 연관되어 있는 거대한 체계이다.

불교가 말하는 연기론(緣起論)의 핵심은 '상의상관(相依相關)'이다. 상의상관은 일체의 존재가 '서로 의지하고, 서로 관련을 맺고 있음'을 뜻한다. '너'가 없이는 '내'가 없고, '내'가 없이는 '너'가 없다는 말이다. 뭇 생명체들이 서로 의지하고 서로 기대고 있다는 것이다.

공생의 세계는 상의상관의 세계

사물은 홀로 존재하지 않는다는 것을 보다 실증적으로 말한 이는 《침묵의 봄》의 저자, 레이첼 카슨이다. 1907년 미국에서 태어나 존 스홉킨스 대학에서 동물학을 전공한 카슨은 수산국 공무원으로 일하다가 작가로 나선다. 그는 1957년 친구로부터 정부의 '모기 박멸 프로그램' 때문에 새와 곤충이 DDT에 죽어간다는 편지를 받자, 만사를 제쳐놓고 《침묵의 봄》을 쓰는 데 매달린다.

느릅나무를 죽이는 곤충을 박멸할 목적으로 뿌려진 DDT는 그 곤충을 잡아먹는 종달새와 참새와 제비들을 전멸시켰다. 그러나 느릅나무 해충은 오히려 DDT에 대한 강력한 적응력을 지닌 종으로 다시 나타난다. 더 강력해진 해충을 박멸하기 위해 더 많은 살충제가 뿌려진다. 소나무 벌레를 없애기 위해 미라미치 강가에 뿌려진 약제는 플랑크톤과 수중 곤충을 박멸시키고 이들을 먹고사는 송어와 연어까지 멸종시켰다. 곤충의 죽음은 곤충을 먹이로 하는 새들의 죽음을 야기했고, 송어와 연어의 죽음은 그것을 먹고사는 야생 동물의 죽음을 가져왔다. 결국 미라미치 강은 죽음의 강이 되었다. 인간이 곤충에게 겨눈 화살이 곧바로 인간 자신의 가슴을 향해 돌아온 것이다. 생태계의 파괴는 곧 인간에게도 해를 끼칠 수밖에 없다.

레이첼 카슨은 농업용 화학 약품이 토양과 지표수, 농작물에 스며들면 먹이 사슬을 거쳐 새와 물고기를 멸종시키고, 사람을 암과 신경계 질환에 걸리게 하며, 해충의 천적까지 죽일 뿐만 아니라, 해충에게 살충제에 대한 내성을 길러 준다는 것을 논증했다. 인간 자신만을 위해 뿌려진 살충제가 봄이 와도 새 하나 울지 않는 '침묵하는 봄'을 야기할 수 있다는 것이 레이첼 카슨의 경고다.

카슨이 말한 대로 해충은 새와 연관되어 있고, 숲은 새와 연관이 되어 있으며, 물고기들은 물고기를 주식으로 하는 야생 동물들과 연관되어 있다. 이렇게 생명들이 긴밀하게 연관되어 있다면 인간과 해충은 홀로 독립적으로 존재하지 않는다. 다시 말해 생명의 세계는 거대한 고리로 묶여 있는 공생의 세계다.

그러나 안타깝게도 인간은 개발이라는 이름으로 거대한 자연의 고리를 파괴하면서 탁광일 씨가 뱀필드의 체험에서 깨달은 상의상관(相依相關)의 지혜, 곧 공생의 지혜를 망각하고 있다. 지금 이 시간에도 이 땅에 엄청난 양의 살충제가 뿌려지고 있으니 말이다.

13

홍연어들의 호소, 우리를 가만 "내버려 둬"

미국과 캐나다 경계에 있는 글레이셔 국립공원 계곡에 가을이
오면 장관이 연출된다. 홍연어를 잡기 위해 수많은 새와 동물들
이 몰려들기 때문이다. 그런데 1989년부터는 이 장관을 더 이상
볼 수 없게 되었다. 이 계곡에는 더 이상 독수리나 곰들도 찾아
오지 않았다. 도대체 무슨 일이 벌어진 것일까?

쐐기돌종

　물건의 틈에 박아서 맞물리는 부분이 물러나지 못하게 하거나 물건들의 사이를 벌리는 데 쓰는 돌을 쐐기돌이라 한다. 아치의 맨 위에 끼우는 쐐기돌은 전체 구조를 안정시킨다. 만약 이 쐐기돌을 빼내면 전체 구조는 매우 불안정해지고 외부의 충격이 가해지면 급기야 전체 구조는 붕괴되고 만다. 이본 배스킨의 저서,《아름다운 생명의 그물》은 생태계에서 쐐기돌의 역할을 톡톡히 하는 쐐기돌종들을 소개하고 있어 흥미를 끈다.

　한 종이 공동체의 다양성과 안정성의 열쇠가 될 수도 있다는 '쐐기돌'의 개념을 1996년에 처음으로 소개한 이는 워싱턴 대학의 생

쐐기돌이 빠지면 담장이 무너지는 것처럼 자연계에서 쐐기돌종이 사라지면 생태계의 안정이 위협받는다. 쐐기돌종은 생태계를 다양하게 하고 안정시키는 역할을 한다.

태학자 로버트 페인이다. 그는 워싱턴의 해안에서 바위에 달라붙어 있는 종들을 관찰하면서 생물체들의 다양성을 설명할 방법을 찾고 있었다. 페인이 본 해변에는 조수가 닿는 위쪽 바위에는 홍합과 거위목따개비, 그 아래쪽에는 말미잘과 딱지조개, 삿갓조개, 해면, 갯민숭달팽이와 다양한 해조류들이 우글거리고 있었다. 그 중 가장 센 놈은 피사스테르 오크라케우스(Pisaster ochraceus)였다. 이 동물은 홍합에서부터 고둥, 따개비, 딱지조개, 삿갓조개에 이르기까지 다양한 무척추 동물을 먹어치웠다.

페인은 이 불가사리가 게걸스럽게 홍합을 먹어치움으로써 경쟁력이 뛰어난 홍합들이 바위를 독점하지 못하도록 막고 있다는 것을 알고, 해안선의 한 곳을 골라 불가사리들을 모두 제거해 보았다. 그 결과 다른 무척추 동물들이 번성할 것이라는 그의 예측은 빗나갔다. 오히려 홍합들이 걷잡을 수 없이 늘어나면서 다른 생물들을 몰아내고 바위를 점령해 생물의 다양성이 급격하게 낮아진 것이다. 불가사리가 사라지자 이 해안의 생물의 종수는 15종에서 8종으로 줄어들었다. 페인은 이 불가사리가 생태계를 다양하게 하고 안정하게 한다는 의미에서 이 종을 '쐐기돌'종이라 불렀다.

나라덩굴과 비버

아프리카 남서부 해안을 따라 있는 나미브 사막의 헐벗은 모래 언덕에는 나라덩굴(nara vine)이라는 쐐기돌종이 있다. 나라덩굴 개체는 수명이 100년 이상이며, 비가 내릴 때 일시적으로 생기는 강 언저리에 붙어 있으면서 뿌리를 50m나 뻗어 지하수를 빨아들인다. 잎없이 가시만 달려 있는 이 식물은 곤충에서부터 타조와 인간에 이르기까지 다양한 동물들에게 먹이와 물을 제공한다. 이 덩굴의 열매는 '사막의 물통'이라 불리는데, 총 무게의 80%가 물이다.

자칼이나 하이에나 같은 동물들은 이 열매들을 즐겨 먹는다. 타조나 도마뱀은 줄기 끝을 씹어먹는다. 덩굴 밑에는 황무지쥐가 둥지를 틀고 산다. 이렇게 나라덩굴은 수많은 종들에게 생태학적인

나라덩굴과 비버는 대표적인 쐐기돌 종이다. 이들이 없어지면 생태계의 균형이 깨지고 만다.

피난처를 제공한다. 그런데 만약에 쐐기돌종을 인위적으로 제거하면 어떻게 될까? 생태계는 안정성을 잃게 된다. 쐐기돌을 빼내면 전체의 구조가 흔들리는 것과 같은 이치다.

동물계의 공학자라 비유할 수 있는, 댐을 쌓는 기술자, 비버도 쐐기돌종이라 할 수 있다. 비버가 만든 댐이 무너지면 하천의 흐름이 빨라져 수로가 깊게 파이고 수위가 낮아지므로 둑을 따라 자라던 활엽수는 큰 타격을 입는다. 또 하천의 흐름이 빨라지면 물고기가 낳은 알들이 떠내려가기 때문에 산란에 어려움을 겪는다.

비버는 연간 1t의 나무를 잘라 댐으로 운반한다. 이로 인해 연못에서 100m쯤 떨어진 곳의 숲은 빈약해진다. 그렇다면 비버 때문에 전체 생태계가 약해지지 않을까? 그렇지 않다. 비버가 만든 댐으로 수면적이 늘어나면 원앙과 물오리 등이 먹이를 찾아 물 위로 내려오고, 사슴들도 물가에 자주 찾아온다. 하천을 따라 내려와 연못에 닿은 침전물들과 썩어 가는 식물들은 풍부한 유기 물질 창고가 되어 준다. 그리고 비버가 잘라 만든 통나무 댐들은 물의 흐름을 늦추고, 갈라 놓고, 물결과 소용돌이를 형성한다. 연어가 산란을 하고 송어들이 여름의 열기를 식히게 하는 그늘을 만들어 주는 것도 바로 이 물결과 소용돌이다.

그러나 이렇게 생태계에 활력을 불어넣는 쐐기돌종을 노리는 자들이 있다. 바로 비버의 모피를 노리는 사냥꾼들이다. 그들은 생태계의 활력에는 관심이 없다. 그들의 관심은 오직 그들의 주머니뿐이다.

자연을 내버려 둬라

미국과 캐나다 경계에 있는 글레이셔 국립공원 계곡에 가을이 오
면 장관이 연출된다. 홍연어를 잡기 위해 수많은 새들과 동물들이
몰려들기 때문이다. 그런데 1989년부터는 이 장관을 더 이상 볼 수
없게 되었다. 이 계곡에는 더 이상 독수리나 곰들도 찾아오지 않았
다. 도대체 무슨 일이 벌어진 것일까?

이유는 주 어업 당국이 외국에서 들여온 민물 곤쟁이를 유역 상
류에 방류했기 때문이다. 주 어업 당국은 홍연어의 숫자를 늘리기
위해 먹이로 곤쟁이들을 방류했다. 그러나 주 어업 당국의 선행은

자연의 질서를 세밀히 살피
지 않은 인간의 선행은 뜻
밖의 결과를 초래할 수도
있다. 사람들은 곤쟁이와
홍연어가 동물 플랑크톤을
먹고사는 경쟁자라는 사실
을 살피지 않았다. 때문에
홍연어의 먹이인 곤쟁이를
강물에 풀어 준 선의에도
불구하고 홍연어의 개체 수
는 오히려 줄어들고 말았
다.

오히려 비극을 불러왔다.

홍연어는 낮 동안에 수면 가까이에서 동물성 플랑크톤을 먹는다. 하지만 곤쟁이는 낮에는 홍연어가 거의 가지 않는 바다 쪽에서 지내다가 밤이 되면 수면 쪽으로 올라와 동물성 플랑크톤을 먹는다. 그런데 바로 그 동물성 플랑크톤이 문제였다. 그 동물성 플랑크톤이 바로 홍연어의 먹이였던 것이다. 인간들은 어리석게도 홍연어의 먹이를 풀어 준 게 아니라 홍연어의 경쟁자인 곤쟁이를 풀어 주었던 것이다. 먹이를 풀어 줌으로써 생태계에 활력을 불어넣겠다던 인간의 의지가 오히려 정반대의 비극을 불러온 것이다.

노자(老子)가 말하는 무위자연(無爲自然)을 김용옥 교수는 영어로 비틀즈의 노래 제목이기도 한 'Let It Be'로 번역한 바 있다. 'Let It Be'를 우리말로 번역하면 "내버려 둬"쯤 된다. 자연은 인간의 도움이 없어도 저절로 돌아가는 시스템인만큼 인위적으로 손대지 말라는 것이 노자가 인간에게 주는 충고다. 그 충고를 무시하고 쐐기돌종들을 건드리면 자연은 활력을 잃고 만다.

자연에 친절을 베풀 것도 없고 무례를 베풀 것도 없다. 가만두는 것이 상책이다. 그러나 어쩔 수 없이 자연에 손대야 한다면 자연의 질서를 세밀하게 살필 필요가 있다. 생태학이 필요한 이유가 거기에 있다.

온정적 간섭주의를 어떻게 볼 것인가?

세 살짜리 아이도 부모의 간섭을 받으면 짜증을 낸다. 자기가 할 수 있는 일을 부모가 대신 하면 울고불고 난리를 친다.

누군가에게 간섭을 하는 것은 윤리적으로 그 사람의 자율성을 침해하는 일이다. 이래라저래라 시시콜콜 간섭하기보다는 그 사람이 알아서 스스로 하도록 도와 주는 것이 상책이다. 그러나 어디 부모들의 마음이 그런가. 부모들은 아이를 위한다는 생각으로 간섭을 한다. 물론 지혜와 체력이 달리는 아이들이야 도움을 주는 것이 도리지만 그것도 정도의 문제다.

타인의 이익을 증진시키기 위해서는 타인의 자율성을 제한할 수 있다는 것이 이른바 '온정적 간섭주의'다. 정신 지체자, 알코올 중독자, 약물 중독자처럼 자율성이 부족하다고 판단되는 경우 국가가 개인의 자유를 제한하는 것도 '온정적 간섭주의'로 설명할 수 있다.

독일 인류학자 플라비엔 논코는 2006년 6월, 중부 아프리카에서 여성 400만 명이 가슴 다림질로 고통을 받았다는 조사 결과를 발표했다. 여성의 성적인 매력을 없애기 위해 뜨거운 철판으로 가슴을 짓누르는 가슴 다림질은 카메룬, 토고, 차드, 베냉, 기니 등에서의 오래된 관습이라고 한다. 아프리카의 어머니들이 딸의 가슴을 다리

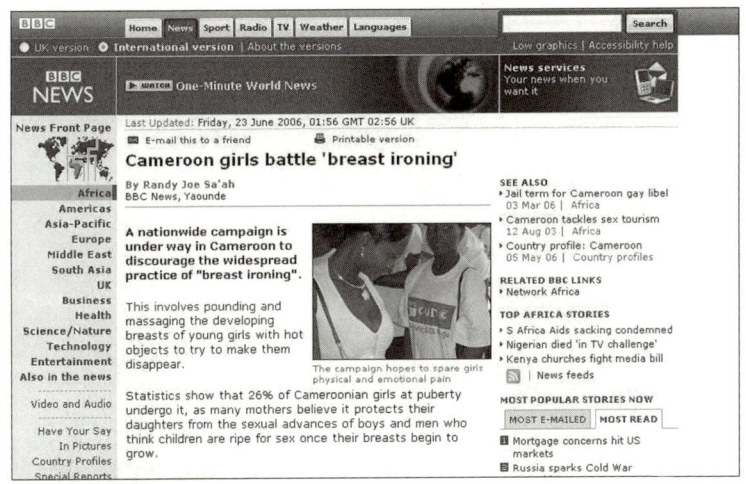

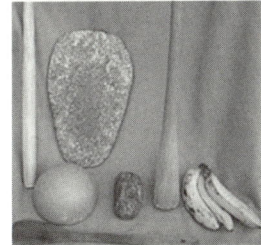

성적 매력을 없애 성희롱이나 강간으로부터 여성을 보호하려고 철판으로 가슴을 짓누른 행위를 온정적 간섭주의로 설명할 수 있을까? 위는 "카메룬의 여성, 가슴 다림질과의 전쟁"이란 제목의 기사 (2006년 6월, 영국 BBC)이고, 왼쪽 하단은 가슴 다림질에 이용한 도구들.

는 것은 성적 매력을 없애 성희롱이나 강간의 위험을 막기 위해서라고 한다.

　홍연어들을 돕겠다고 곤쟁이를 풀어 주는 인간의 과잉 친절과 같은, 자연을 대하는 인간의 태도를 '온정적 간섭주의'로 설명할 수 있을까? 자연은 스스로 자신을 다스릴 수 없는 무기력한 존재가 아니다. '자연(自然)'이라는 말을 들여다보라. 자연은 '저절로' 되는 것이다. 자연은 충분히 자율적이다. 자연의 능력을 무시하고 자연을 미성숙한 어린아이처럼 대하는 인간의 오만이 문제다.

얼어붙은 바다를 깨는 과학책

소설가 카프카는 "한 권의 책은 우리 내면의 얼어붙은 바다를 깨는 도끼여야 한다."라고 했다. 카프카는 괴테나 니체와 같은 인문주의자들이 쓴 책을 염두에 두고 이 말을 했을 것이다. 그러나 나는 잘 씌어진 한 권의 과학책 역시 인간 내면의 얼어붙은 바다, 즉 고루한 편견과 상식을 깨부술 수 있다고 생각한다.

인간이 자연계에서 최고로 소중한 존재요, 자연은 인간의 행복을 위한 하나의 도구에 불과하다는 인간 중심주의가 생태계 파괴의 주범이라는 인식은 철학자 박이문의 《더불어 사는 인간과 자연》이라는 책이나 장자의 〈제물론(齊物論)〉에서 배울 수 있었지만 인간 중심주의의 문제점에 대해서 구체적인 실감을 불어넣어준 것은 오히려 팔리 모왓의 《울지 않는 늑대》였다. 나는 그 책을 통해 늑대가 피에 굶주린 존재라는 생각이 편견이었음을 확인할 수 있었고, 오히려 늑대의 존재가 순록들을 건강하게 만들어 줄 수도 있다는 사실을 알 수 있었다. 정작 무서운 존재는 늑대가 아니라 순록의 떼죽음을 야기한 인간이었다. 제임스 러브록은 《가이아》라는 책을 통해 지구를 하나의 생명체에 비유하면서 인간을 암세포에 빗댄 바 있다. 이런 책들은 생태계의 진실을 통해 인문주의자들이 관념적으로 말한 인간 중심주의의 문제점들을 아주 실감나게 전해 주었다.

나탈리 엔지어의 《살아있는 것들의 아름다움》은 우리가 천하게 여기는 쇠똥구리가 생태계에서 뛰어난 활약을 하고 있다는 사실을 일깨워 주었다. 기생충이 숙주로부터 영양분을 일방적으로 착취하는 존재가 아니라 오히려 생태계의 파수꾼임을 말해 주고 있는 칼 짐머의 《기생충 제국》, 지렁이가 쓸모없는 미물이 아니라 대지를 건강하게 해 주는 존재임을 역설해 주는 《지렁이, 소리 없이 땅을 일구는 일꾼》, 벌레를 나쁘다고만 생각하는 선입견이 얼마나 부당한가를 일깨워 준 조안 엘리자베스 록의 《세상에 나쁜 벌레는 없다》, 잡초는 제거해야 할 잡풀에 불과하다는 상식의 편협성을 바로잡아 준 조셉 코케이너의 《대지의 수호자 잡초》. 이런 책들은 내가 얼마나 상식의 세계에 안존하고 있었는가를 일깨워 준 고마운 책들이다.

이재열의 《우리 몸 미생물 이야기》, 리처드 워커의 《미생물의 세계》, 버나드 딕슨의 《미생물의 힘》과 같은 책들도 풍부한 읽을거리였다. 그 책들은 미생물이 얼마나 강인한 생명력을 가지며, 생태계에서 미생물이 얼마나 소중한 위치를 차지하는가를 일깨워 주었다. 이노우에 마유미의 《곰팡이의 상식 인간의 비상식》도 곰팡이 없이는 인간이 오히려 깨끗하게 살 수 없음을 말해 주었다.

진화론과 관련된 서적들은 인간 중심주의가 얼마나 편협한 독단의 산물인지를 소상하게 밝혀 준다. 스티브 제이 굴드의 책을 읽기 전까지만 해도 진화는 단세포-다세포-파충류-포유류의 단계를 거쳐 영장류인 호모사피엔스로 단선적으로 진행되며, 인간은 그 단선적 진화의 정점에 있다고 생각했다. 그러나 《인간에 대한 오해》라는 책에서 스티븐 제이 굴드는 이것이 "오만한 인간중심주의자들이 만들어 낸 허구"라고 일축해 버린다. 그는 "진화는 진보가 아니라 다양성의 증가"라고 단적으로 말한다. '인류의 진화는 정말 진보의 역사인가'라는 부제가 붙어 있는 프란츠 부케티즈의 《자연의 재앙, 인간》이란 책과 클로드 라퐁의 저서, 《인간은 진화의 최후 완결판인가》, 마이클 볼터의 저서, 《인간, 그 이후》와 같은 책을 통해 인간은 진화의 꼭대기에 있는 위대한 존재가 아니라 자연계의 한 구성원에 불과하다는 사실을 진화론적 사실들을 통해 확인할 수 있었고, 인간이 자연계의 한 구성원에 불과하다는 겸손만이 지구를 살릴 수 있는 길임을 알 수 있었다.

인간만이 문화를 가진 존재가 아님을 말해 주는 리 듀거킨의 저서, 《동물에게도 문화가 있다》와 《동물들의 사회 생활》, 인간만이 도구를 사용하는 유일한 존재가 아니라는 사실을 감동적으로 보여 준 제인 구달의 《희망의 이유》, 동물들도 언어를 사용하고, 새끼들을 교육시키며, 수치심을 느낄 줄 안다고 하는 드뢰셔의 《휴머니즘의 동물학》과 같은 책은 인간이야말로 세계의 중심이요, 우주의 중심이라고 배웠던 나의 고정관념이 얼마나 근거 없는 인간의 자만과 우월심의 산물인지를 깨닫게 해 주었다.

　과학자들은 남들 같으면 지나쳐 버릴 미생물, 기생충, 벌레와 잡초와 같은 아주 사소한 미물들의 세계를 들여다본다. 그리고 거기에서 놀라운 비밀들을 읽어 낸다. 과학책을 읽는다는 것은 과학자들과 같이 세계의 구석구석을 세심하게 들여다보는 일이고, 과학자들이 찾아낸 자연계의 비밀을 공유하는 일이기도 하다. 과학책을 읽으며 우리는 내가 얼마나 편협한 상식과 편견의 울타리 안에 안일하게 거주하고 있었는가를 확인할 수 있다. 독서는 결국 상식과 편견의 울타리를 뛰어넘는 일이고, 독선의 껍데기를 벗어버리는 일이다. 한 권의 책은 우리 내면의 얼어붙은 바다를 깨는 도끼임에 틀림이 없다.

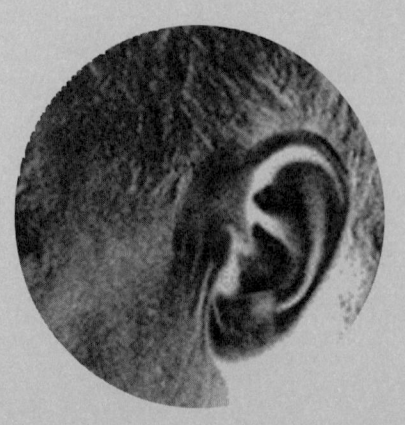

II

편견에 물들지 않는
섬세의 정신

14 | 어린 시절이 인생에서 중요한 이유는?

인간은 일생 동안 언어를 접하며 배우지만 언어를 배울 수 있는 적절한 '시기'라는 것이 존재한다. 이 시기를 놓치면 언어를 배울 수 없다는 점에서 이 시기를 '결정적 시기(Critical Period)'라 할 수 있다. 인간은 언어 능력을 가지고 태어나지만 이 시기에 언어에 노출되어야만 그 능력이 발현될 수 있다는 것이 '결정적 시기 가설'이다.

언어를 습득하는 결정적 시기가 있다

1970년대 미국에서는 사춘기를 넘긴 최초의 야생아가 발견된다. 로스앤젤레스에서 발견된 13세의 소녀 제니는 거의 상상할 수 없는 공포 속에서 어린 시절을 보냈다. 시각 장애 어머니와 세상과 인연을 끊은 편집광적인 아버지 밑에서 제니는 어린이용 변기 의자에 묶이거나 동물의 우리 같은 침대에 감금된 채 독방에서 자랐다. 어머니조차 학대받는 처지여서 그녀에게는 어떤 자극도 주어지지 않았다. 그녀는 태어나서 사람의 말소리를 들어 본 적이 없었다. 어떤 언어에도 노출된 적이 없었던 것이다. 그녀는 대소변을 가리지 못했고 거의 완전한 벙어리였다. 그녀가 발견되었을 때 그녀에게 말을 가르치려 했지만 그녀는 기본적인 문법은 물론 어순을 결정하는 구문법조차 배우지 못했다. 결국 제니는 평생 언어를 구사할 수 없었다.

이 사례는 무엇을 말해 주는가? 우리는 여기서 언어는 단지 외부 세계로부터 흡수하는 것이 아니라 어린 시기에 '각인(刻印)'된다는 사실을 알 수 있다. '각인'이란 어린 동물들이 처음으로 시각적·청각적·촉각적 경험을 하게 된 대상에 관심을 집중시킨 다음 그것을 쫓아다니는 학습의 한 형태를 말한다. 갓 태어난 오리 새끼를 격리시켜 놓은 상태에서 특정한 사람과 접촉시키면 오리들은 그 사람을 부모로 각인한다.

각인이 이루어지는 시기를 '결정적 시기(Critical Period)'라고 한다. 인간은 태어나자마자 언어를 접하게 된다. 엄마가 아이에게 말하는 간단한 언어라든지 TV에서 흘러나오는 소리 등 아이는 끊임없이 언어를 접하게 된다. 인간은 일생 동안 언어를 접하며 배우지만 언어를 배울 수 있는 적절한 '시기'라는 것이 존재한다. 이 시기를 놓치면 언어를 배울 수 없다는 점에서 이 시기를 '결정적 시기'라고 한다.

하버드 대학의 심리학자 에릭 레너버그는 언어 학습 능력의 결정적 시기는 사춘기에 갑자기 끝나 버린다고 한다. (언어 능력이 생성되는 나이를 6세 전후로 보고 있는 학자도 있다.) 이 결정적 시기를 놓친 피학습자는 아무리 풍부한 언어 환경에 놓인다 해도 언어를 배우지 못한다. 언어를 학습 능력을 가진 유전자가 있다 하더라도 환경이 적절한 시기에 그 유전자의 스위치를 작동시켜 주지 않으면 언어를 습득할 수 없다는 것이다.

언어를 배우는 결정적 시기가 끝나는 지점은 사춘기다. 이 시기가 끝나면 언어를 배우기가 힘들어진다. 제니는 바로 이 결정적 시기가 끝나는 지점에서 사람들에게 발견되어 언어 훈련을 받았다. 당연히 그녀는 언어를 습득할 수 없었다.

결정적 시기의 증거들

아시리아의 한 전설에 의하면, 수세기 전 아시리아에, 태어날 때부터 어떤 말도 듣지 못하도록 한다면 아이가 어떤 언어를 사용하게 될지 궁금하게 생각한 왕이 있었다. 왕은 한 농사꾼 부부의 아이를 선택해, 인간의 모든 말소리가 차단된 환경에서 자라도록 했다. 아이에게 의식주를 제공했고 잘 보살폈지만 아이를 돌보는 모든 사람들에게 아이 앞에서는 절대로 말하지 말도록 명령했고, 명령을 어긴 자에게는 엄중한 벌을 내리도록 했다. 그 결과 이 아이는 커서 어떤 언어도 구사할 줄 모르게 되었다고 한다.

13세기 십자군 전쟁을 이끈 신성 로마 제국 황제 프리드리히 2세도 갓난아이를 밀실에 가둬 10년 넘게 키웠다. 그는 어떤 언어도 접하지 않고 성장하면 신의 언어인 희랍어를 말할 것이라고 믿었다. 그러나 밀실에서 꺼내진 소년은 언어라 할 수 있는 아무런 소리도 내지 못했다.

비슷한 예로 늑대 소년에 대한 이야기도 있다. 1797년 프랑스 아베롱 지방 숲속에서 12살 정도의 나이로 추정되는 소년이 발견됐다. 사람들은 소년에게 빅터라는 이름을 지어 주고 말을 가르치려고 엄청난 노력을 기울였다. 그러나 빅터가 마흔 살의 나이로 삶을 마감할 때까지도 두서너 마디의 말밖에 하지 못했다고 한다. 빅터는 언어를 배울 수 있는 결정적 시기를 놓쳐 버린 것이다.

이들은 모두 정상적인 환경에서 자라지 못했다. 따라서 이런 사례들은 인간의 언어 능력이 환경에 의해 결정되는 것이지 태어날 때부터 타고나는 언어 능력에 의해 결정되는 것이 아니라는 주장을 뒷받침한다.

하지만 이런 해석을 뒤집으면 또 다른 해석도 가능하다. 인간은 선천적으로 언어 능력을 가지고 태어나더라도 적절한 시기에 언어에 노출되지 않으면 그 능력이 발현될 수 없다는 해석이 그것이다. 다시 말해 인간이 언어 능력을 가지고 태어나더라도 그 능력이 발현될 수 있는 적절한 환경에 노출되지 않으면 언어를 습득하기 힘들다는 것이다. 인간이 언어를 습득할 수 있는 어린 시절에 수많은 자극이 필요한 이유가 여기에 있다.

미국으로 이민 간 사람들이 한결같이 하는 얘기가 있다. "아이들은 금방 영어를 습득하는데 어른들은 쉽지가 않다." "배움에는 다 때가 있다." 이러한 배움의 때가 바로 '결정적 시기'인 것이다.

이 시기에 아이들은 많은 것을 보고, 많은 것을 듣고, 많은 것을 느껴야 한다. 이 시기를 어떻게 보내느냐에 따라 인생이 풍부해질 수도 있고 초라해질 수도 있다. 어린 시절이 인생에서 중요하다고 하는 이유가 바로 여기에 있다. 학생 시절이란 부지런히 보고, 듣고, 느끼고, 읽어야 할 때다. 결정적 시기를 놓치면 안 되기 때문이다.

영어 조기 교육은 꼭 필요한가?

앨리슨 고프닉은《요람 속의 과학자》라는 책에서 '조기 교육'이 효과적인 이유는 학습과 경험에 '결정적 시기'가 있기 때문이라고 설명한다. 뇌신경의 시냅스(synapse; 신경 세포의 신경 돌기 말단이 다른 신경 세포에 접합하는 부위)가 폭발적으로 연결되는 이 기간의 학습과 경험이 그 이후를 결정한다는 것이다. 예를 들어 노랑턱멧새는 결정적 시기에 울음소리를 경험하지 못하면 그 이후에는 우는 법을 학습할 수 없다고 한다. 그러므로 결정적 시기에 '조기 교육'을 실시하라는 것이 앨리슨 고프닉의 충고다.

그러나 이병민 서울대 영어 교육과 교수는 결정적 시기를 넘기면 원어민처럼 말할 수 없다는 가설을 영어 교육에 그대로 적용하지 말라고 한다. 이 교수는 미국 이민자를 대상으로 이민 온 나이와 영어 능숙도의 관계를 따진 연구 결과를 제시했다. 한 연구자는 한국계ㆍ중국계 미국인을 연구한 결과, 15세 이후 이민 온 사람들의 영어 능숙도가 급격히 하락, 16세가 영어 습득의 분기점이라고 주장했다. 반면 최근 똑같은 방법으로 스페인계 미국인을 연구했을 때 영어 능숙도는 뚜렷한 분기점 없이 완만히 떨어져 '결정적 시기'가 따로 없었다는 것이다. 이 교수는 "이민자들의 모국어에 따라 차이가 난 것은 두 사회의 교류와 친밀도 등이 영향을 끼쳤기 때문일 것"이라며 "결국 '결정적 시기'라는 가설이 무조건 옳다기보다 작용하는 조건이 따로 있다는 의미"라고 말했다.

이경민 서울대 의대 교수는 "뇌 신경 발달 단계로 보면 언어 영역의 잠재력이 가장 높은 시기는 7~10세이지만, 언어 학습이 효과적이려면 계획을 세우고 동기를 부여하는 또 다른 기능인 '집행 기능'이 결부돼야 한다."고 말한다. 서울대 의대 서정선 교수도 "언어 학습과 관련된 뇌 부위는 아주 다양하고 발달 시기가 서로 다르다."며 "뇌가 받아들일 준비가 되기 전 무리한 조기 교육을 할 경우 이는 학습이 아닌 스트레스가 될 수 있다."고 강조한다.

어릴 때 다양한 학습 환경을 만들어 준다는 긍정적인 측면에도 불구하고 무리한 조기 교육이 아이들에게 스트레스가 될 수 있다는 경고를 되새길 필요가 있다. 남들이 한다고 따라해야 하는 것은 아니다. 조기 교육에 대한 과학적 성찰이 필요한 대목이다.

15 | 예술은 상상력을 필요로 하고, 과학은 분석력을 필요로 할까?

사과가 익으면 떨어진다는 것은 상식이다. 그러나 뉴턴은 상식에서 '한 걸음 더' 나아갔다. 그 '한 걸음 더'가 과학사에서는 위대한 발견을 가능하게 했다. 피카소는 쓰레기장에서 자전거 핸들과 안장을 만났다. 그러나 그는 그것을 핸들과 안장으로 보지 않았다. 그는 핸들과 안장의 형상에서 황소의 뿔과 얼굴을 읽어 냄으로써 예술사의 걸작을 만들어 냈다. 이렇게 과학적 발견과 위대한 예술은 상식에 안주하지 않고 상상력과 분석력으로 '한 걸음 더' 나아가는 자세를 요구한다.

사물을 어떻게 볼 것인가?

"닳아빠진 구두 내부의 어둠 속에서부터 노동자의 고단한 발걸음이 밖을 응시하고 있다.

딱딱하고 울퉁불퉁한 구두 안에는 황량한 바람이 휩쓸고 지나간 한없이 멀고 한없이 단조로운 밭고랑을 수도 없이 밟고 지나갔을 그녀의 강인한 발걸음이 응축되어 있다.

가죽 위에는 흙의 축축함과 비옥함이 누워 있다. 구두창 밑에는 땅거미 질 무렵의 들판 길의 고독이 납작하게 눌러져 있다."

철학자 하이데거가 반 고흐의 〈구두〉 그림을 두고 한 말이다. 고흐가 구두에 담았을 의미를 하이데거가 상상력을 발동해 되새겨 보고 있는 것이다.

하이데거는 구두의 본질을 보려면 그것이 농부의 것인지, 아이들의 것인지, 어른들의 것인지, 또 소재는 무엇이고, 가격은 얼마인지 등에 관한 일상적 판단을 보류해야 한다고 말한다. 그러면 사물이 말을 걸어 오기 시작한다고 한다. 그 사물과 대화하는 시간은 곧 상상의 시간이다. '저 구두는 어떤 이의 발에 신겨져 있었을까?' 또는 '그는 저 구두를 신고 어떤 삶을 살았을까?'를 스스로 묻고 대답하는 과정, 바로 이런 과정이 상상력이 개입되는 예술적 창조 과정이 아닐까!

그러나 사람들은 일상적 판단에 묶여 상상력으로 사물을 바라보지 못한다. 사물의 가격과 재질 그리고 외양에만 관심을 쏟기 마련

사람들은 일상적인 판단에 묶여 상상력으로 사물을 바라보지 못한다. 그런 태도로는 사물의 본질에 다가
갈 수 없다는 것이 하이데거의 주장이다. 하이데거는 고흐의 '구두'를 '노동자의 고단한 발걸음'이라고
보았다. 지금 이 순간, 당신의 눈에 구두는 어떻게 보이는가? 그림은 고흐의 〈구두〉(1886년, 파리)

이다. 그런 태도가 사물을 대하는 '자연적인 태도'일테지만 그런 태도로 사물을 바라보아서는 사물의 본질에 도달할 수가 없다고 하이데거는 말한다. 그렇다면 사물을 어떻게 보아야 할 것인가?

피카소와 뉴턴의 상상력

피카소의 명작 중의 하나인 〈황소머리〉는 예술가가 사물을 어떻게 바라보아야 하는가에 대한 모범적 사례를 제시한다. 사실 이 작품의 소재는 쓰레기장에 버려진 자전거의 안장이다. 사람들이 쓰레기장에서 이 사물을 보았다면 아마도 십중팔구 자전거의 잔해에 불과하다고 생각했을 것이다. 그러나 피카소는 달랐다. 그는 새롭게 볼 줄 아는 예술가의 '눈'을 가진 사람이었다. 그는 그 사물이 가지고 있는 선입견을 버렸다. '자전거', '안장'과 같은 언어로 사물을 이해하지도 않았다. 순수하게 사물의 형상만을 주시했다. 그리고 거기에서 황소의 머리 형상을 찾아낸 것이다. 만약 피카소가 관습적으로 사물을 바라보았다면 〈황소머리〉는 쓰레기장에서 소멸의 운명을 맞아야 했을 것이다. 화가의 상상력에 의해서 비로소 자전거의 안장은 쓰레기로부터 예술 작품의 반열에 오를 수 있게 된 것이다. 보잘것없는 사물을 예술 작품으로 승화시키는 힘이 곧 상상력이었던 셈이다.

1665년 어느 가을날 저녁, 아이작 뉴턴은 사과나무 아래에서 달을

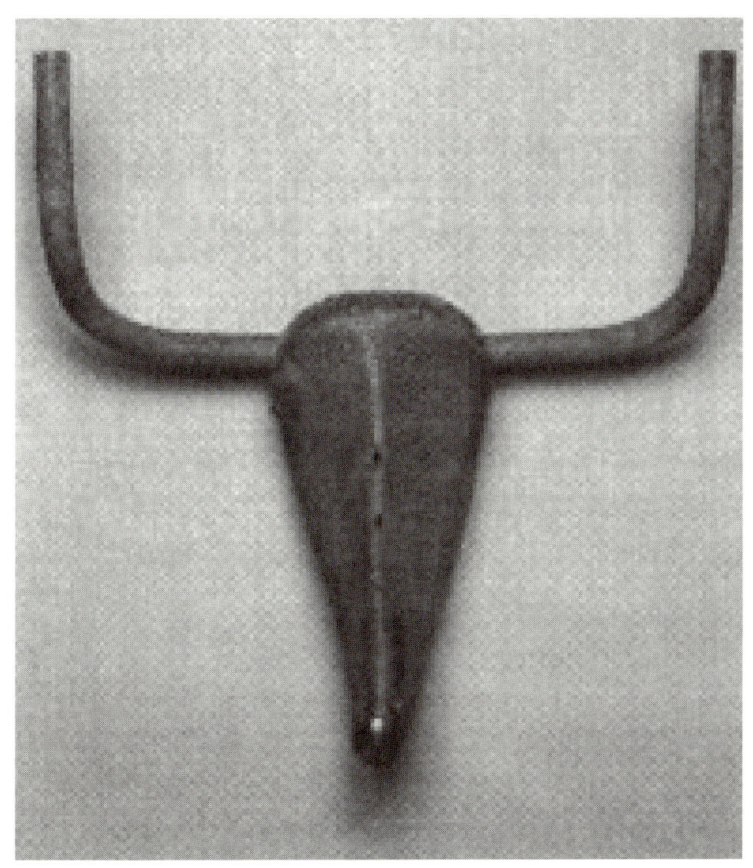

자전거의 잔해에 불과했던, 쓰레기장에 버려진 자전거의 안장이 피카소에 의해 '황소머리'로 다시 태어났다. 예술가적 상상력은 일상적 판단은 보류하고 순수하게 사물을 바라보는 것에서 시작한다. 그림은 피카소의 〈황소머리〉(1943)

보며 사색에 잠겨 있었다. 바로 그때 사과 한 개가 떨어졌다. 뉴턴은 떨어진 사과를 쳐다보며, 받쳐 주는 것이 없으면 모든 물체는 떨어지기 마련인데, 왜 달은 떨어지지 않을까 하고 곰곰이 생각했다. 그 순간 문득 사과나 달 모두 지구 인력의 영향 아래에 있지만, 지구가 잡아당기고 있는 힘인 중력과 달의 원심력이 평형을 이루고 있기 때문에 달이 떨어지지 않을 뿐이라는 생각이 스쳐 갔다. 그리고 사과와 달에 동일한 법칙이 적용될 수 있다는 생각이 떠올랐던 것이다. 또 뉴턴은 생각했다.

"그렇다면 태양의 모든 행성들에도 마찬가지로 동일한 법칙이 적용될 수 있지 않을까?"

"이들 모두에 보편적으로 적용되는 자연 법칙이 존재하지 않을까?"

바로 이 장면이 뉴턴이 만유인력을 발견하는 순간이라고 과학사는 말한다. 물론 이를 후대 사람들의 창작이라고 하는 사람들도 있다. 이 이야기가 사실이든 아니든 뉴턴의 사과 이야기는 우리에게 예술적 상상력과 과학적 상상력이 어떤 공통점을 지니고 있는가에 대한 영감을 제공한다.

어린아이와 같은 상상력으로 사물 보기

사과가 익으면 떨어진다는 것은 상식이다. 상식은 하이데거가 말하는 사물에 대한 '자연적 태도'다. 그러나 뉴턴이나 피카소는 자연적 태도에서 머물지 않고 거기에서 한 걸음 더 나아간 자리에서 사물을 보았다. 바로 그 '한 걸음 더'가 과학사에서는 위대한 발견을 가능하게 했고, 예술사에서는 위대한 작품을 만들어 내게 했다.

과학자에게는 분석력이 필요하고, 예술가에게는 상상력이 필요하다고 흔히 말한다. 크게 틀린 말은 아니지만 곰곰 따져보면 실상에 딱 부합하는 말은 아니다. 뉴턴이나 피카소의 경우처럼, 위대한 발명과 창작은 모두 상상력의 소산이기 때문이다. 사물에 대해서 가지고 있는 우리의 완강한 기억력이 오히려 창조의 길목을 가로막는 주범이 아닐까? 사물에 대해 가지고 있는 우리의 관념들을 살짝 망각해 버리고 어린아이와 같은 상상력으로 사물을 바라볼 필요가 있다. 아주 가끔씩이라도 말이다.

16

편견에 물들지 않는
섬세의 정신

파스칼은 소수의 원리에서 출발해 질서에 따라 엄밀한 추론을 전개하는 합리적 정신을 '기하학적 정신'이라고 불렀다. 이와 대비되는 것이 이른바 '섬세의 정신'이다. 섬세의 정신은 다수의 작은 원리들을 단번에 파악할 수 있는 정감적 인식 능력이다. 파스칼은 학문의 세계에서는 기하학적 정신으로 족하지만, 일상사의 세목을 제대로 이해하려면 섬세의 정신이 필요하다고 했다.

아인슈타인과 피카소의 공통점

아인슈타인은 물리학자이고, 피카소는 화가다. 물리학과 미술은 달라도 한참 다른 영역이다. 그러나 유니버시티 칼리지 런던에서 과학 철학과 과학사를 가르치고 있는 아서 밀러 교수는 둘의 공통점에 주목한다.

《아인슈타인, 피카소》의 저자 아서 밀러는 이 두 천재가 자기 분야에서 괄목할 만한 성과를 이룰 수 있었던 것은 '눈에 보이는 것'을 기준으로 모든 사고와 행위를 전개했던 19세기적 방식을 넘어섰기 때문이라고 말한다. 이들은 인간의 감각 기관에 의존해 왔던 인식의 영역 밖으로 관심을 확대하고 시간과 공간의 개념을 새로이 설정하며 20세기를 앞서 갔다는 것이다.

아인슈타인과 피카소의 공통점은 기존 인식의 영역 밖으로 관심을 확대했다는 것에 있다. 이것은 기존의 사고에 얽매이지 않기에 가능한 것이었다.

아인슈타인은 빛이 파동과 입자의 성질을 동시에 가진다는 것을 발견한 후 지각에 의존하는 실증적 실험의 한계를 넘어서 '사고 실험'이라는 독특한 방법으로 상대성 이론에 다가갔으며, 피카소는 하나의 지점에서 대상을 바라보는 원근법을 무너뜨리고 동시에 여러 가지 시점에서 바라본 4차원의 입체를 2차원의 화폭 위에 펼쳐놓았다. 바로 이러한 것들이 기존의 사고에 얽매이지 않는, 두 천재의 공통된 사고방식이라는 것이다.

사유는 절약하기 위해 기성복을 입는다

'사유는 절약하기 위하여 기성복을 입는다.'라는 말이 있다. 사물을 있는 그대로 보고 세심하게 판단하려면 시간이 걸리기 때문에 사람들은 '언어라는 옷'을 사 입는다는 말이다. 사과만 해도 붉은 사과, 푸른 사과, 노란 사과 등 여러 종류가 있고, 붉은 사과만을 보더라도 사과마다 '붉다'라는 말로 규정할 수 없는 섬세한 차이를 가진다. 사실 그 모든 섬세한 차이를 구별하는 것은 피곤한 일이다. 그래서 사람들은 별로 따지지 않고서, 자기가 속한 정당, 자기가 보는 신문, 자기가 속한 사회의 관습을 믿는다. 또한 언어에 얽매여 사물을 있는 그대로 보지 못한다. 연암 박지원은 그의 글 〈능양시집서(菱洋詩集序)〉에서 사물을 있는 그대로 보지 못한 인간들의 어리석음을 이렇게 깨우친다.

저 까마귀처럼 깃털이 검은 것은 없다. 그러나 홀연 유금빛으로 아롱지고, 다시 석록빛으로 반짝인다. 햇살이 비치면 자줏빛이 되었다가, 어느새 비췻빛이 된다. 그렇다면 내가 푸른 까마귀라고 말해도 괜찮고 붉은 까마귀라고 말해도 괜찮을 것이다. 까마귀는 본디 정해진 색깔이 없는데 내가 눈으로 먼저 정해 버린다. 까마귀가 과연 검기는 검다. 그러나 누가 다시 이른바 푸르고 붉은 것이 그 색깔[色] 가운데 깃든 빛깔[光]인 줄을 알겠는가? 검은 것[黑]을 일러 어둡다[闇]고 하는 자는 단지 까마귀를 알지 못하는 것일 뿐 아니라 검은 것도 알지 못하는 것이다. 어째서 그런가? 물은 검기[玄] 때문에 능히 비출 수가 있고, 칠[漆]은 검은[黑] 까닭에 능히 거울이 될 수가 있다. 이런 까닭에 색깔 있는 것치고 빛깔 없는 것이 없고, 형상[形] 있는 것에 태깔[態] 없는 것은 없다.

'까마귀는 검다.'라는 생각은 까마귀에 대한 인간의 선입견일 뿐이다. 실제의 까마귀는 '검다'라고 일률적으로 규정할 수 없다. 검더라도 미세한 차이가 존재하니까. 그 미세한 차이를 보지 못하고 '까마귀는 검다.'라고 하는 것은 까마귀에 대한 인식을 포기하는 것과 다름없다.

우리는 언어를 통해 사물을 본다. 해를 볼 때 '붉은 해'라는 관념을 떠올리면서 '해는 붉다.'고 생각한다. 그러나 새벽에 수평선에 뜨는 해와 한낮의 해는 분명히 다르다. 한낮의 해는 오히려 흰색에 가깝다. '붉다'라는 단어로 해의 색깔을 규정하는 것은 분명 오류다. 박지원이 〈능양시집서(菱洋詩集序)〉에서 지적한 것도 인간의 이러한 인식론적 오류다.

편견에 물들지 않는 섬세의 정신

사물을 볼 때 우리는 언어라는 기존의 관념들을 동원한다. 그럼으로써 우리는 사유의 시간을 절약하는 것이다. 그러나 섬세한 사유를 위해서는 절약이 미덕만은 아니다. 우리에게 중요한 것은 섬세한 차이를 구별할 수 있는 '섬세의 정신'을 잃지 않는 것이다.

파스칼은 소수의 원리에서 출발해 질서에 따라 엄밀한 추론을 전개하는 합리적 정신을 '기하학적 정신'이라고 불렀다. 이와 대비되는 것이 이른바 '섬세의 정신'이다. 섬세의 정신은 다수의 작은 원리들을 단번에 파악할 수 있는 정감적 인식 능력이다. 파스칼은 학문의 세계에서는 기하학적 정신으로 족하지만, 일상사의 세목을 제대로 이해하려면 섬세의 정신이 필요하다고 했다. 연암 박지원이 강조하는 것 역시 '섬세의 정신'이다. 편견에 물들지 않고 자신만의 방식으로 사물을 바라보려고 했던 아인슈타인과 피카소, 그들이야말로 '섬세의 정신'의 소유자가 아닐까. 대충 보지 말고 사물의 결과 무늬를 오래 들여다 볼 수 있어야 한다. 우리가 어린 시절 뭉게구름의 형상에서 코끼리, 독수리, 산과 바위 등의 형상을 읽어냈듯이 말이다.

17

실험대 위에서 죽어간 동물의 적은 인간의 귀납추리

동물에게 타당한 것은 인간에게도 타당하다는 것이 이른바 귀납의 논리다. 그러나 고슴도치는 청산(시안화수소)을 많이 먹어도 소화해 낼 수 있지만 사람에게는 아주 적은 양의 청산도 치명적인 독이 된다. 양(¥)의 경우는 많은 양의 비소도 무해하지만 인간에게는 독이 된다. 또 많은 동물들은 메틸 알코올을 소화시킬 수 있지만 사람이 마시면 실명을 하게 된다. 그럼에도 인간은 귀납의 논리에 매달려 수많은 동물들을 실험대 위로 보낸다.

귀납추리의 허점

영국의 철학자 러셀은 '칠면조의 비유'를 들어 의미 있는 이야기를 한다. 이야기를 각색하면 다음과 같다.

우리 주인집 아저씨는 저를 시장에서 사다 자신의 농장에서 길렀습니다. 그런데 주인아저씨는 저희들에게 모이를 주기 전에 항상 종을 치는 것이었습니다. 처음에는 '혹시 주인이 바보가 아닐까? 왜 저런 쓸데없는 행동을 할까?' 하고 의심도 해 보았죠. 하지만 하루도 아니고 세 달 이상을 그렇게 하니까 저는 '주인아저씨는 우리에게 모이를 주기 전에 항상 종을 친다.' 라는 결론을 내리게 되었습니다. 어느 날 주인아저씨는 여느 때와 마찬가지로 종을 쳤습니다. 저는 그 종소리를 듣고 '주인아저씨가 모이를 주는구나.' 하고 생각하고는 다른 칠면조보다 먼저 아저씨께 달려갔죠. 아뿔싸, 그런데 그만 저는 주인아저씨에게 목이 잘려 식탁에 올려졌습니다. 알고 보니 오늘은 크리스마스 이브였답니다.

하나하나의 개별적 사실로부터 얻은 결론을 일반적인 진리로 일반화시키는 것이 이른바 귀납추리다. 귀납추리는 자연 과학에서 새로운 발견과 발명의 유효한 수단이 되었지만 이 칠면조에게 귀납추리는 엄청난 화를 가져다 주었다. 그것은 칠면조가 귀납추리가 갖는 근본적 허점을 몰랐기 때문이다.

"지금까지 내가 본 모든 백조는 희다. 이 새는 백조다. 따라서 이

새는 희다."라는 논리는 성립할 수 없다. 지금까지 내가 아무리 많은 백조를 보았다고 할지라도 "모든 백조는 희다."라고 일반화시키는 것은 논리적 비약이기 때문이다. 아무리 많은 흰 백조를 관찰한다 하더라도 단 하나의 검은 백조를 관찰하기만 하면 '모든 백조는 희다.'라는 결론은 의미를 잃기 때문이다.

'태양은 매일 뜬다.'라는 명제도 항상 참일 수는 없다. 태양이 매일 뜬다는 것은 수천만 년 동안 태양이 뜬다는 개별적 사례를 일반화한 귀납적 명제에 지나지 않는다. 하나의 행성이 대폭발로 자취를 감추는 일이 비일비재하다는 천문학적 상식을 감안한다면 '태양은 매일 뜬다.'라는 명제도 충분히 폐기 처분될 가능성이 있다. 어떤 이론이 아무리 많은 사례에서 타당하다고 하더라도 그 이론을 부정하는 사례가 한 번만이라도 나온다면 그 이론은 진리로서의 자격을 상실하는 운명에 놓이고 만다.

쥐를 이용한 생체 실험에서는 수면제인 탈리도마이드를 과다하게 복용시켜도 부작용이 나타나지 않았다. 의사와 약사들은 입덧 치료제로 임산부에게까지 이 약을 복용하도록 권했다. 탈리도마이드는 그 후 오랫동안 부작용 없는 안전한 약품으로 여겨졌다. 그런데 이 수면제 때문에 1960년대 초에 독일에서 1만 명이 넘는 임산부가 기형아를 출산했다. 쥐에게서 수면제의 약효가 무해했기 때문에 인간에게도 무해할 것이라는 귀납적 사유가 엄청난 화의 시작점이었던 셈이다.

고슴도치는 청산(시안화수소)을 많이 먹어도 소화해 낼 수 있다. 그러나 사람에게는 아주 적은 양의 청산도 치명적인 독이 된다. 양

(羊)의 경우는 많은 양(量)의 비소도 무해하지만 인간에게는 독이 된다. 또 많은 동물들은 메틸 알코올을 소화시킬 수 있지만 사람이 마시면 실명을 하게 된다.

아스피린은 개와 고양이에게 독성 물질로 작용하지만 쥐에게는 기형 출산의 원인이 된다. 또 개와 고양이, 쥐, 햄스터를 비롯한 대부분의 동물들은 몸 속에서 자체적으로 비타민 C를 생산해 낼 수 있기 때문에 따로 섭취하지 않고도 건강하게 지낸다. 하지만 사람의 경우 비타민 C를 따로 섭취하지 않으면 괴혈병에 걸려서 목숨을 잃을지도 모른다. 동물들은 또한 사람들과는 달리 장티푸스라든가 콜레라, 디프테리아, 성홍열, 나병과 같은 병원체에 대한 면역성을 지니고 있다. 동물과 인간은 이렇게 다르다.

영국의 동물 보호 단체 회원들이 동물 실험에 반대하는 시가행진을 벌이고 있다.

실험대 위에서 죽어간 동물의 적, 귀납추리

'동물에게 타당한 것은 인간에게도 타당하다.'는 것이 귀납의 논리다. 바로 그런 귀납의 논리가 동물 실험의 논리적 토대가 된다. 그러나 위의 사례들을 보면 귀납을 토대로 한 실험적 방법이 과연 진리를 도출해 낼 수 있는 유효한 방법이 될 수 있는지 의문이 들 것이다.

동물 실험을 통해 얻은 결론을 그대로 인간에게도 적용하겠다는 귀납의 논리가 숱한 동물들을 실험대 위에서 의미 없이 죽게 했다. 실험대 위에서 죽어간 동물의 적은 인간이다. 보다 정확히 말하면 인간의 귀납 논리인 셈이다.

'제비 한 마리가 여름을 만들지 않는다.'라는 서양 속담이 있다. 제비 한 마리가 왔다고 성급하게 여름이라고 결론짓지 말라는 충고다. 성급함과 조급함은 진리의 적이다. 느긋하게 사물의 실상을 파악하려는 인내와 끈기의 정신이 필요한 것도 이 때문이다.

18 | 타고난 인간의 본성은
과연 없을까?

스티븐 핑커는 인간에게는 굴욕감을 느끼고 싶어하지 않는다거나, 어느 누구도 불공정하게 대우 받기를 원하지 않는다는 공통된 특성이 있다고 말한다. 또 차별과 노예 제도를 반대하는 감정은, 사람이 서로 다르지 않다는 확신에서 비롯되는 것이라고 한다. 설령 개인의 피부 색깔과 성향이 다르더라도 인간이면 누구나 차별 대우 받는 것을 싫어하는 보편적 특성이 있다는 것이다.

인간성은 선천적인 것인가?

플라톤은 인간의 행동에는 세 가지 근원, 곧 욕망, 감정, 이성이 있으며, 그 세 가지 중에 어떤 성향을 가지고 태어나느냐에 따라 계급이 정해져야 한다고 보았다. 물질적 욕망에 머무르는 이들은 시민 계급, 권력과 싸움을 좋아하면 수호 계급, 지혜와 이성을 중시하면 통치 계급이 되어야 한다는 것이었다. 오늘날에는 이런 논리를 받아들일 사람이 없겠지만, 노예 제도나 봉건 제도 아래에 살았던 민중들은 자신이 천하게 사는 것은 천한 혈통을 타고났기 때문이라고 생각했다.

열등하게 태어났으니 열등한 삶의 조건을 받아들여야 한다는 패배주의, 송충이는 솔잎을 먹어야 한다는 운명론적 사고방식은, 오늘날의 입장에서야 받아들일 수 없는 것이지만, 그 시대의 민중들은 이것을 어쩔 수 없는 것으로 받아들였다. 아무리 불합리한 현실일지라도 그것이 하늘이 결정해 준, 하늘의 뜻이라면 기꺼이 감수해야만 한다고 그들은 생각했다. 그러나 왕후장상(王侯將相)의 씨가 따로 있는 것이 아니다. 누구나 노력하면 왕후장상이 될 수 있다고 생각한 이가 있었으니 그가 바로 고려 시대에 최충헌의 사노(私奴)였다가 노예 해방을 위해 난을 일으켰던 만적이다. 비록 그의 반란은 실패로 끝났지만 그는 인간의 지위를 하늘이 결정해 주는 것이 아님을 분명히 천명했다.

'nature'와 'nurture'는 그 단어의 모양새가 비슷하지만 정반대의 뜻을 가지고 있다. nature는 말 그대로 '자연' 혹은 '본성'이라는 뜻이요, nurture는 '기르다' 또는 '양육하다'라는 뜻이다. nature와 nurture라는 단어를 새로운 의미 관계로 결합시킨 사람은 '우생학'의 창시자 프랜시스 골턴이다.

　그는 인간성이 '본성(nature)'에 의해 선천적으로 결정되는 것인지, '양육(nurture)'에 의해 후천적으로 결정되는 것인지를 물으면서, 전자의 손을 들어 주었다. 골턴의 이런 본성론은 인간의 결함이 유전적으로 타고나는 것이라면 결함을 가진 사람들을 인위적으로 도태시킴으로써 인간성을 개조해야 한다는 우생학으로 발전하였고, 이러한 우생학은 나치의 유태인·동성애자 학살과 같은 유혈의 비극을 불러왔다.

인간에게 타고난 천성은 없는가?

　17세기 철학자 존 로크는 경험론에 바탕을 두고, 인간이 이상, 진리, 신의 관념 등을 가지고 태어난다는 본성론을 공격했다. 존 로크는 인간의 마음은 아무 개념도 담겨 있지 않은 흰 종이와 같으며 그 내용은 오로지 경험에 의해 채워진다는 '빈 서판(書板)'(the blank slate) 개념을 들고 나왔다. 그는 이 개념을 내세워 인간의 마음은 타고난 특성이 없으며, 환경으로부터 얻는 경험이 각 개인의 차이를 만들 뿐이라며 세습 왕권과 신분제의 정당성을 부인했다. 이성과 지식의 모든 재료는 선천적으로 타고나는 것이 아니라 경험으로부터 얻어진다는 경험론에 바탕을 둔 그의 빈 서판 이론은 본성론에 기반하고 있는 모든 불합리한 특권 제도를 철폐하는 데 큰 기여를 하게 된다.

또 합리주의 전통을 계승한 19세기 말, 20세기 초의 학자들은 '인간에게 타고난 본성이 있다.'는 주장을 극단적으로 혐오하게 된다. 그들은 인간성은 환경에 의해서 구성되고 결정된다고 생각했다. 그러므로 누구에게나 공평하게 좋은 환경을 만들어 주는 것이 사회 정의를 위한 개혁이요, 혁명이라고 생각했다. 마르크스의 사회주의도 이런 생각에서 멀지 않았다. 인간성이 환경에 의해 결정된다고 생각한 이들은 본성론이 패배적 운명론을 조장하고, 사회의 불합리와 모순을 정당화하는 도덕적 해이를 불러올 수 있다고 끊임없이 경고했다.

행동주의자들도 본성론을 적극적으로 부인했다. 그들은 행동은 유전적 요소들의 발현도 아니고, 유전에 의해 설명될 수도 없으며, 오직 자연 환경의 영향력에 의해 기계적으로 결정되는 수동적이고 강요된 운동이라고 생각했다. 본성(nature)이냐 양육(nurture)이냐 하는 논쟁에서 철저히 양육 쪽의 손을 들어 주고 있는 행동주의를 대표하는 학자는 스키너다. 개를 대상으로 조건 반사 실험을 한 것으로 유명한 파블로프는 스키너에게 이론적 힌트를 제공했다.

여기 한 마리의 개가 있다. 개에게 밥을 줄 때마다 먼저 종소리를 울리고 밥을 주는 경험을 반복한다. 그러다 보면 나중에는 종소리만 울리더라도 개는 침을 흘린다는 것이다. 이것이 바로 파블로프의 조건 반사 이론이다. 이 이론은 배움의 과정을 정연하게 체계화했다. 파블로프는 이 이론을 시발점으로 해서 인간을 포함한 동물

❶ 개에게 밥을 줄 때마다 종을 울리고 밥을 준다.

❷ 그런 경험을 반복하다 보면 나중에 종소리만
울리더라도 개는 침을 흘린다.

파블로프의 개를 이용한 조건 반사 실험은 스키너에게 이론적 힌트를 제공했다. 스키너는 인간
의 언어 습득도 본능에 의한 것이 아니라, 자극과 반응 그리고 훈련에 따른 행위로 보았다.

을 길들일 수 있는 방법을 고안한다.

스키너는 파블로프의 이론을 좇아 인간이란 존재는 자유 의지를 지닌 고상한 존재가 아니라 자극과 반응의 관계에 의해 길들여진 기계와 같은 존재로 보았고, 인간의 언어 습득도 자극과 반응, 즉 훈련에 따른 행위일 뿐이라고 보았다.

타고난 본성이 있다

언어 심리학자 스티븐 핑커는 그의 저서 《빈 서판》에서 스키너식의 결정론적 사고방식을 정면으로 반박한다. 그의 이론은 '인간은 선천적으로 언어 능력을 타고난다.'는 언어학자 노암 촘스키의 이론적 연장선상에 있다.(실제로 그는 노암 촘스키의 제자다.)

촘스키는 인간에게 있어서 말을 하는 능력은 선천적으로 타고나는 능력이라고 했다. 어린아이는 생존에 알맞은 환경과 영향이 공급되면 저절로 신체 기관이 자라듯이 적절한 환경이 주어지면 저절로 말하는 능력이 싹튼다는 것이다. 만약에 인간의 언어가 경험에 의한 것이라면 인간은 어떻게 한 번도 들어보지 못한 문장을 말할 수 있느냐고 그는 반문한다. 그리고 아이들이 "나 안 밥 먹었다."와 같은 비문법적 문장을 공통적으로 말하는 것은 경험에 의한 것이 아니라고 그는 주장한다. 바로 미국인이든 한국인이나 일본인이든 인간에게 선천적으로 타고나는 보편적인 언어 능력이 인간 속에 잠재되어 있기에 가능하다는 것이다.

스티븐 핑커는 '자연에서 일어나는 일은 좋은 것이다.'라는 믿음을 '자연주의적 오류'라고 명명하면서 이 자연주의적 오류의 위험성 때문에 사람들이 인간의 자연성을 인정하지 않는다고 말한다. 그러나 그는, 인간에게는 굴욕감을 느끼는 것을 좋아하지 않는다거나, 불공정하게 대우받는 것을 원하지 않는다거나 하는 등의 공통된 특성, 곧 개인이 통제할 수 없는 특성(자연성)에 따라 대우받기를 원하지 않는다는 특성이 있다고 말한다.

사람들이 차별이나 노예 제도를 반대하는 것은, 사람마다 서로 개별적 특성이 다르더라도 구속이나 차별을 싫어하는 보편적 특성을 공유하기 때문이다. 설령 개인의 피부 색깔과 성향이 다르더라도, 인간은 누구나 차별 대우를 받는 것을 싫어하는 보편적 특성이 있기 때문에, 개인의 특성이 차별의 원인이 되어서는 안 된다는 것이다. 결론적으로 핑커는 인간의 선천적 특성이 차별을 정당화할 수 없다고 분명히 못을 박는다. 가령 인간에게 이기적인 특성이 있다는 사실이 인간이 이기적으로 행동해도 된다는 사실을 정당화할 수 없다는 것이다. 즉 존재가 당위를 결정할 수 없다는 것이 스티븐 핑커의 주장이다.

핑커는 개혁적인 정치가들이 인간의 고유한 본성을 무시함으로써 정책적 오류를 빚을 수도 있다는 예를 이스라엘의 키부츠 경영에서 찾는다. 키부츠에서는 남녀노소 구별 없이 키부츠의 전 구성원들이 노동에 종사한다. 또 양로원과 탁아소 및 유치원 시설을 자체적으로 운영한다. 문제는 여기에 있다. 키부츠에서는 자신의 아이를 양육할 수 없었는데, 바로 이 점이 자식에게 끌리는 인간의 본

키부츠는 이스라엘의 독특한 집단 농장으로, 여러 가구들이 모여 철저한 분업 형식으로 공동 생산, 공동
분배, 공동 소유를 원칙으로 하는 공동 생활체이다.

성을 무시한 정책이었고, 따라서 자식을 부모와 떨어뜨려 양육하는 정책은 철회되어야 했다고 핑커는 말한다. 이런 실패는 구소련과 중국의 집단 농장에서도 빚어졌다.

이런 정책적 실패도 결국은 인간은 환경에 의해 얼마든지 개조될 수 있다는 '빈 서판' 이론에 기인한다는 것이 스티븐 핑커의 주장이다. 인간의 본성을 인정하지 않고 인간을 얼마든지 가공 가능한 원재료로 파악해, 오로지 유토피아를 지향하는 강압적인 교육과 환경 조성에 집중하도록 했다는 것이 빈 서판 이론 추종자들의 오류라는 것이다.

인간 본성에 대한 올바른 인식이 신체적 외모나 지역 문화와 같은 피상적 차이 밑에 숨어 있는 인류의 심리적 통일성을 밝혀 줄 것이기에 인간의 본성을 밝혀 내는 연구는 계속되어야 한다는 것이 스티븐 핑커의 주장이다. 그러나 이 주장은 계급적 차별을 정당화하려는 보수적 동기에서 시작된 것이 아니다. 그는 "인간 본성에 대한 주장들을 저울의 어느 쪽도 슬며시 손가락으로 누르지 않고 객관적으로 조사해야 하며, 그 주장들이 결국 사실이라면 어떻게 그것을 우리의 삶에 받아들일 것인가를 이해해야 한다."고 말한다. 인간의 본성을 부인할 것이 아니라 어떤 것이 인간의 본성인가를 분명히 알고, 그 인식의 바탕 위에서 보다 나은 세계를 만들자는 주장이다. 바로 이 점이 스티븐 핑커를 보수주의적 본성론자와 확연히 구분시켜 주는 대목이다.

IQ가 다는 아니다

미국에서 각종 환경 운동을 전개해 '세계에서 가장 아름다운 청년' 중 한 사람으로 선정된 청년 환경 운동가 대니 서는 열두 살의 어린 나이로 환경 단체를 결성하여, 숲 지키기 캠페인, 고래잡이 반대 운동 등 다양한 환경 운동을 펼쳤다. 1995년에 그는 알베르트 슈바이처 인간 존엄상과 뉴욕 시민 단체가 수여하는 올해의 젊은이상과 평생 공로상을 받기도 했다.

대니 서의 학습 능력은 변변치 않았을지 몰라도 그의, 고래나 숲과 '공생할 줄 아는 능력'만은 누구보다도 탁월했다.

그의 학업 성적은 어땠을까? 재미교포 의사인 아버지의 2남 1녀 중 막내로 태어난 대니 서는 명문대를 졸업한 형 누나와 달리 고등학교에서 전교생 170명 가운데 169등을 할 정도로 성적이 형편없었다고 한다. 대니 서를 변변치 않은 인간이라고 평가할 수 있을까?

과거에 '똑똑한 사람'은 흔히 '머리가 좋은 사람'을 의미했지만 이제는 '똑똑함'이 학습 능력만을 의미하지 않는다. 옷을 잘 입는 것도, 사람을 잘 웃기는 것도 똑똑함의 한 종류다.

미국 하버드 대학교의 하워드 가드너 교수는 사람들이 지닌 지적인 능력을 8개 분야로 나누고 이를 통틀어서 '다중 지능(MI : Multiple Intelligence)'이라고 불렀다.

그가 말하는 첫 번째 지능은 읽기, 쓰기, 토론하기 등을 통해서 개발할 수 있는 언어적 지능이다. 두 번째는 논리 · 수학적 지능이고, 세 번째는 공간적 지능이다. 네 번째는 배우 · 무용가 · 운동선수 등에게서 두드러지는 신체 · 운동적 지능이고, 다섯 번째로는 음악적 지능이다. 여섯 번째로는 다른 사람들과 좋은 관계를 만들고 상대방의 감정 · 기분 · 관점 · 동기 등을 인식하는 대인(對人) 관계 지능, 곧 공존의 능력이다. 일곱 번째는 자기를 이해하는 지능, 곧 반성할 수 있는 능력이고, 마지막은 환경에 적응하는 능력이나 자연 현상을 탐구하는 능력과 관련이 있는 자연 탐구 지능이다.

복잡하고 다양한 현대 사회를 살아가는 우리에게는 매우 다양한 지적 능력이 필요하다. 사업가에게는 대인 관계를 원만하게 이끄는 능력이 필요하고, 미술가에게는 뛰어난 조형 감각과 아울러 자신의 삶과 사회를 냉철하게 성찰하는 능력이 필요하다. IQ 하나만으로 인간의 다양한 능력을 평가하기는 역부족이라는 이야기다.

19 | 자연을 모방하는
생체 모방 공학

자연에 대한 모방은 인간에게 많은 이익을 안겨 준다. '찍찍이'라 부르는 벨크로 테이프는 사람의 몸에 잘 들러붙는 도꼬마리 씨를 모방했고, '스티키봇(Stickybot)'은 수직의 벽을 잘 기어오르는 도마뱀의 발을 모방했다. 상어 피부를 연구해 물의 저항력을 최소화한 수영복이 만들어졌고, 이 수영복을 입은 이언 소프는 2000년 호주 시드니 올림픽에서 3관왕에 오르게 된다.

인간은 모방의 동물이다

'짝퉁' 시계를 만들었다가 구속된 사람을 보면 "모방으로 위대한 사람이 된 사람은 하나도 없다."라는 영국의 문학 비평가 사무엘 존슨의 말이 그럴듯해 보인다. 남이 만든 창작물을 그대로 베끼는 행위는 지탄받아 마땅한 부도덕한 행위다. 그러나 모든 모방의 행위가 비난받을 만한 성질의 것은 아니다.

아이들은 부모를 따라 걷기를 배우고, 말하기를 배운다. 누구에게 특별히 배우지 않아도, 누가 시키지 않아도 아이들은 모방을 통해 저절로 배운다. 아이들은 부모가 특정한 발음을 할 때, 입술과 이의 모양, 턱의 위치들을 관찰하고 모방함으로써 발음을 익히고, 더 나아가 복잡한 문법 구조들을 차근차근 익혀 나간다. 뿐만 아니라 아이들은 모방을 통해서 문자를 배우고, 놀이를 배우며, 예술과 예절과 같은 복잡한 삶의 양식들을 하나하나 체득해 간다.

만약 인간이 모방을 할 수 없는 존재라면 인간의 삶은 동물적인 삶에서 그치고 말 것이다. 아리스토텔레스가 인간이 다른 동물보다 우월한 이유는 모방을 통해 배우기 때문이라고 말한 것도 이런 이유에서다. 많은 철학자들이 모방을 인간과 동물을 구별짓는 중요한 요인으로 인식해 왔다. 토머스 제퍼슨은 "인간은 모방적인 동물이다. 이 특질은 인간의 모든 교육의 근원이다. 요람에서 무덤까지 인간은 남이 하는 것을 보고 그대로 하기를 배운다."라는 말로 모방이 인간의 문화에서 가지는 역할의 중요성을 강조한 바 있다.

2006년 타임지는 '올해 최고의 발명품' 44개 중 하나로 '스티키봇(Stickybot)'을 선정했다. 이 로봇을 발명한 사람은 한국의 젊은 과학자 김상배 씨다. 이 로봇 기술의 핵심은 한 방향으로 힘을 가하면 잘 붙어 떨어지지 않지만 다른 방향에서 잡아당기면 쉽게 떨어지는 '방향성 접착성' 화합물의 구조를 가진 미세한 섬유 조직으로, 도마뱀의 발바닥에서 착안한 것이다.

'스티키봇(Stickybot)'은 유리벽을 수직으로 올라갈 수 있는 도마뱀 로봇으로 'sticky(들러붙다)'와 'robot(로봇)'의 합성어다. 이 로봇은 강력한 접착력과 손쉽게 떨어지는 특성을 동시에 갖고 있는 도마뱀 발바닥을 모방했다고 한다. 스티키봇에 관해 자세한 내용은 http://www.stanford.edu/~sangbae 참조.

스티키봇처럼 살아 있는 생물의 행동이나 구조를 모방하거나 생물이 만들어 내는 물질 등을 모방함으로써 새로운 기술을 만들어 내는 학문을 생체 모방 공학(Biomimetics)이라 한다. 이는 '생체(Bio)'와 '모방(mimetics)'이란 단어의 합성어다. 그 어원에서 알 수 있듯이 생체 모방 공학은 자연에 대한 체계적이고 조직적인 모방이다.

칼과 화살촉 같은 사냥 도구가 육식 동물의 날카로운 발톱을 모방해 만든 것이라고 한다면 생체 모방의 역사는 인류의 탄생과 함께 시작됐다고 해도 과언이 아니다. 확실한 근거는 없지만 우리는 철조망이 장미의 가시를 모방한 것은 아닐까, 인간의 갑옷은 갑각류의 딱딱한 외피를 모방한 것이 아닐까 하고 유추해 볼 수 있다.

자연을 모방하는 공학

확실히 자연에 대한 모방은 인간에게 많은 이익을 안겨 준다. 가령, 홍합을 바위에 달라붙게 하는 접착 단백질을 이용하면 수술 후 상처 부위를 꿰맬 때 실 대신 사용할 수 있다. 문제는 홍합이 만들어 내는 천연 접착 물질의 양이 너무 적다는 것이다. 홍합에서 채취한 접착 물질로 1g의 접착제를 만들려면 무려 1만 개 이상의 홍합이 필요하다. 그러나 이 문제는 2004년 5월 포항 공대 연구팀에 의해 해결되었다. 연구팀은 홍합에서 추출한 접착 단백질의 유전자를 대장균에서 배양 생산하는 데 성공했다. 홍합에서 추출한 생체 접착제는 인공 접착제에 비해 접착력과 유연성이 뛰어나고 인체에 면

벨크로 테이프는 도꼬마리 등의 식물의 씨앗을 응용해 만든 것이다. 주로 신발이나 의류에 활용되고 있다.

역 거부 반응이 거의 없는 것으로 알려져 있다.

가을 소풍 때 소풍을 다녀오면 바지 섶에 엉겅퀴, 도꼬마리, 도깨비풀 같은 식물의 씨앗이 무수히 들러붙은 적이 있을 것이다. 이 식물들은 그 씨앗을 사람의 옷이나 동물의 털에 들러붙게 하여 먼 곳까지 이동할 수 있도록 특수한 구조를 갖고 있다. 이 구조를 이용한 것이 '찍찍이'라 부르는 벨크로 테이프다. 이 제품은 각종 신발과 의류는 물론이고 무중력 상태의 우주선 내에서 물건을 고정시키는 데 이용되고 있다.

연꽃잎의 표면은 물기나 먼지가 남아 있지 않고 항상 깨끗한 상태를 유지한다. 그 비결은 연꽃잎의 구조에 있다. 연꽃잎의 표면을 전자 현미경으로 보면 마이크로미터(μm) 크기의 돌기가 있고 여기에 나노미터(nm) 크기의 돌기가 배열돼 있다. 이런 구조 때문에 연꽃잎은 물을 밀어 내 물방울이 퍼지지 않고 맺히도록 하는 이른바 '연꽃잎 효과'를 보인다. 이 효과를 응용하여 연꽃잎 표면을 닮은 필름을 개발하여 자동차 사이드미러에 붙이면 물기나 먼지 하나 없이 깨끗하게 유지할 수 있다. 목욕탕 거울에 이 효과를 내는 필름을 코팅하면 김이 서려 뿌옇게 되는 현상을 막을 수 있다. 만약 이 필름을 자동차 전체에 코팅하면 따로 세차할 필요가 없다. 이 필름을 건축물 내외관의 유리창, 태양 전지판 표면, 거리의 표지판에 부착하면 표면을 깨끗하게 유지하여 제품의 고유 기능을 크게 높일 수 있다.

지난 2000년 호주 시드니 올림픽 3관왕에 오른 이언 소프의 수영복은 생체 모방 공학의 산물이었다. 그의 수영복의 표면은 상어 피부를 모방해 만든 미세한 돌기로 덮여 있는데, 돌기가 물속에서의 마찰 저항을 줄여 수영 속도를 높여 준다.

상어 비늘의 미세돌기인 리블렛이 몸 주변에 발생하는 소용돌이를 밀쳐내는데, 상어 비늘 모양의 필름을 벽면에 부착하면 마찰 저항을 최대 8%가량 줄일 수 있다. 이것을 리블렛(Riblet) 효과라고 한다. 이언 소프가 입은 수영복은 이것을 응용한 생체 모방 공학의 산물이다.

수영을 할 때 흐르는 물이 피부에서 빙글빙글 맴도는 현상이 발생한다. 이 때문에 마찰 저항이 늘어나 수영 속도가 느려진다. 그러나 상어 비늘의 작은 돌기는 와류를 상어 비늘에서 멀리 쫓아내 마찰을 줄이고, 수영 속도를 높여 준다. 이 같은 상어 비늘의 비밀은 자동차, 비행기, 잠수함, 수영복 등 공기나 물의 저항을 받는 운송 수단에서 활발하게 이용되고 있다. 서울대 기계항공우주공학과 최해천 교수는 1992년 인공 상어 비늘을 비행기에 붙이면 최대 8%까지 공기 저항을 줄일 수 있다는 사실을 밝혀낸 바 있다. 공기 저항이 줄어들면 항공기의 속력은 빨라지고 그만큼 연료를 크게 줄일 수 있다.

무엇을 모방할 것인가?

자연을 잘 관찰하고, 자연을 모방하라는 것이 생체 모방 공학이 우리에게 말해 주는 진실이다. 그러나 모방의 긍정적 가치는 자연 공학에서만 그치는 것이 아니다. 가령, 작가 신경숙은 어느 신문에선가 작가가 되기 이전의 습작 시절에 선배 작가들의 글을 원고지에 그대로 옮겨 쓴 경험들이 작가 수업에 큰 도움이 되었다고 고백한 적이 있다. 그러나 작가 신경숙은 모방을 모방으로서만 끝내지 않고 모방을 창조의 동력으로 삼은 셈이다.

모방을 창조의 동력으로 삼은 예술가들은 허다하다. 가수 신중현은 비틀즈와 지미 헨드릭스에 대한 모방이 그의 음악 창작에 영감을 주었다고 고백한 바 있다. 그러나 그의 모방은 단순한 흉내에 그치지 않았다. 신중현은 국악을 최초로 록 음악에 접목하였다. 그에게 있어서 모방은 창조를 향하는 입구였던 셈이다.

　모방 행동에는 여러 가지 효과가 있다. 첫째, '관찰 학습의 효과'다. 직접 해 보지 않더라도 관찰하는 것만으로도 효과가 있다. 훌륭한 선수의 테크닉을 보는 것만으로도 기량을 늘릴 수가 있다. 물론 훌륭한 선수의 동작을 따라 해 보면서 오류를 시정해 간다면 관찰 학습의 효과는 배가될 것이다. 둘째, 어떤 행동을 억제하는 '억제 효과'와 억제되어 있던 행동을 활성화시키는 '탈억제 효과'이다. 사람은 자기가 좋아하는 사람의 행동을 모방하게 마련이다. 자기가 존경하는 위인들의 행동을 따라서 자신의 특정 행동을 억제하거나 권장함으로써 좋은 습관을 기를 수도 있다. 셋째, '동일시(同一視) 효과'이다. 우리가 소설을 읽으면서 주인공의 비극에 눈물을 흘릴 수 있는 것도 이 심리적인 동일시 효과 때문이다. 이 동일시 효과가 빚어내는 것이 이른바 '베르테르 효과(Werther Effect)'다. 동조 자살 또는 모방 자살로 번역되는 이 용어는 괴테의 소설《젊은 베르테르의 슬픔》에 그 기원을 두고 있다. 이 작품에서 남자 주인공인 베르테르는 여자 주인공 로테를 열렬히 사랑하지만 그녀에게 약혼자가 있다는 것을 알고 실의와 고독에 빠져 끝내는 자살을 하게 된다. 당시 유럽 전역에서 큰 인기를 얻은 이 소설은 남자 주인공 베르테르를 모방하는 청년들을 만들어 냈다. 수많은 청년들이 유부녀를 사랑하고 자신의 목숨을 끊는 유행이 생겨났다고 한다.

　모방은 한 사람을 죽음으로 몰고 가기도 하지만 한 사람의 인격

완성에 지대한 영향을 미치기도 한다. 고전이나 경전을 읽으며 성인 군자의 행동을 모방하는 행위는 적극 권장할 만한 일이다. 베르테르를 모방하는 행동은 인간을 죽음으로 이끌지 모르지만 간디를 모방하는 행동은 인간을 위대함으로 이끈다. 문제는 무엇을 모방할 것이며, 그 모방의 목표가 무엇인지를 정확히 인식하는 것이다. 위대한 존재를 닮으려는 욕망은 우리를 위대성으로 한 발 더 나가게 한다. 모방은 결코 단순한 흉내가 아니다.

모방의 욕망을 어떻게 처리할 것인가?

비욘세 놀즈

가수 겸 배우 비욘세 놀즈가 자신의 불타는 질투심을 털어놓은 적이 있다. 그녀는 라이벌 가수들의 훌륭한 노래를 들을 때마다 샘이 나 앓을 지경이라고 고백했다. 자신이 항상 최고일 수는 없다는 사실을 이성적으로 받아들이려 해도, 멋진 새 음반을 보면 시기심이 끓어오른다는 것이다. 놀즈는 특히 "내가 존경하고 동경하는 누군가의 신곡을 접하면 '나는 왜 저런 생각을 못 했나?' '나는 왜 저런 레코드를 만들지 못했을까?' 하고 공연히 강짜가 난다."고 했다.

그러나 그녀는 질투심에서 그치는 아마추어가 아니었다. 그녀는 프로답게 연습실로 돌아가 최고의 가수가 되기 위해 연습에 몰두했다고 고백했다. 비욘세 놀즈의 욕망은 본질적으로 타인의 성공을 내 것으로 하고 싶은 질투의 욕망이고, 성공한 타인처럼 나 또한 되어 보고 싶다는 모방의 욕망이다. 이 질투와 모방의 욕망이 그녀를 최고의 뮤지션으로 거듭나게 한 것이다.

이런 질투와 모방은 두서너 살짜리 아이들에게서도 곧잘 나타난다. 동생이 생겨 엄마로부터 사랑을 빼앗긴 첫아이는 둘째 아이가 태어나면서 불안감에 빠진다. 엄마 아빠의 관심이 자신에게만 쏟아지는 데 익숙해져 있던 첫아이는 동생이 태어나면서 엄마 아빠의 관심이 아기에게 집중되어 자신에게 쏟아지던 사랑을 동생이 모두 가져갔다고 느끼게 된다. 이때 나타나는 것이 이른바 '퇴행 현상'이다.

동생처럼 행동하면 부모로부터 사랑을 받을 것이라고 착각하여 말을 곧잘 하던 아이가 갓난아기처럼 옹알거린다든지, 컵으로 마시던 우유를 아기와 똑같이 누워 젖병으로 마시겠다고 떼를 쓴다든지, 오줌을 다시 싼다든지 하는 행동을 보이는 것이다. 첫아이는 동생을 모방함으로써 자신도 동생처럼 사랑을 받을 수 있다고 생각하는 것이다.

비욘세 놀즈나 퇴행 현상을 보이는 아이 모두 질투심을 가진 존재고, 모방의 충동을 가진 욕망의 존재다. 그러나 욕망을 해소하는 방식은 사뭇 다르다. 한 쪽은 한 사람을 스타로 만들었고, 다른 쪽은 갓난아이로 만들었다. 자, 당신은 무엇을 모방할 것인가?

20 | 대형 포유류가 사라진 이유는?

오스트레일리아 뉴기니의 동물들은 인간 사냥꾼이 없는 곳에서 수백만 년 동안이나 진화했다. 갈라파고스 섬과 남극 대륙의 조류와 포유류도 마찬가지다. 이렇게 인간을 보지 못하고 진화한 동물들의 특징은 인간에게 공포심을 느끼지 못한다는 것이다. 인간에게 '뜨거운 맛'을 보지 못했으니 인간이 얼마나 영리한 사냥꾼인지 모르게 되고, 그 무지의 결과는 죽음일 수밖에 없다. 결국 인간을 두려워하는 공포심이 없는 동물들은 보호 대책이 마련되지 않는 한 멸종의 운명을 맞이할 수밖에 없다.

공포를 즐길 수 있는 이유

공포는 분명 부정적인 감정임에 틀림이 없다. 그럼에도 불구하고 사람들은 공포를 즐긴다. 놀이 시설에서 롤러코스터를 즐기는 사람들도 있고, 호러 무비를 즐기는 마니아들도 있다. 대체 무엇이 공포를 즐기게 하는 것일까?

공포감은 인간에게 충분히 쾌감이나 이득을 가져다 줄 수 있다. 공포의 순간에 사람들은 재빨리 '맞서 싸우느냐 아니면 달아나느냐.'를 결정해야 한다. 이때 아드레날린이 분비되면서 심장 박동 수가 늘고 호흡이 빨라지면서 근육은 긴장한다. 그런데 실제 위험이 크지 않다는 사실을 뇌가 미리 알고 있다면, 이런 아드레날린의 '분출'은 일종의 쾌감을 주는 것으로 해석된다. 공포 영화를 보면서도

어떤 위험이 도사리고 있는지 모르는 상황에서 경험하는 공포는 끔찍한 심리적 체험이다. 인간이 공포를 즐길 수 있는 이유는 위험이 없다는 사실을 미리 알고 있기 때문이다.

공포를 즐길 수 있는 것은 실제 위험은 없다는 사실을 이미 알고 있기 때문이다. 그러나 어떤 위험이 도사리고 있는지 모르는 상황에서의 공포는 끔찍한 심리적 체험일 뿐이다. 정상적인 사람이라면 이런 끔찍한 경험을 환영하지는 않을 것이다.

가혹한 상황에서 벗어날 수 없다는 사실은 인간에게 절망을 안겨다 준다. 파산자의 자살이 이를 말해 준다. 아무리 열심히 일해도 희망이 없는 상황에서 인간은 존재의 의미를 느끼지 못한다. 아무리 힘들어도 희망이 있기 때문에 인간은 끔찍한 현재를 감당할 수 있는 것이다. 롤러코스터를 타는 사람들도 조만간 이 공포로부터 탈출할 것이라는 점을 안다. 이러한 탈출에 대한 기대와 믿음이 공포를 즐기게 만든다.

공포가 없으면 생존에 취약하다

원시 시대, 독거미가 우글거리고 맹수들이 도사리고 있는 정글은 공포의 대상이면서, 새로운 먹을거리들이 있는 매혹적인 공간이기도 했다. 이 먹을거리들을 즐기기 위해서는 반드시 어느 정도의 공포를 지불해야만 했을 것이다. 무릇 용감한 자가 미인을 얻는 법이라 했다. 먹잇감도 마찬가지였다. 정글로 과감하게 뛰어들 수 있는 담력의 소유자만이 맛난 열매를 베어올 수 있었다. 인류는 공포라는 대가를 지불하고 나서야 비로소 새로운 거처와 먹을거리를 구할 수 있었다.

유럽이나 아시아에는 대형 포유류가 많다. 그런데 대형 포유류가 없는 곳도 있다. 그곳이 바로 오스트레일리아의 뉴기니이다. 왜 오스트레일리아의 뉴기니에는 대형 포유류가 없을까? 《총, 균, 쇠》의 저자, 제레드 다이아몬드는 그 답을 공포심에서 찾고 있다.

오스트레일리아 뉴기니의 문명은 육지에서 배를 타고 건너간 사람들에 의해서 시작되었다. 이곳에서 발견되는 화석들은 사람들이 살기 전에는 대형 포유류들이 살고 있었음을 말해 준다. 그런데 그 포유류들은 어디로 사라져 버린 것일까? 오스트레일리아 뉴기니의 동물들은 인간 사냥꾼이 없는 곳에서 수백만 년 동안이나 진화했다. (갈라파고스 섬과 남극 대륙의 조류와 포유류도 인간이 없는 곳에서 진화했고, 현재까지도 인간을 못 보고 살고 있다.) 이렇게 인간을 보지 못하고

갈라파고스 제도는 다윈의 진화론으로 유명한 섬이다. 이곳 역시 인간이라는 '공포' 없이 진화해 온 섬이다. 따라서 이곳 동물들에 대한 각별한 보호가 없다면 순진한 동물들은 멸종해 버리고 말 것이다.

진화한 동물들은 인간에게 공포심을 느끼지 못한다. 인간에게 '뜨거운 맛'을 보지 못했으니 인간이 얼마나 영리한 사냥꾼인지 모르는 것이다. 최근에 발견된 섬들에서도 이 순진한 동물에 대한 보호 대책이 신속히 마련되지 않아 동물들이 전멸하는 경우가 있었다고 한다. 모리셔스 섬의 도도새가 그 예이다. 인간의 무서움을 간파하지 못한 도도새들의 순진함이 그들을 멸종으로 몰고 간 것이다.

공포가 그들을 살렸다

오스트레일리아 뉴기니의 거대 동물의 최후도 모리셔스 섬의 도도새와 같았다. 거대 동물들은 진화의 측면에서 아무런 준비도 갖추지 못한 채 갑자기 잘 발달된 사냥 기술을 지니고 쳐들어 온 현생 인류와 맞닥뜨리는 불운을 당했으며, 이 불운이 멸종으로 이어졌다. 인간에 대한 두려움을 몰랐던 순진함이 멸종을 불러온 셈이다.

이와는 달리 아프리카와 유라시아의 대형 포유류는 수십만 또는 수백만 년 동안 인간들과 함께 진화되었기 때문에 인간에 대한 공포심을 학습할 충분한 시간이 있었다. 그들은 인간이 얼마나 영리한 사냥꾼인가를 오랜 진화의 시간 동안에 간파한 것이다. 이처럼 공포가 없는 환경은 오히려 생존에 취약할 수 있다.

'인간을 보면 튀어라.'

공포가 그들을 살린 셈이다.

21

대칭의 아름다움과
비대칭의 감동

머리에서 배꼽까지의 길이와 배꼽에서 발까지의 길이의 비가 1:1.618인 8등신의 미녀, 그녀의 좌우대칭이 완벽한 몸매는 아름답다. 황금비가 구현된 예술품이나 건축물과 같은 조형물 역시 아름답다는 미감을 자아낸다. 그러나 절대적인 미의 기준이란 존재할 수 없을지도 모른다. 사람마다 아름다움에 대한 기준이 다를 수 있기 때문이다. 또 한 사람의 미에 대한 기준도 그의 인격의 성장과 함께 달라질 수 있기 때문이다.

자연 속에 숨어 있는 아름다움, 황금비

서양의 미녀를 8등신이라 한다. 비너스 조각상을 보면 머리의 길이와 어깨에서 배꼽까지 길이의 비율이 1대 1.618이다. 또 머리에서 배꼽까지의 상반신과 배꼽에서 발끝까지의 하반신의 비율, 하반신에서 무릎을 기준으로 한 양쪽 비율도 역시 1대 1.618이다.

한 선분을 두 부분으로 나눌 때에, 전체에 대한 큰 부분의 비와 큰 부분에 대한 작은 부분의 비를 같게 한 비를 '황금비'라고 한다. 인간이 가장 아름답게 느끼는 비율이라고 하는 이 '황금비'는 수학적으로 보면 2차방정식 '$x^2 - x - 1 = 0$'의 근에 해당하는 무리수, 약 1.618에 해당한다.

황금비를 이루기 위해서는 머리는 전체 신장의 8분의 1이 되어야 했다. 우리가 늘씬한 미녀를 8등신 미녀라 부르는 데는 이런 이유가 있다.

고대 이집트 시대부터 사람들은 자연 속에 있는 아름다움에 감탄하면서 그 아름다움의 이유를 밝혀 내기 위해 노력해 왔다. 그들은 자연의 아름다움 속에는 아름다운 비가 숨어 있다는 것을 알아 내게 되었고, 그 비를 황금비라 하였다. 황금이 가지고 있는 빛과 가치가 영원한 것처럼 자신이 발견한 이 비율 또한 영원한 것이라고 생각했기 때문이다. 이 황금비는 무궁화, 야생 제라늄, 야생 장미, 노란 바이올렛 등의 식물이나 불가사리 등과 같은 해양 동물에서도 발견할 수 있다.

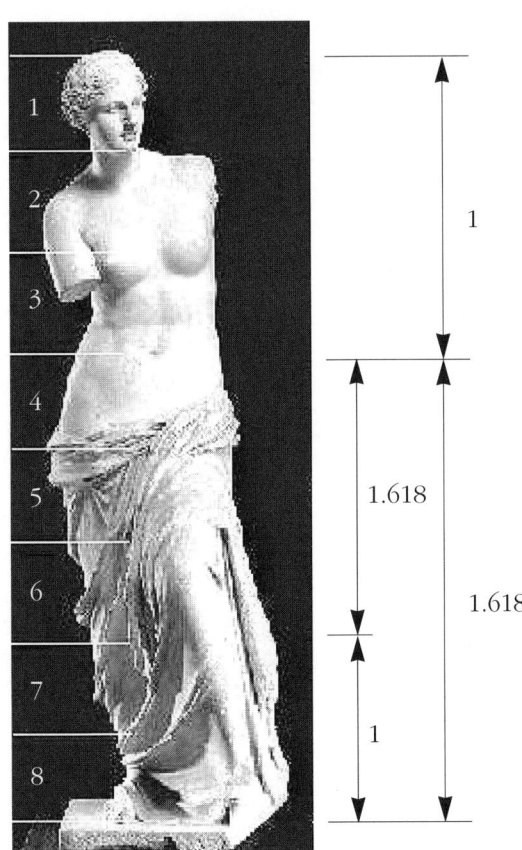

황금비는 이렇게 구한다.

선분 $\overline{AB}$가 있을 때, $\overline{AB}$ 사이에 점 C를 잡아 선분을 두 부분으로 나눈다. 두 부분 중 전체에 대한 큰 부분의 비와 큰 부분에 대한 작은 부분의 비가 같게 분할하면 된다.

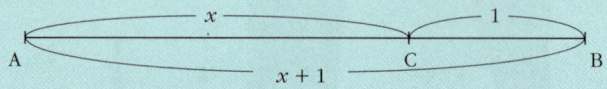

즉 식으로 표현하면

$x + 1 : x = x : 1$이고

비례식을 풀어 양수인 x를 구하면

$$x = \frac{1 + \sqrt{5}}{2} = 1.618 \cdots \text{ 이 된다.}$$

따라서 $1 : x = x : x + 1 = 1 : \dfrac{1 + \sqrt{5}}{2}$ 이고, 이 비율을 황금비라고 부른다.

피타고라스와 피보나치의 황금비

　그리스의 철학자 피타고라스는 피타고라스 학파를 만들고 그 학파를 상징하는 상징물을 무엇으로 할까 고민했다. 그러던 어느 날 피타고라스는 정오각형 안에 그려진 별을 보고 신비함을 느꼈다. 그는 그 별의 신비로운 아름다움을 수학적으로 증명한 후 그 별 모양을 학파의 상징으로 삼았다.

　그런데 피타고라스는 왜 많은 모양들 중에서 별을 택했을까? 별

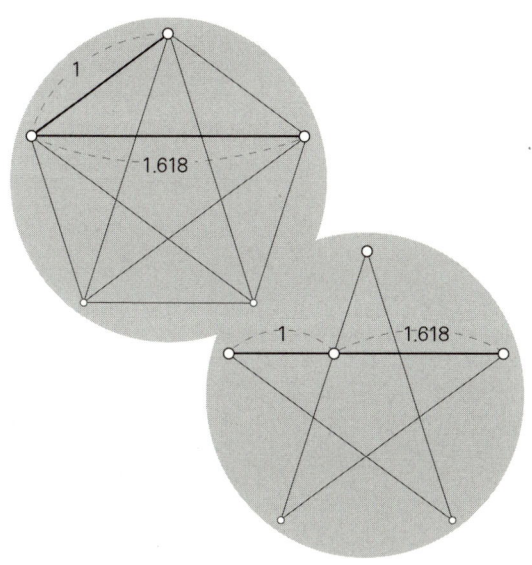

직사각형의 경우 가로와 세로의 길이의 비가 황금비를 이룰 때, 사람들을 가장 안정감 있고 아름다운 직사각형으로 느낀다고 한다. 우리가 사용하는 A4 용지나 신용카드도 바로 이 황금비를 이용해서 만들었다.

을 이루는 한 변은 다른 변에 의해 두 부분으로 나뉘는데, 짧은 부분과 긴 부분의 비가 바로 인간이 가장 아름답다고 느끼는 황금비인 약 1:1.618이었기 때문이다. 피타고라스는 정오각형의 한 대각선이 다른 대각선에 의해 분할될 때 생기는 두 부분의 길이의 비가 황금비가 됨을 발견했던 것이다.

피타고라스는 인간의 육체는 언제든지 사라질 수 있는 것이지만 영혼은 불멸하는 것이고, 인간의 감각은 사라질 수 있는 것이지만 만물 속에 있는 질서와 조화는 사라지지 않는 것으로 보았다. 가령 무수한 직각삼각형이 있다고 할지라도 각 두 변의 제곱의 합이 빗변의 제곱의 합과 같다는 그 '질서'만은 변하지 않듯이, 세상은 끊임없이 변화하지만, 그 변화 속에는 변하지 않는 질서와 조화가 있다고 생각했다. 그는 그 변하지 않는 질서와 조화를 수학적인 것으로 보았다.

피타고라스는 음악도 수학적 조화로 이루어져 있으며 인간은 수학을 통하여 우주의 조화에 가까워질 수 있다고 보았다. 피타고라스는 음악에서 수학적 조화를 발견한다. 현의 길이에 따른 진동수의 비례를 측정한 결과 모든 화음은 일정 비례를 지니고 있음을 발견한 것이다. 그는 하프의 현 길이가 짧을수록 진동수가 커지고 현의 진동수가 클수록 높은 음이 난다는 사실을 발견했다. 이는 음의 높이는 현의 길이에 반비례하고 진동수에 비례한다는 것이다.

수열에서 황금비를 발견한 수학자는 '피보나치 수열'을 만든 피보나치다.

1202년 피보나치는 토끼의 번식에 대한 다음과 같은 문제에 관심을 갖게 됐다.

한 농장에서 갓 태어난 한 쌍의 새끼 토끼가 사육되기 시작했다고 하자. 한 쌍의 토끼는 생후 1개월 뒤 짝짓기를 하며 짝짓기한 뒤 1개월 뒤에 다시 한 쌍의 토끼를 생산한다고 하자. 생산된 토끼가 죽지 않고 계속 산다면 일 년 동안 토끼는 몇 쌍이 될까?

1개월 뒤에는 여전히 1쌍의 토끼, 2개월 뒤에는 1쌍의 토끼가 새로 태어나기 때문에 2쌍의 토끼, 3개월 뒤에는 첫 번째 암토끼가 다시 1쌍의 토끼를 생산하므로 3쌍의 토끼, 4개월 후에는 2마리의 암토끼가 각각 1쌍의 토끼를 생산하므로 5쌍의 토끼가 농장에 있게 된다. 이를 수열로 나타내면 1, 2, 3, 5, 8, 13, 21, 34, 55, 89……와 같이 된다. 수열 앞에 0과 1을 추가해 0, 1, 1, 2, 3, 5, 8, 13, 21, 34……를 피보나치 수열이라 한다. 이 수열의 특징은 $1 = 0 + 1$, $2 = 1 + 1$, $3 = 1 + 2$, $5 = 2 + 3$, $8 = 3 + 5$, ……와 같이 3항 이상의 수는 바로 전 두 항의 합으로 표시된다는 특징이 있다. 또한 피보나치 수열의 연속된 항의 비를 계산하면 $1/1 = 1$, $2/1 = 2$, $3/2 = 1.5$, $5/3 = 1.666……$, $8/5 = 1.6$, $13/8 = 1.625$, $21/13 = 1.615……$ 등이 된다. 놀라운 것은 이 비가 황금비 $1.618……$에 가까워진다는 사실이다.

전제 조건 한 쌍의 토끼는 생후 1개월 뒤 짝짓기를 하며 짝짓기 한 1개월 뒤에 다시 한 쌍의 토끼를 생산한다고 하자. 생산된 토끼가 죽지 않고 계속 산다면 1년 동안 토끼는 몇 쌍이 될까?

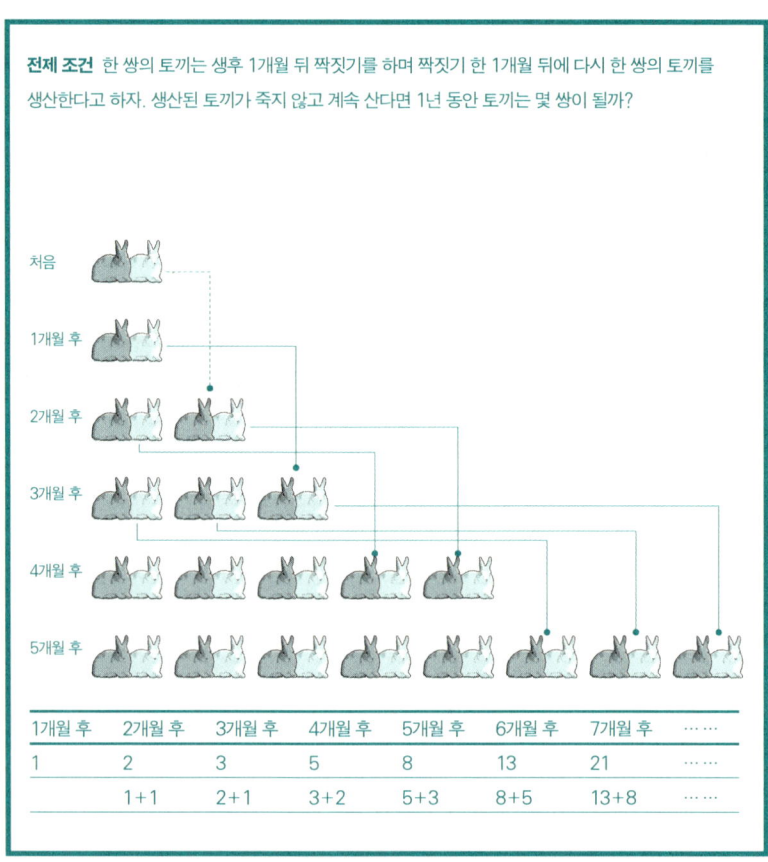

1개월 후	2개월 후	3개월 후	4개월 후	5개월 후	6개월 후	7개월 후	……
1	2	3	5	8	13	21	……
	1+1	2+1	3+2	5+3	8+5	13+8	……

피보나치가 1202년《산술(算術)의 서(書)》에서 처음으로 제기한 수열로, 제1항과 제2항을 1로 하고 제3항부터는 순차적으로 앞의 두 항을 취하는 수열, 예컨대 제3항은 제1항과 제2항의 합, 제4항은 제2항과 제3항의 합이 되는 것과 같이 인접한 두 수의 합이 그 다음 수가 되는 수열이다.

여성이 경제력 있는 배우자를 선호하는 이유

미국 뉴멕시코 대학의 심리학자인 갠지스테드와 생물학자인 손힐은 손과 발, 귀의 폭과 길이에 이르기까지 여러 가지 특징들을 측정해 각 사람의 전체적인 신체 대칭성 지수를 구했다. 그런 다음 피험자들에게 사진을 보여 주며 누구에게 더 매력을 느끼는지 평가하게 했다. 결과는 어땠을까. 많은 사람들이 대칭성이 높은 얼굴을 매력적인 얼굴로 꼽았다.

대칭성의 정도가 매력의 정도와 밀접한 관련이 있다는 사실에 주목한 학자는 덴마크의 앤더스 묄러다. 그는 암컷 제비가 짝짓기 상대를 고를 때, 꼬리의 크기와 모양을 선정 기준으로 삼는다는 사실을 밝혀 냈다. 암컷은 수컷의 꼬리가 길수록 꼬리가 좌우대칭일수록 더 좋아했다. 대칭적인 꼬리를 가진 수컷은 비대칭적인 꼬리를 가진 경쟁자들보다 신속하게 짝짓기를 하고 더 많은 새끼를 낳는 것으로 분석되었다.

텍사스 대학의 연구팀은 허리와 엉덩이 비율이 0.7인 여성이 남자에게 가장 인기 높다고 밝힌 바 있다. 대칭적인 얼굴과 이상적인 체형은 ▪테스토스테론과 ▪에스트로겐 등 성호르몬에 의해 좌우되는데, 만약 성호르몬이 적절하게 분비된다면 여성의 허리와 엉덩이 비율이 0.7이 된다는 것이다. 또 몸무게와 관계 없이 이상적인 허리와 엉덩이 비율을 가진 사람은 심장병이나 암, 당뇨병 등에 덜 걸리며 여

테스토스테론
소 · 말 · 돼지 등의 고환에서 추출되는 스테로이드계의 남성 호르몬.

에스트로겐
동물의 난소 안에 있는 여포와 황체에서 주로 분비되는 여성 호르몬.

성의 경우 임신에 어려움이 없는 것으로 분석되었다. 즉 매력은 건강과 임신 가능성의 정보를 담고 있기 때문에 선남선녀는 여기에 매료된다는 설명이다.

사람은 단순히 미학적인 이유에서가 아니라 대칭성이 개체의 생물학적 자질, 이를테면 우수한 유전자, 강력한 면역계, 좋은 영양 상태, 원기 왕성한 생식 능력을 갖고 있음을 알려 주는 단서이기 때문에 균형 잡힌 몸매와 얼굴을 좋아한다는 것이다.

여성이 경제력이 있는 배우자를 원하는 것을 생물학자들은 석기 시대부터 수천 세대에 걸쳐 계속된 오랜 적응의 결과로 설명한다. 생물학자들의 설명에 따르면 여성이 평생 동안 만들어 내는 난자의 숫자는 400개에 불과하다고 한다. 반면 남자는 한 시간에 1천 200만 개의 정자를 생산하고, 한 번에 3억 개의 정자를 내뿜는다. 난자와 정자가 결합해 수정난이 만들어지면 여성은 9달 동안 뱃속에서 아기를 키우고 출산 뒤 2년 동안은 젖을 주어야 한다. 여성은 임신부터 아이가 젖을 뗄 때까지 3년 동안 아이를 키우고 돌보는 일 외에는 거의 아무것도 할 수 없다. 그동안 여성은 남성의 협력이 절대적으로 필요하다. 남자가 아이와 자신을 위해서 의식주를 해결해 주어야 하는 상황에서 경제적 능력이 없는 남자를 만나거나 가정적이지 못한 남자를 만나는 것은 여성의 입장에서는 치명적이다. 바로 이런 치명적인 상황을 피하기 위해서 여성들은 경제력이 있는 남자를 선호한다는 것이 생물학자들의 설명이다.

진정한 아름다움이란

수학적 비례와 생물학적인 대칭만이 인간의 아름다움을 대표한다고 말할 수 있을까? 미인으로 손꼽히는 춘향이와 황진이는 허리와 엉덩이 비율이 꼭 0.7이었을까? 그들의 아름다움을 허리와 엉덩이, 부분과 부분의 비율로 말할 수는 없을 것이다. 아름다움이 황금비만으로 다 설명될 수 없다는 것이다.

비례란 부분과 부분과의 관계일 뿐이다. 세상에는 부분과 부분으로 나누어질 수 없는 것들이 허다하다. 신플라톤주의라 불리는 그리스의 철학자, 플로티노스는 햇빛, 황금의 빛깔 등은 부분과 부분으로 나뉠 수 없다고 생각하여 아름다움이란 부분과 부분의 수적인 관계가 아니라 질적인 관계라고 생각했다. 그는 이 질적인 관계를 정신적인 것이라고 말했다.

우리는 8등신의 미녀에게서도 아름다움을 느끼지만 고통을 두려워하지 않는 불굴의 정신을 가진 사람, 뛰어난 도덕성을 가진 사람들에게서도 역시 아름다움을 느낀다. 그러나 아무리 대상이 대칭성을 갖고, 고귀한 정신을 가졌다고 할지라도 그것을 볼 수 있는 '내' 안의 '눈'이 없으면 아름다움을 볼 수가 없다.

비대칭의 아름다움

이은상의 수필 〈한 눈 없는 어머니〉에서 글 속의 주인공인 작가에게 한 청년(김 군)이 방문한다. 청년은 작가에게 사진 한 장을 보여 준다. 사진 속에는 한 눈을 가진 청년의 어머니가 있다. 청년은 작가가 잘 아는 화가에게 생전의 어머니를 그려 달라고 하면서 두 눈이 멀쩡한 어머니로 그려 달라고 한다. 한 눈밖에 없는 어머니를 두 눈이 멀쩡한 어머니로 그려 달라니, 작가는 이 대목에서 이렇게 말한다.

"김 군, 한 눈을 상하신 까닭으로 평생을 학대 속에 사셨는지도 모를 그 어머니……. 애달프소. 한 눈 없이 그대를 낳고 기르고, 그대를 위하여 애태우시다 이제는 저 차가운 땅 속에 드셨거늘, 자식인 그대마저 어찌 차마 그대 어머니의 상하신 한 눈을 업신여겨 저버린단 말이오? 그대에게 한 눈 가지신 어머니는 계셨어도 두 눈 가지신 어머니는 없었소. 온 세상이 다 불구라 비웃는대도 그대에겐 그 분보다 더 고우신 분이 또 누구겠소? 한 눈이 아니라 두 눈이 다 없을지라도 내 어머닌 내 어머니요, 내가 다른 이의 아들이 될 수는 없는 법이오."

두 눈을 가진 어머니는 대칭성을 가진 어머니다. 그러나 현실의 어머니는 이렇게 한 눈의 어머니다. 외눈은 대칭과는 거리가 멀다. 그러나 바로 그 비대칭성이 우리의 현실이다. 노동으로 투박해진 아버지의 손도 대칭과는 멀고, 주름진 할머니의 얼굴도 대칭과는 멀지 모른다. 하지만 어버이의 투박한 손을 부끄럽지 않게 여기는 마음이 아름다움을 보는 성숙한 마음의 눈이 아닐까. 비록 한 눈밖에 없는 어머니이지만, 눈물로 살아오신 바로 그 모습이 나의 진정한 어머니의 모습이라고 생각하는 것이 자식의 도리가 아닐까. 없는 모습을 억지로 꾸미려 하기보다는 있는 그대로를 받아들이는 것이 보다 성숙한 마음이 아닐까. 잘생기든 못생기든 모두 사랑스러운 내 자식이라는 것이 어미의 마음이다. 부모가 우리를 그렇게 사랑하셨듯 우리 또한 부모를 그렇게 받아들여야 하지 않을까. 완벽한 대칭이란 현실에 존재하지 않는다. 완벽한 대칭은 관념 속에 존재할 뿐이다. 현실은 늘 불완전하나, 우리는 그 불완전 속에서 만나고 사랑하고 헤어진다. 기쁨과 슬픔을 느끼는 것도 그 현실 속에서다. 아름다움도 물론 그 불완전한 현실 속에 있다. 완벽한 대칭과 균형만으로 아름다움을 설명하기엔 역부족이다.

할미꽃에게는 할미꽃만의 아름다움이, 제비꽃에게는 제비꽃만의 아름다움이 있다. 그 아름다움은 그 어떤 수학적 공식이나 물리적 방정식으로 풀 수 없는 오묘함이다. 그 난해함이 혹시 아름다움의 본질은 아닐까.

22 | 복잡한 현실을 단순화시키는
과학의 이상화

현실은 매우 복잡한 변수를 가진다. 토네이도가 진행되고 있는 곳이 산림 지형일 수도 있고, 도심 지형일 수도 있고, 사막 지형일 수도 있으며 늪 지형일 수도 있다. 지형 이외에도 토네이도의 진행 방향에 영향을 끼치는 변수들은 얼마든지 있을 수 있다. 그러나 현실적으로 토네이도의 진행 방향 예측 시스템이 현실에 있는 모든 변수를 고려해서 만들어질 수는 없다.

자연의 변화를 예측하는 것은 가능한가?

500년 전만 하더라도 사람들은 언제 홍수가 올지, 언제 가뭄이 닥칠지 알 수가 없었다. 꼼짝없이 당하는 수밖에 다른 도리가 없었다. 그러나 인간이 누군가. 만물의 영장이 아니던가. 잠자코 있을 수만은 없었다. 적을 이기기 위해서는 적을 알아야 하는 법, 자연을 이기기 위해서는 자연을 알아야 했다.

고대인들도 자연을 이해하고자 했다. 그러나 그들의 자연에 대한 이해는 '천둥은 신의 노여움'이라는 식의 신화적인 세계관에 근거한 방식이었다. 고대인들은 가뭄이 들면 신에게 제사를 지내 신을 기쁘게 하면 신이 노여움을 풀고 비를 내려준다고 생각했다. 그러나 아무리 호화로운 제물로 신을 기쁘게 해 드려도 재앙은 피할 수 없었다. 그들은 회의하기 시작했다. 과학은 바로 자연을 움직이는 힘이 무엇인지, 그 움직임의 배후에는 어떤 원리가 있는지에 대한 의구심의 결과였다. 단순하게 말한다면 자연에 대한 앎의 체계가 곧 과학이라 할 수 있다. 과학자들은 자연의 위협으로부터 벗어나기 위해 폭풍우나 지진과 같은 자연적 재앙을 예측하기 위해 합리적인 사유를 통해 자연이 어떻게 변화하는지에 대한 예측 모델을 얻으려고 노력했다.

자연의 변화는 그 변수가 너무 많아서 정확하게 예측하는 것은 불가능하다. 영화 〈트위스터〉에서 주인공과 그 친구들은 토네이도 계측기인 도로시를 토네이도 안에 밀어 넣어 토네이도의 실체를 밝히려 한다. 그 내부의 풍속이나 기온 그리고 압력 등의 수치를 자료로 하여 토네이도의 형성과 실체를 밝혀 지금보다 훨씬 나은 예보 체계를 세워 인명을 구하려는 것이다.

수많은 변수들을 고려하지 않는 과학의 이상화

　얼마 전 신문 지상에는 생태계의 변화를 시뮬레이션 할 수 있는 컴퓨터 프로그램이 최초로 개발됐다는 기사가 났다. 이 시뮬레이션에 따르면 21세기 동안 미국 서부 지역은 겨울에는 지금보다 더 습해질 것이며 여름에는 더 더워질 것으로 나타났다. 특히 미국의 기후 생물학자인 넬슨 박사가 이끈 연구팀이 개발한 대기-식물-토양 시스템 모델을 이용하면 세계 어디에서나 식물 종류에 따른 시뮬레이션이 가능하며 이에 따른 지구 기후 변화에 의한 영향도 예측할 수 있다고 한다.

　영화 〈트위스터〉에 나오는 과학자는 거대한 돌개바람인 '토네이도' 안에 '도로시'라고 하는 센서를 투입하여 이 센서가 보내오는 전파 신호를 수신하고 분석하여 토네이도가 진행하는 방향을 예측한다. 그러나 이러한 분석 결과로 얻어진 토네이도의 예측 방향은 현실의 토네이도가 진행하는 방향과 100% 일치하지는 않는다.

현실은 매우 복잡한 변수를 가진다. 토네이도가 진행되고 있는 곳이 산림 지형일 수도 있고, 도심 지형일 수도 있고, 사막 지형일 수도 있으며 늪 지형일 수도 있다. 지형 이외에도 토네이도의 진행 방향에 영향을 끼치는 변수들은 얼마든지 있을 수 있다. 그러나 현실적으로 토네이도의 진행 방향 예측 시스템이 현실에 있는 모든 변수를 고려해서 만들어질 수는 없다.

우선 현실에 있는 모든 변수를 고려한다는 것 자체가 불가능한 일이다. 설령 그것이 가능한 일일지라도 현실의 모든 변수를 고려해서 예측 시스템을 만들기까지는 너무도 많은 시간과 노력이 투입되어야 한다. 문제는 바로 여기에 있다. 토네이도로 인한 피해자가 늘어나고 있는 상황에서 정확한 예측 시스템을 만든다며 한가하게 시간만 보낼 수는 없는 일이기 때문이다. 토네이도의 진행 방향에 영향을 주는 현실의 모든 변수를 고려하지 않더라도, 대충의 진행 방향이라도 알 수 있는 시스템을 구축하는 것이 급할 때, 선택되어지는 것이 이른바 '이상화(idealization)'의 방법이다.

화학에서 말하는 이상 기체(Ideal Gas)는 현실에 존재하는가? 그렇지 않다. 그것은 관념에 존재하는 기체다. 이상 기체가 되기 위해서는 다음과 같은 조건이 필요하다.

첫째, 분자들은 뉴턴의 제 2운동 법칙을 따른다. 둘째, 분자들은 같은 성질을 가지고 움직인다. 셋째, 분자들 사이에는 어떠한 상호 작용도 없다. 즉 어떠한 충돌도 없다. 넷째, 분자들은 벽에 대해서 완전 탄성 충돌을 한다.

그러나 현실에는 이런 기체는 존재하지 않는다. 그야말로 머리 속에만 존재하는 것이 이상 기체다. 일반적으로, 분자 간의 잡아당기는 힘, 즉 인력은 분자 반지름의 약 열 배 되는 거리부터 그 거리가 감소함에 따라 빠르게 증가한다. 따라서 300*(atm)의 압력에서 실제 기체의 부피는 이상 기체 법칙에 의해서 입증된 것보다 더 작아진다.

현실에는 기체의 운동에 영향을 끼치는 무수한 변수가 존재한다. 그러나 그런 변수들을 빠짐없이 고려해서는 기체들의 운동을 예측하는 방정식을 만들어 낼 수가 없다. 이때 현실에 존재하는 무수한 변수를 없는 것으로 가정하여 만든 것이 이른바 '이상 기체 상태 방정식'이다. 이 방정식은 영화 〈트위스터〉에서의 토네이도 '예측 방향 시스템'과 같은 방식으로 만들어졌다고 할 수 있다. 곧 현실에 실제로 존재하는 무수한 변수들을 제거해서 만들어졌다.

실제로 존재하는 변수들을 제거해서 만들어진 토네이도 예측 방향 시스템이 현실의 토네이도의 진행 방향을 정확하게 가르쳐 주지는 않는다. 또한 이상 기체 상태 방정식도 현실에서의 기체의 운동과 정확하게 일치하지 않는다. 다만 이상 기체 상태 방정식은 기체들의 운동을 확률적으로 설명해 줄 뿐이다. 기체들의 운동을 확률적으로

기압(氣壓)
대기의 무게로 말미암아 지구의 거죽에 생기는 압력 1,013 mb(밀리바)를 1기압으로 하며, 기호는 atm을 쓴다. 최근에는 기압의 단위로 mb 대신 헥토파스칼을 쓴다.

밖에는 설명할 수 없다는 것은 기체의 운동에 관한 이론적인 설명에 오차가 존재할 수 있음을 뜻한다.

이상화 작업의 한계와 효용

세계는 고정되어 있지 않다. 세계는 끊임없이 움직이고 변화한다. 그런데 과학적 연구가 지닌 특징은 움직이고 변화하는 세계를 고정시켜 움직이거나 변화하지 않는, 죽어 있는 세계로 환원시켜야만 설명이 가능하다. 변화하는 세계를 고정시키는 작업이 바로 고립화 작업, 이상화(idealization) 작업이다. 철학에서는 이를 추상화 작업이라고 말하는데, 과학의 자연 관찰은 결국 이렇게 추상화의 과정을 통해서 이루어질 수밖에 없다.

고립화 작업, 이상화 작업을 거쳐야만 신제품 예측 수요에 대한 모델을 만들 수도 있고, 앞으로 주가가 어떻게 변할지에 대한 주가 변동 예측 모델도 만들어 볼 수 있다. 그러나 이런 모델들은 언제 어떤 변수가 생성될지 모른다는 점에서 완벽하게 현실을 설명해 줄 수 없다. 예를 들어 주가 변동에 있어서도 정확한 예측 모델을 만들기가 쉽지 않다. 주식 전문가들은 과거의 자료를 바탕으로 주가 변동 예측 모델을 만들겠지만, 누구도 어떤 일이 미래에 일어날지 장담할 수 없다. 전쟁이 일어날지도 모르고, 천재지변이 일어날지도 모른다. 더구나 현대 세계에 있어서 한 국가의 경제는 독립적으로 진단할 수 있는 것이 아니어서 다른 나라의 정치적 상황이 한 국가에 끼치는 경제적 영향도 무시할 수 없다. 무슨 수로 다른 나라의 정치적 상황을 정확히 예측할 수 있다는 말인가. 결국 인간이 만들어 내는 예측 모델이란 확률적으로 '한 번 믿어 볼 수 있는 것'이지, 결코 '절대적으로 신뢰할 수 있는 것'은 아니다.

그렇다고 해서 무조건 과학을 무시할 수만도 없다. 100% 정확한 예측력을 가지지 못한다 하더라도 과학은 미래가 어떠하리라는 대강의 밑그림을 그려 주기 때문이다. 이렇게 미래를 예측하는 과학 덕분에 우리는 기상 예보를 듣고 외출 시에 우산을 준비하기도 하고, 별똥이 소나기처럼 내리는 '별똥쇼'를 보기 위해 천문대로 갈 수 있는 것 아닌가. 과학의 발전은 미래에 대한 예측의 신뢰도를 높여 가는 일에 다름 아니다.

차이와 특성을 무시하는 추상화의 문제점

국화꽃과 제비꽃은 생김새가 제각각이다. 맨드라미꽃과 진달래 꽃 역시 그 생김이 판이하다. 쇠별꽃은 새끼손가락의 십분의 일도 채 안 되지만 호박꽃은 작은 쟁반 만하다. 제비꽃은 붉고 사과 꽃은 희다. 같은 장미만 해도 어떤 장미는 희고 어떤 장미는 붉다. 이렇 게 모든 꽃은 생김새가 다르다. 향기도 다르고 느낌도 다르다. 피는 시기도 다르고 지는 시기도 다르다. 그럼에도 불구하고 사람들은 그 모든 것을 '꽃'이라고 뭉뚱그려 부른다.

'꽃의 일부가 성장·발달하여 변화한 것으로 나무나 풀의 열매 로 식용되는 것'을 두루 일러 일반적으로 과일이라 정의하는 것을 보면 '꽃'이란 단어 또한 구체적이고 개별적인 꽃 하나하나를 지칭 하는 말이 아닐 것이다. 세상에는 수많은 꽃이 존재하지만 생김새 와 향기는 제각기 다르다. 그러나 그 다름과 차이에도 불구하고 꽃 들 간에는 다른 종들과 공유하는 공통적인 속성이 있을 수 있다. 차 이를 제거하고 그 공통적인 속성을 뽑아 내 우리는 '꽃'이라 부르는 것이다.

과일도 마찬가지다. 사과는 귤과 다르고 배와도 다르다. 그런데 도 우리는 그것들을 모두 과일이라고 부른다. 사과도 어떤 사과는

여기서 차이를 제거하는 것을 철학 용어로 사상(捨象)이라고 하고, 공통적인 속성을 뽑아 내는 것을 추상(抽象)이라고 한다. 국화꽃, 제비꽃, 맨드라미꽃 진달래꽃의 차이점을 사상하고 공통점을 추상하여 우리는 '꽃'이라 부른다.

붉고, 어떤 사과는 노랗고, 또 어떤 사과는 파랗다. 그럼에도 우리는 그 차이에 아랑곳없이 그 모두를 '사과'라고 부른다.

'사람'이란 단어도 마찬가지다. 인간은 저마다 생김새가 다르고, 성격도 다르다. 출신지도 다르고 혈액형도 다르다. DNA 구조는 천차만별이다. 그럼에도 인간은 언어를 사용하고, 생각을 하고, 도구를 사용하고, 두 발로 걷는 특징을 공유한다. 인간이라 부를 때 고려 대상이 되는 것은 모든 인간들이 공유하고 있는 특징이지 개별적 인간이 지니는 차이점이나 개성이 아니다.

'내'가 '인간'이라는 단어로 불릴 때 '나'만의 용모, 내가 좋아하는 음악과 음식, 나만의 독특한 상상력 같은 것은 무시된다. 마치 세상의 모든 장미를 '장미'라고 부를 때, 노란 장미와 붉은 장미의 개성이 무시되는 것과 같은 이치다.

푸들과 진돗개와 시베리안 허스키라는 각각의 동물들이 '개'라는 이름으로 추상화될 때, 푸들만이 가지는 특수성은 고려되지 않는다. 고려되는 것은 종과 종 사이의 유사성뿐이다. 종과 종, 대상과 대상 사이의 유사성을 종합하고 추상화하여 만들어지는 것이 하나의 개념이다.

이 세상에 존재하는 '나'는 아주 특수한 존재다. 타인과 공유할 수 없는 나만의 특수성, 바로 그것이 나의 성격을 형성하고 나만의 개성과 향기를 만들어 낸다. 그러나 '내'가 '인간'으로 추상화될 때, 나만의 특수성은 사라진다. 고려되는 것은 '인간'이라는 유적(類的) 존재로서 갖는 유사성과 공통점이다. 생각한다, 두 발로 걷는다, 도구를 사용한다 등이 유적 존재로서의 인간의 특징이다.

각각의 대상들로부터 공통점과 유사성을 뽑아 내는 과정이 이른바 '추상화'의 과정이다. 추상화의 과정에서 고려되는 것은 한 대상의 특수한 성질이 아니라 그 대상이 다른 대상들과 공유하는 공통적 특질이다. 그러나 이 세상 그 무엇으로도 환원될 수 없고, 이 세상 그 무엇으로도 대체할 수 없는 '나'를, 두발로 걷는다, 도구를 사용한다 등과 같은 개념으로 설명한다는 것은 어찌 보면 어불성설(語不成說)이다. 이런 점에서 일찍이 독일의 철학자 니체는 '모든 추상은 구체에 대한 폭력'이라는 말로 추상화의 폐해를 지적한 바 있다.

모든 개념은 추상화의 결과다. 세상에는 무수한 책상이 있다. 각기 디자인도 다르고, 주인도 다르고, 재질도 다를 수 있다. 그 책상에 얽혀 있는 역사도 제각각 다를 것이다. 그러나 논리학자는 각각의 책상이 갖는 특수한 성질 따위를 고려하지 않는다. 그의 고려 대상은 세상에 존재하는 수많은 책상들의 공통적 속성을 뽑아 내어 만든 책상의 개념일 뿐이다.

그러므로 추상화의 결과로서 만들어진 개념은 각각의 대상이 가지고 있는 사물의 특수성을 박탈하고 제거시켜 만들어진 것이라는 점에서 '추상은 구체에 대한 폭력'이라는 니체의 말은 타당하다고 할 수 있다. 한 마디로 개념은 하나의 대상이 다른 대상에 대하여 가지는 '차이'와 '특성'을 무시하고 배제한 결과에 불과하다.

23 불완전한 기억은 창조의 샘

모든 것을 완벽하게 기억하는 사람이 있다고 하자. 몇 해 전의 일도 방금 전의 일처럼 완벽하게 기억해 내는 그에게 허구란 있을 수 없다. 또 누군가와 대화하면서도 머릿속으로는 수십 년 전의 일을 회상하는 것이 너무 괴로울 수도 있다. 지워지지 않는 나쁜 기억이 그를 끊임없이 괴롭힐 수도 있다. 모든 사람들이 그와 같은 비상한 기억력의 소유자라면 어떨까?

구전 문학의 전승 비결

옛날 이야기를 기억해 보자. 우리는 대체로 세세한 부분은 잘 잊어버리지만, 이야기의 구조는 잘 잊어버리지 않는다. '흥부전'을 예로 든다면, 흥부가 몇 명의 아들을 두었고, 박에서 나온 돈이 몇 냥인지 등등 그 세부적인 요소는 기억하지 못하지만 흥부가 착한 일을 하여 복을 받았고 놀부가 악한 행동을 해서 벌을 받았다는 이야기의 기본적인 틀은 기억하고 있다. 우리가 옛날 이야기를 전할 때 잘 잊어버리지 않는 '이야기의 틀'이 바로 이야기의 구조이다. 옛날 이야기 속에 공통적으로 드러나는 구조는 대개 비슷하다. '혹 떼러 갔다 다시 혹을 붙이고 온 이야기'나 '금도끼 은도끼 이야기'는 내용이 판이한 것 같지만 대체로 다 공통적인 이야기의 구조가 있다.

이야기의 세부 사항을 잘 기억하지 못해도 우리는 얼마든지 옛날 이야기를 남들에게 전할 수 있다. 우리에게는 이야기의 빈 구멍을 메울 수 있는 상상력이 있기 때문이다. 이야기 속의 주인공이 어떤 복장을 했는지 기억이 안 난다면 상상력으로 주인공에게 새 옷을 입히면 되고, 흥부의 아들이 몇이었는지 기억이 안 난다면 대충 열둘이라고 둘러말하면 그만이고, 박 속에서 나온 돈의 액수가 기억이 안 난다면 대충 일억 냥이라고 과장을 보태도 그만이다. 굳이 전해 들은 대로 이야기를 전해야 할 필요는 없기 때문이다. 기억이 안 나면 안 나는 대로 우리의 상상력을 동원해 이야기를 하다 보면 전해 들은 이야기보다 훨씬 재미있는 이야기가 되기도 한다. 수많은 사람들의 상상력에 도움을 받아 구비문학은 수많은 '버전'들이 생겨나게 되는 것이다. 만약에 사람들의 기억력이 컴퓨터처럼 정확했다면 어떠했을까? 세상에 과연 지금처럼 풍부한 구전 문학이 존재할 수 있었을까?

완벽한 기억은 오히려 고통이다

미국 캘리포니아의 한 여성은 모든 것을 기억해 낸다. AJ로 알려진 이 40세의 여성은 수십 년 전이라도 날짜만 대면 그날 어떤 유명인이 사망했는지, TV 드라마의 내용이 무엇이었는지, 국제 분쟁이 어떻게 진행되었는지, 어떤 비행기 추락 사고가 있었는지 정확히 말할 수 있고, 그 시각 자신이 했던 일과 그날의 날씨까지 기억해 낼 수 있다.

UPI 통신사와 캐나다의 '토론토 스타'의 2006년 3월 14일자 보도에 따르면, 캘리포니아 어바인 대학의 제임스 맥고우 등은 5년간의 연구 끝에 이 여성의 증상에 '초기억 신드롬(hyperthymestic syndrome)'이라는 이름을 붙였다고 한다. 연구진은 이 여성에게 5년 간 면담이 있었던 날짜를 열거하라고 했더니 이 여성은 그 날짜를 정확히 열거했으며, 그날의 날씨까지 완벽하게 기억해 냈다고 한다.

'인간 달력'으로 불리기도 하는 이 여성의 학교 성적은 C 학점으로 그다지 우수한 편이 아니었고, 또한 자신이 갖고 있는 다섯 개의 열쇠가 어느 문에 맞는지 알지 못하고 사람 얼굴을 기억하지 못하는 등 평범한 기억에는 어려움을 겪는다고 연구진은 설명했다.

그렇다면 완벽한 기억력은 그녀에게 좋은 일만 가져다 주었을까? 천만의 말씀이다. 그녀에게는 완벽한 기억력이 오히려 재앙이었다고 한다. 과거의 일들이 끊임없이 떠올랐기 때문이다. 그녀는 자신의 머릿속은 흡사 '끝나지 않는 영화' 같다고 했다. 그녀는 누군가와 대화하면서도 머릿속으로는 수십 년 전의 일을 회상하는 것이 너무 괴롭다고 하소연했다.

불완전한 기억은 오히려 축복

양심이 있기 때문에 우리는 우리의 과오를 기억하고 그것을 수치스럽게 생각한다. 그러므로 수치스러운 일, 자신이 잘못한 일을 금방 잊어버리는 것은 파렴치한 행위다. 그러나 수치스러운 일에 지나치게 얽매어 있는 것도 그다지 좋은 일만은 아니다. 과거에 집착하여 더 이상 앞으로 나가지 못한다면 우리는 과거의 노예가 되고 말기 때문이다.

기억은 과거에 고착되게 하는 힘이다. 바로 그 힘이 있기 때문에 약속은 의미를 가질 수 있다. 기억이 없다면 약속은 성립될 수 없다. 약속한 내용을 까마득하게 잊어버리는 사람과의 약속은 아무 의미도 없기 때문이다. 약속한 것을 기억하고 그 내용을 충실히 이행하려고 하는 데서 신뢰는 싹튼다. 한 사람의 정체성은 그가 약속을 지켜낼 것이라는 신뢰에서 온다. 하루에도 수십 번씩 약속을 어기는 사람을 신뢰할 수는 없지 않은가.

기억은 또한 존재의 뿌리다. 기억이 있기 때문에 우리는 내가 누구인지를 안다. 만약 우리가 기억을 잃는다면 나는 내 존재의 근거를 잃어버리게 된다.

한 민족의 정체성도 공통의 기억을 소유하고 있다는 집단의 믿음에서 온다. '단군 신화'나 '주몽 신화'처럼 집단이 공유하고 있는 공통의 기억이 곧 문화다. 이 공통의 기억이 우리는 하나의 민족이라는 정체성을 형성시켜 주는 것이다.

기억은 이렇게 양심과 정체성의 토대가 되어 주지만 AJ, 그녀처럼 완벽한 기억은 재앙일 수 있다. 누군가와 대화하면서도 머릿속으로는 수십 년 전의 일을 회상하는 것이 너무 괴롭다고 하는 그녀의 하소연을 들어 보라. 모든 사람들이 그녀와 같은 비상한 기억력의 소유자라면 옛날 이야기도 오직 하나의 버전밖에 없었을 것이다. 인간이 상처를 딛고 일어설 수도 있고, 상상력으로 풍부한 이야기들을 만들 수 있는 것은 인간이 불완전한 기억력의 소유자이기 때문인지 모른다. 너무 완벽한 것에는 창조가 깃들 여지가 없다.

24 고통은 피해야만 하는가?

극심한 우울을 약으로 달래는 것까지 나무랄 수는 없다. 그러나 불은 쇠를 시험하고, 고통은 인간을 시험한다고 했다. 고통을 무조건 거부할 것만은 아니다. 오히려 고통에 맞서 그것을 초월하면서 인간이라는 나무는 더 크고 우람한 나무가 된다. 인간적 진실은 고통을 피하는 것이 아니라 고통에 맞서는 데 있다.

왜 안락을 거부하는가?

헉슬리의 소설《멋진 신세계》의 무대는 2540년이다. 과학 문명이 인간에게 그야말로 '멋진 세계'를 선사한 것이다. 이곳에서는 질병도 없고 굶주림도 없다. 뿐만 아니다. 고독이나 불안, 절망 같은 정신적 고통까지 존재하지 않는다. 이 멋진 신세계에서 사람들은 우울과 불안을 '소마'라는 약의 도움을 빌어 가볍게 해결하기 때문이다.

2000년대의 지구상에는 이 소마에 비견되는 약이 있다. 바로 우울증 치료제 '프로작'이다. 프로작은 1988년 개발된 후 지금까지 5,000여만 명에게 처방되면서 엄청난 수익을 올리고 있다. 과학자들은 인간이 우울증에 빠지면 뇌 속에서 '세로토닌', '노르에피네프린' 등 신경 전달 물질이 제대로 작용하지 못한다는 점에 착안해 프로작을 개발했다. 이 같은 신경 전달 물질의 대사를 원활하게 해 주는 것으로 '먹기만 하면 행복해지는 약'을 만들어 낸 것이다.

소설의 마지막 부분에서, 존은 신세계의 지도자인 총통에게 "나는 안락을 원하지 않습니다. 나는 신을 원하고 문학도 원해요. 진정한 위험과 자유와 선을 원합니다."라고 외친다. 그러자 총통은 "그러니까 자네는 불행해질 권리를 요구하는군 그래."라고 말한다. 이에 존은 "그렇게 말씀하셔도 좋습니다. 불행해질 권리를 요구합니다."라고 답한다.

이 대목은 영화 〈바이센테니얼맨〉의 한 대목을 연상시킨다. 이 영화에서 로봇인 주인공 앤드류는 인간이 되기 위해 법정 투쟁을

가까운 미래 미국의 한 도시를 배경으로 한 영화, 〈바이센테니얼맨〉은 '앤드류(NDR-114)'라는 가정용 로봇이 인간이 되기 위한 과정을 그린 영화이다.

하게 되지만, 첫 판결에서 법원은 그를 인간으로 받아들이지 않는다. 판결의 요지는 그가 인간과 달리 영원히 살기 때문이라는 것이다. 이에 앤드류는 "영원히 기계로서 살기보다는 인간으로서 죽고 싶습니다."라며 영원한 삶을 포기하고 대부분의 장기를 인간과 같이 사용 기한이 정해져 있는 것으로 교체한다.

　존이 안락을 거부하고 신과 문학을 원했듯이 앤드류는 영원한 삶을 거부하고 죽음을 기꺼이 받아들였다. 왜 존은 안락을 거부했고, 앤드류는 죽음을 받아들였을까? 안락을 거부하고 죽음을 받아들이는 길이 바로 인간의 길이었기 때문이다.

인간의 크기와 고통의 크기는 비례한다

한 사람의 인간적 크기는 그가 감당했던 고통의 크기에 비례한다는 말의 진실함을 잘 보여 주는 화가가 있다. 바로 멕시코의 여류화가 프리다 칼로다.

1925년 9월 17일 오후. 작은 체구에 짙은 눈썹을 지닌 한 소녀가 타고 가던 버스가 전차와 부딪히는 충돌 사고가 있었다. 버스가 전차와 부딪히는 사고였다. 이미 5살 때 소아마비를 앓아 절름거렸던 소녀의 몸이 사고로 다시 한 번 만신창이가 된다. 승객용 손잡이들이 달려 있던 쇠파이프가 소녀의 몸 한복판을 관통한 것이다. 파이프는 옆가슴을 뚫고 들어와 골반을 통해 이어진 질을 뚫고 허벅지로 나왔다. 세 군데의 요추 골절과 쇄골 골절, 제3, 제4 늑골 골절, 세 군데의 골반 골절, 어깨뼈의 탈구 그리고 오른쪽 다리의 열두 군데 골절……, 상상하기 끔찍한 참사였다. 한 달 동안 그녀는 석고틀 속에 꼼짝없이 갇혀 지내야 했고, 퇴원 뒤에도 학교에 간다는 것은 생각할 수 없었다. 그녀는 이 교통사고 이후로 서른다섯 차례의 수술을 받았다.

그녀가 그림을 그리기 시작한 것은 교통사고가 난 이후부터였다. 침대에 누워 두 팔만을 간신히 움직일 수밖에 없는 고통 속에서 깁스를 캔버스 삼아 불굴의 투혼으로 그녀는 자신의 자화상을 그리기 시작했다. "나는 병이 난 것이 아니라 부서졌다. 그러나 그림을 그리는 동안만은 행복했다."라고 프리다는 과거를 회상했다. 그녀에게서 그림을 그리는 작업은 고통을 초월하는 작업이었다.

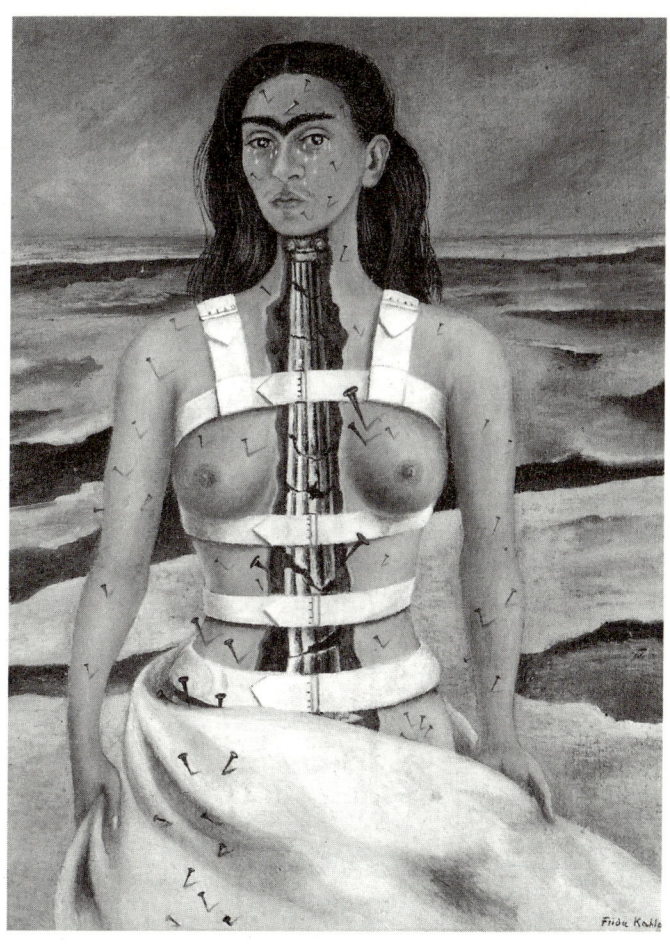

프리다 칼로는 교통사고로 인한 고통과 삶에 대한 강렬한 의지를 작품으로 승화시켰다. 주요 작품으로는 〈나의 탄생〉, 〈다친 사슴〉 등이 있다. 1984년 그녀의 작품은 멕시코의 국보가 되었다. 그림은 프라다 칼로의 〈부서진 기둥(The Broken Column)〉.

교통사고의 후유증으로 프리다는 아기를 가질 수 없었다. 한 마디로 그녀는 '불모의 육체'가 된 것이다. 그러나 아이를 가질 수 없는 육체의 불모성은 역설적으로 더욱 풍성한 예술을 낳는 토양이 될 수 있었다. 그녀는 누구보다도 열정적으로 자신의 예술에 매달렸다. 병든 육체는 그런 그녀의 열정에 어떠한 장애도 되지 못했다.

〈부서진 기둥(The Broken Column)〉이란 작품을 보자. 고통이 그녀의 육체를 얼마나 처참하게 짓이겨 놓고 있는지를 이 작품은 적나라하게 보여 준다. 그림의 배경을 보라. 풀 한 포기 없는 불모의 사막이다. 이 그림은 자신의 몸이 생명을 잉태할 수 없는 사막이 되었음을 말해 주는 프리다의 고통스런 자기 고백이다.

견딜 수 없는 고통이 프리다를 찾아왔지만 어떤 고통도 프리다를 주저앉히지는 못했다. 그녀는 고통을 주시했고, 고통을 그려 냈다. 그녀의 그림은 고통을 빠져 나가기 위한 그녀의 안간힘이었다. 아프면 아프다고 비명을 지르는 것이 보통 사람들이 고통을 대하는 방식이다. 그녀 또한 극심한 아픔에 비명을 질렀다. 그러나 프리다는 단순히 소리를 지르는 데서 그치지 않았다. 남들과는 '색다른 방식'으로 비명을 질러댄 것이다. 고통을 이기는 색다른 방식, 그것이 곧 그녀의 예술이었다.

고통에 맞서라

모든 사람들은 본능적으로 고통을 피한다. 프리다 칼로 또한 예외는 아니었다. 그러나 프리다 칼로가 보통 사람과 다른 점이 있었다면 고통을 예술적 창조의 원동력으로 삼았다는 점이다. 그녀는 고통에 질감을 부여했고, 색채를 부여했다. 보이지 않는 고통을 끊임없이 시각적 형상으로 구현해 냈다.

극심한 우울을 약으로 달래는 것까지 나무랄 수는 없다. 그러나 불은 쇠를 시험하고 고통은 인간을 시험한다고 했다. 고통은 무조건 거부할 것만은 아니다. 오히려 고통에 맞서 그것을 초월하면서 인간이라는 나무는 더 크고 우람한 나무가 된다. 인간적 진실은 고통을 피하는 것이 아니라 고통에 맞서는 데 있다. 《멋진 신세계》에서의 존이 안락함을 거부한 이유도, 〈바이센테니얼맨〉에서의 앤드류가 죽음을 선택한 이유도 바로 거기에 있을 것이다.

한 인간의 크기는 그가 겪어 냈던
고통의 크기다

　단종의 숙부인 수양대군은 계유정난(癸酉靖難)을 통하여 권력을 독차지한 끝에 1455년에 단종을 몰아내고 왕위를 찬탈한다. 이에 성삼문, 박팽년 ,하위지, 이개, 유응부, 유성원 등은 동조자를 규합하여 단종을 다시 왕위에 앉힐 것을 결의하고 그 기회를 살핀다. 그러나 그들의 계획은 발각되고 만다. 이들의 계획이 일단 좌절되자 같은 동지이며 집현전 출신인 김질 등은 뒷일이 두려워 세조에게 단종 복위 음모의 전모를 밀고하고, 세조는 연루자를 모두 잡아들여 스스로 이들을 문초하기 시작한다.

　성삼문은 시뻘겋게 달군 쇠로 다리를 꿰고 팔을 잘라 내는 잔학한 고문에도 굴하지 않고 세조를 '전하'라 하지 않고 '나리'라 불러 왕으로 대하지 않았다. 야사(野史)는 이때 성삼문이 수양 대군에게 "나리, 꼬챙이가 식었소이다."라고 말했다고 전한다. 대단한 용기와 배짱이 없으면 불가능한 이야기다.

　빅토르 프랑클의 《삶의 의미를 찾아서》는 나치 수용소에서 겪어야 했던 한 인간의 고통의 기록이다. 그는 그의 아내와 자녀, 그리고 부모까지 나치의 손에 비참하게 학살당하는 고통을 겪는다. 나치는 그에게 온갖 수모를 가한다. 그는 그때 크게 깨달은 것이 있었다. "비록 너희들이 내 아내와 자녀들과 내 옷과 자유를 빼앗아 갈지라도 그 누구도 나로부터 빼앗아갈 수 없는 것이 하나 있으니, 그것은 내게 닥쳐오는 고난에 대해 어떻게 대응할 것인가에 대한 나의 선택의 자유인 것이다." 바로 이 위대한 깨달음으로 그는 죽음을 이겨 냈다.

성삼문은 죽음과도 같은 고통의 순간에 의연함을 선택했다. 그에게는 빅토르 프랑클이 말하는 '선택의 자유'가 있었기 때문이다. 사자가 아무리 용감하다 할지라도 사자에게는 고통과 맞서는 의연함을 선택할 자유가 없다. 인간을 인간답게 만들어 주는 것은 고통을 대하는 바로 그 자세에 있다. 동물로 만족할 것인가, 인간으로 거듭날 것인가는 고통을 대하는 나의 선택에 달려 있다.

인간에 대한 통합적 이해를
가능하게 하는 과학책

불치하문(不恥下問), 아랫사람에게 묻는 것을 부끄럽게 여기지 말라는 뜻이다. 모르면 누구에게든지 묻는 게 상책. 과학책도 마찬가지다. 어떤 과학책이 좋은가 궁금하다면 일단 질문부터 던져야 한다. 학교 선생님에게도 좋고 선배에게도 좋다. 그러나 시원한 답을 구할 수 없다면 검색 엔진의 지식 사이트에서 자문을 구할 수도 있다. 요즘은 헌신적인 답을 해 주는 친절한 네티즌들이 많다. 그러나 스스로 좋은 과학책을 찾겠다면 방법이 없는 것도 아니다. 일단 인터넷 서점에 접속해서 '추천도서'를 클릭해 보라. 미디어 추천도서, 편집자 추천도서, 문화관광부 추천도서, 간행물윤리위원회 청소년권장도서·이달의 읽을 만한 책, 서울시교육청 추천도서, 출판인회의 추천도서, 아침독서운동본부 추천도서, 책따세 추천도서 등, 여러 공공기관과 사설기관에서 발표하는 좋은 책들을 만날 수 있다. 또 일간지들은 도서 섹션을 마련하여 일주일 단위로 신간 위주의 좋은 책을 소개하고 있으니 마음만 먹으면 얼마든지 책에 대한 정보를 얻을 수 있다.

좋은 과학책에만 주목하고 싶다면 학계와 출판계, 교육계, 과학 의료계 인사를 중심으로 1999년 5월에 출범한 이래 지금까지 한 번도 거르지 않고 월례 독서모임을 꾸려 가고 있는 과학독서 아카데미 사이트(www. sciencebook. or.kr)를 기웃거려 보는 것도 좋다. 매년 열리는 전국 청소년 과학기술도서 독후감 대회에서 추천하는 책 목록을 눈여겨보는 것도 좋다. 1999년부터 과학기술부와 한국과학문화재단이 인증하는 우수과학 도서 목록 역시 주목할 만하다. 땀 흘린 만큼 얻기 마련, 열심히 돌아다니면 그 만큼 소중한 정보를 하나라도 더 얻을 수 있다.

학생들로부터 과학에 흥미를 느끼기 위해서 어떤 과학책부터 읽어야 하느냐는 질문을 받을 때는 시원스런 답을 해 주기가 곤란하다. 사람마다 지적 수준이 다르고, 취향도 다르기 때문이다. 이럴 때 무난하게 추천할 수 있는 책이 생태학자 최재천의 저서들이다. 그의 책은 쉽고도 재밌다. 자칫 딱딱해지기 쉬운 이론을 그만큼 풀어쓰기도 쉽지 않다. 과학의 문제를 사회의 문제와 연결시키는 문제의식 또한 만만치가 않아, 그의 책을 통해 우리는 과학적 교양도 얻고 덤으로 사회적 문제의식까지 얻을 수 있다. 일거양득인 셈이다.

최재천과 영문학자 도정일과의 대담으로 꾸며진 《대담》이란 책은 많은 문제의식을 함축하고 있는 기념비적 저서이지만 자연 과학에 대한 기초 지식과 인문학적 소양이 부족하면 읽어 내기가 쉽지 않다. 그 책을 읽기 전에 《생명이 있는 것은 다 아름답다》,《인간과 동물》,《개미 제국의 발견》,《열대 예찬》,《알이 닭을 낳는다》 등의 최재천의 저서들을 미리 읽어 보는 것이 좋다. '서당개 삼 년이면 풍월을 읊는다.'는 속담은 과학책 읽기에도 그대로 적용된다. 최재천의 책들은 체계 없이 재미로만 읽더라도 책읽기를 게을리 하지 않으면 절로 과학을 보는 눈이 밝아진다. 그의 책은 생물학과 생태학에 관련한 최신의 이론을 소개하고 있으면서도 전문 서적처럼 난해하지 않다. 다양한 소재와 주제가 망라되어 있다. 특히 《여성 시대에는 남자도 화장을 한다》라는 책은 호주제의 문제점과 같은 사회적 이슈들에 대해 자연 과학적 사례들로부터 해결의 실마리를 마련한다는 점에서 매우 흥미롭고도 이채롭다.

최재천의 저서들을 읽다 보면 '이기적 유전자 이론', '사회 생물학', '다윈의학'과 같은 주제들과 자주 접하게 된다. 과학책 읽기가 한때의 흥미로 그치느냐, 지속적인 관심의 되느냐는 대개 이때 결정된다. 과학에 대한 이해를 심화시키기 위해 리처드 도킨스의 《이기적 유전자》와 에드워드 윌슨의 《통섭》을 읽는다면 당신은 틀림없이 과학의 매니아로 성장할 가능성이 크다. 그런데 이 책들은 만만히 볼 수 없다. 오랫동안 과학책을 읽어온 사람들도 쉽게 읽을 수 있는 책이 아니다. 그러나 어쨌든 어려운 가운데서도 재미를 느끼는 독자라면 매트 리들리의 《이타적 유전자》, 리처드 르원틴의 《삼중나선》과 《DNA 독트린》과 같은 책에도 흥미를 느낄 수 있을 것이고,

그런 책의 독서와 함께 자연과학의 세계에 점점 빠져드는 자신을 발견할 수 있을 것이다. 바로 그런 때일수록 부지런히 검색엔진을 이용하여 관련 사이트에 접근해서, 관련 글들을 읽어 보고, 인터넷 서점에 있는 네티즌들의 서평이나 신문의 서평을 읽어 보면서 남들은 이 책을 어떻게 읽었는가를 확인해 보는 것도 좋은 일이다.

혹시 검색 엔진을 통해 제레드 다이아몬드라는 학자와 만났다면 이미 생태학의 깊숙한 영역으로 진입한 것이나 다름없다. 생태학자 최재천은 가장 존경하는 학자로 제레드 다이아몬드를 꼽은 바 있다. 캘리포니아 주립대학(UCLA) 의과대학에서 생리학 교수로 재직 중인 그는 《총 · 균 · 쇠》, 《제3의 침팬지》, 《섹스의 진화》, 《문명의 붕괴》 등의 저자로 국내에도 널리 알려져 있다. 그는 인류학, 역사학, 언어학, 생물학 등에서 해박한 지식을 가지고 있는 학자다. 그의 책을 읽는다는 것은 인문학과 자연 과학을 넘나드는 그의 방대한 정신 세계를 들여다보는 일이기도 하다. 특히 《문명의 붕괴》는 '과거의 위대한 문명 사회가 붕괴해서 몰락한 이유가 무엇이고, 우리는 그들의 운명에서 무엇을 배울 것인가?' 라는 문제를 다룬다. 책을 읽는 내내 역사와 인류학과 생물학과 지리학적 지식을 두루 섭렵하는 지적 모험을 감행할 수 있다. 그러나 이런 책을 읽어 내기가 쉽지 않다면 《이스터 섬의 수수께끼》라는 책을 통해서 문명의 붕괴 과정을 추리해 보는 것도 재미있다. 이외에도 인터넷 검색 엔진을 이용하면 이스터 섬의 붕괴 과정을 다루고 있는 여러 책들과 만날 수 있다.

과학문화연구소 소장을 역임한 이인식의 저서들도 대중적인 호흡으로 씌어진 좋은 책들이다. 과학 잡지에 칼럼 형식으로 연재한 글을 모아서 엮은 《과학이 세계관을 바꾼다》, 《제2의 창세기》, 《이인식의 과학나라》, 《미래는 어떻게 존재하는가》, 《성이란 무엇인가》 등의 책들은 제목이 암시하듯 과학에 대한 그의 관심 분야가 매우 폭이 넓음을 알 수 있다. 이인식은 과학의 대중화에 앞장서고 있는 부지런한 과학 칼럼니스트다. 그의 책과 접한다는 것은 과학의 동서남북을 두루 접하는 일일 것이다.

대학 입시를 앞두고 있는 학생들은 통합 논술에 관심이 많다. 과학과 인접 학문들에 관해 폭넓은 지식이 요구되기 때문이다. 이런 학생들에게 과학과 제반 인문학의 성과를 종합하고 있는 에드워드 윌슨의 《통섭》이나 제레드 다이아몬드의 《총·균·쇠》 등은 큰 도움이 된다. 스티븐 핀커의 《빈 서판》이란 책 또한 통합적 사고에 도움이 된다. 이 책에서 저자는 인간의 능력이 선천적인 것인가, 후천적인 것인가를 물으면서, 인간 본성에 대한 올바른 인식이 외모나 지역 문화와 같은 피상적 차이 밑에 숨어 있는 인류의 심리적 통일성을 밝혀줄 것이기에 인간의 본성을 밝혀 내야 한다고 주장한다. 풍부한 인문학적 사유와 자연 과학적 통찰을 통합하는 지적 유연성이 부러울 정도다. 인간성이 선천적으로 타고나는 것인지 후천적으로 결정되는지에 대해서 더 알고 싶다면 '인간은 태어나는가, 만들어지는가' 라는 부제를 달고 있는 매트 리들리의 《본성과 양육》도 읽어 볼 만한 책이다.

통합이란 서로 다른 영역을 넘나들고 가로지르는 지적 유연성을 필요로

한다. 여기에는 철학자 박이문의 저서들도 유용하다. 그의 저서《문학과 철학》이란 책에 실린 〈시와 과학〉이란 글은 과학적 인식과 철학적 인식이 어떤 점에서 다르고, 어떤 점에서 유사한가를 잘 설명해 준다.

아서 밀러의《아인슈타인 피카소》는 미술가에게서나 과학자에게서나 창조적 상상력이 얼마나 필요한 것인가를 역설한다. 현대 과학과 미술을 넘나들며 과학자들의 속사정과 그들의 진짜 모습을 묘사하여 '예술적인 과학 연구'의 매력을 느끼게 해 주고 있는《과학은 예술이다》와 같은 책도 빠트릴 수 없다.

진화 심리학은 전통적으로 인문학의 한 분야였던 심리학과 자연 과학의 한 분야였던 진화론의 통합된 학문인만큼 통합적 사유가 불가피한 분야다. 인간의 마음이 어떻게 작동하는지를 밝힌 스티븐 핑커의《마음은 어떻게 작동하는가》, 인간의 살인 본성을 파헤친 데이비드 버스의《이웃집 살인마》, 폴 퀸네트의《다윈은 어떻게 프로이트에게 낚시를 가르쳤는가?》등은 진화 심리학 분야의 명저들이다. 그 중에서도 폴 퀸네트의《다윈은 어떻게 프로이트에게 낚시를 가르쳤는가?》는 50여 년 간의 낚시 경험을 가진 베테랑 낚시꾼인 저자의 입담이 구수해서 독서의 즐거움이 사뭇 크다. 그는 진화 심리학적 관점에서 자살, 성, 사랑, 가정불화, 이혼, 공포증, 죽음 등을 풀어 낸다. 독서를 하다 폴 퀸네트의 책에 도사리고 있는 낚시바늘에 걸려 허둥대는 것은 즐거운 일이다.

존 브록만의《과학의 최전선에서 인문학을 만나다》, 여러 명의 과학자들과 인문학자들이 공동 집필한《과학으로 생각한다》,《인문학의 창으로 본 과학》,《새로운 인문주의자는 경계를 넘어라》등은 과학과 인문학의 접점을 마련하려고 하는 편집자의 기획 의도가 엿보이는 책이다.

과학의 대상은 눈에 보이는 현상이다. 바람이 불고 비가 오는 것은 자연 현상이요, 인간이 군중 속에서 소외감을 느끼는 것은 인간 현상이다. 자연 현상을 관찰하고 그것의 원리를 탐구하는 것이 자연 과학이라면 인간을 중심으로 일어나는 현상의 이치를 캐묻는 것이 인문 과학이다. 그러나 인간과 자연을 이분법적으로 단절해서 생각할 수는 없다. 자연은 인간을 둘러

싸고 있는, 인간을 포함한 환경 전체를 지칭한다. 인간도 자연의 일부임에 틀림이 없다. 그러므로 인문 과학과 자연 과학을 엄격하게 이분법적으로 분리해서 생각할 수 없다면, 인간을 이해하고자 하는 시도는 인문 과학과 자연 과학 모두를 아우를 수밖에 없다. 인간에 대한 통합적 이해는 논술을 위해서가 아니라 인간 자체의 규명을 위해 먼저 필요한 것이다. 자연을 이해한다는 것은 곧 자연의 일부인 인간을 이해하는 일에 다름 아니다.

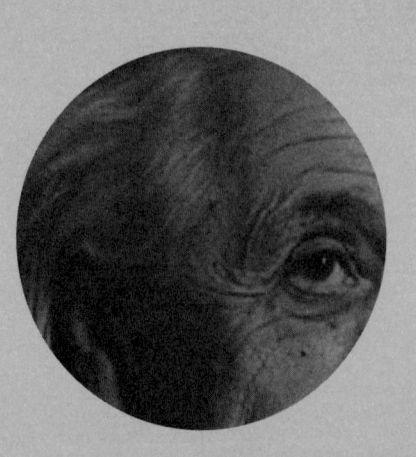

III

과학과 유토피아

25

첨단 무기에
싸움의 정의는 없다

사냥꾼이 초강력 무기로 무장한다면 악어건 늑대건 두려울 게 없다. 결과는 백전백승이다. 멀게는 원시시대 사냥꾼의 싸움이나 조자룡 시대의 싸움부터 가깝게는 김두한 시대의 싸움에 이르기까지 모든 싸움은 누가 이길지 그 결과를 예측할 수 없다는 사실이 게임의 흥미를 높여 주었다. 하지만 첨단 무기를 등에 업고 겨루는 싸움은 누가 이길지 결과가 뻔한 싸움이다. 월등한 도구를 손에 쥔 자, 기술이 월등한 자가 반드시 이기는 싸움이다. 승패가 뻔한 싸움은 재미도 없을 뿐더러 정의로운 게임도 아니다.

인간에게 무기가 없었다면

독수리와 같은 날카로운 발톱이 있나, 늑대와 같은 송곳니가 있나, 거북과 같은 천연의 방어 무기가 있나, 스컹크와 같이 하늘이 내려 준 화학 무기가 있나……, 그 무엇 하나도 가진 게 없는 인간은 허술하기 짝이 없는 존재다. 그나마 인간이 자연계의 강자들과 한판 붙어 볼 수 있었던 것은 도구 덕택이었다. 도구가 없었다면 인간은 그야말로 별 볼일 없는 존재에 불과했을 것이다. 다윗이 골리앗을 쓰러뜨린 것도 돌멩이라는 든든한 우군의 지원이 있어서 가능한 일이었다. 돌멩이와 몽둥이의 지원 없이는 인간은 맹수들에게 가까이 갈 엄두도 내지 못했을 것이 분명하다.

도구는 인간에게 자연을 제압할 수 있다는 자신감을 불러일으켰다. 미래의 상황을 내 의지대로 통제할 수 있다는 자신감이 없었다면 과거의 사냥꾼들이 섣불리 사냥에 나설 수 없었을 것이다. 병법서인《손자》에서도 상대가 너무 강해서 맞서 싸우기 어려울 때는 달아나는 것이 가장 나은 계책이라고 말하고 있다. 승산이 없는 게임은 피하는 것이 상책이라는 말이다.

사냥꾼들이 맹수와 한판 붙을 수 있었던 것은 승산이 있었기 때문이고, 그들 나름대로 '믿는 구석'이 있었기 때문이다. 눈치 빠른 독자라면 바로 그 '믿는 구석'이 '무기'임을 눈치챘을 것이다.

동물의 입장에서도 인간과의 싸움은 역시 해 볼만한 싸움이었다. 해 볼만하다는 것은 질 수도 있고, 이길 수도 있다는 '결과의 불확정성'을 의미한다. 인간이 이길 수도 있고, 맹수가 이길 수도 있는 결과의 불확정성 때문에 사냥은 흥미로운 게임이 된다. 맹수가 항상 이기는 싸움이나 인간이 항상 이기는 싸움은 맥이 빠지기 마련이다. 누가 이길지 알 수 없는 불확실성이 게임에 흥미를 불어넣는다.

과거의 사냥꾼들은 자신이 동물에게 희생될 수도 있다는 사실을 알고 있었다. 그래서 그들은 사냥에 나가기 전에 자신들의 수호신에게 자신의 안전을 기원했다. 맹수와의 싸움에서 우위를 확보하기 위해 그들은 화살촉을 정교하게 다듬고 칼날을 예리하게 갈았다. 그리고 끊임없이 과녁에 화살을 쏘아 대며 사냥 능력을 연마했다. 그러한 연마를 통해 사냥꾼들은 자신의 운명을 조절할 수 있는 힘을 향상시킬 수 있었고, 인간의 사냥 능력이 향상됨으로써 인간과 맹수의 싸움은 더욱 흥미진진한 것이 되었다.

첨단 무기의 출현

그러나 언젠가부터 인간과 맹수의 싸움은 흥미를 잃게 되었다. 월등한 힘을 발휘하는 무기의 출현 때문이다. 고성능 무기로 무장한 인간은 엄청난 힘을 보유하게 되었다. *조자룡이 아무리 창을 잘 썼다 해도, 아킬레스가 아무리 뛰어난 무공을 가졌다 해도, 김두한이 아무리 센 주먹을 가졌다 해도, 성능 좋은 자동 소총 한 정이면 게임은 간단하게 끝난다. 무기 앞에서는 용맹과 지혜도 통하

조자룡
《삼국지》에 나오는 유비를 섬겼던 장수로 용맹함으로 한 시대를 풍미한 명장.

지 않는다. 다윗의 돌멩이도 첨단 무기 앞에서는 '새 발의 피'에 불과하다. 있으나마나한 무기라는 것이다.

'JDAM'은 일반 폭탄에 인공위성을 이용하여 자신의 위치를 정확히 알 수 있는 시스템인 위성항법장치(GPS : Global Positioning System)를 달아 목표물까지 유도하는 폭탄을 말한다. 이 폭탄은 정확도가 엄청나서 오차가 3m밖에 안 된다고 한다. 이런 무기 앞에 제갈량의 지혜도 장비의 용맹도 조자룡의 날렵함도 통할 리가 없다.

현재 개발 중인 'e-폭탄'이라는 무기는 극초단파를 쏴서 모든 전자제품을 파괴하는 무기라고 한다. 번개의 수백 배에 달하는 강력한 초단파를 방출함으로서 적의 모든 전자기기를 무용지물로 만들어 버린다고 한다. 아무리 현대전이 전자전이라고 해도 이 무기만 잘 사용하면 적의 전략 시스템을 단박에 무력화시킬 수 있을 것이다.

미국은 2003년 이라크전 개전 당시 사담 후세인 대통령이 은신할 것으로 예상되는 6m 깊이의 지하 벙커를 타격하여 폭파할 수 있는 '벙커버스터(GBU-37) 폭탄'과 모든 폭탄의 어머니라고 불리는 '모아브(MOAB: Mother Of All Bomb)'라는 신형 살상 무기를 도입하려다가 인권 단체와 국제사회의 반대로 포기한 바 있다. 대체 인권 단체는 왜 이 무기의 도입을 반대했을까?

이 폭탄에 맞은 사람은 불에 데 죽든지 산소 부족으로 죽는다고 한다. 현재 핵폭탄을 제외하고 비핵무기로서는 이 폭탄이 가장 강력한데, MOAB의 가공할 만한 위력은 상대에게 엄청난 심리적 공

MOAB는 위성을 통한 유도 시스템과 목표물 13m 내로 떨어지게 만드는 꼬리 부분을 가지고 있다. 이 폭탄은 무게가 9,513kg에 달하고, 수송기나 대형 폭격기에서 공중 투하되면 지상 3m 위에서 공기와 결합하면서 폭발하여 직경 500m 이내의 지역을 순식간에 무산소 상태로 만드는 가공할 위력을 가지고 있다. 위 사진은 벙커버스터, 아래 사진은 MOAB.

포를 안겨 준다고 한다. 이런 무기로 무장한다면 백만 대군의 적도 두려울 게 없다. 바로 그 가공할 만한 폭력, 그것이 무기가 가지고 있는 비도덕성이다.

백전백승을 이끌어 내는 초강력 무기

《진화하는 전쟁》의 저자, 존 에드워즈가 소개하는 첨단 무기는 상상을 초월한다. 그가 소개하는 하이테크 군인은 레이저 무기를 능가하는 강력한 자유 전자 레이저로 무장했다. 재래식 무기와 핵 무기의 경계를 무너뜨린 고에너지 감마선을 이용한 폭탄, 탄환을 막는 세라믹 무기, 곤충의 눈을 모방해 만든 시각 시스템을 장착한 차세대 스마트 무기, 벌에서 영감을 얻어 만든 미래 전투 로봇, 소형 정찰 로봇, 세계 최초의 전술용 자가 형성 다중 입출력 이동 네트워크인 패킷 BLAST, 출혈과다를 막아 주는 퀵클랏, 버클리 하체 능력 극대화 엑소스켈레톤, 생물학 작용제와 화학 작용제를 탐지하는 스마트 더스트, 정찰 및 무기 유도 시스템인 미니 SAR, 지뢰 탐지 로봇 등 가히 '어지러운' 이름을 가진 최첨단 전쟁 무기 정보가 이 책에 집대성되어 있다.

사냥꾼이 이런 초강력 무기로 무장한다면 굳이 신에게 보호를 요청하지 않아도 된다. 악어건 늑대건 두려울 게 없다. 싸움은 백전백승이 될 확률이 거의 100%다. 멀게는 원시 시대 사냥꾼의 싸움이나 조자룡 시대의 싸움, 가깝게는 김두한 시대의 싸움은 누가 이길지, 그 결과를 예측할 수 없다는 사실이 게임의 흥미를 높여 주었지만 첨단 무기를 등에 업고 겨루는 싸움은 누가 이길지 결과가 뻔한 싸움이다. 월등한 도구를 손에 쥔 자, 기술이 월등한 자가 반드시 이기는 싸움이다.

심리학자와 낚시꾼으로 평생을 살아온 폴 퀴네트는 《다윈은 어떻게 프로이트에게 낚시를 가르쳤는가》라는 책에서 오스트레일리아의 원주민들이 사용했던, 던지면 되돌아오는 '부메랑'이라는 도구를 이용해서 물고기를 기절시켜 잡는 낚시법에 뒤이어 '듀퐁 스피너'라고 하는 작은 다이너마이트로 물고기를 잡는 방법을 소개한다. 이 폭탄을 개울에 던지면 폭발의 충격으로 물고기들이 물 위로 떠오른다. 인간은 물고기들을 건져 올리기만 하면 된다. 아주 손쉬운 낚시법이다. 터키 흑해의 낚시꾼들도 종이와 삼실로 만든 달걀 모양의 다이너마이트를 이용해서 물고기를 잡았다고 한다.

그러나 이 정도는 약과다. 머리만 잘 쓰면 더 쉽게 물고기를 포획할 수 있는 방법이 있다. 바로 독을 이용한 낚시다. 유럽에서 사용되는 '물고기의 알'이라고 불리는 '코켈시드'를 동그란 반죽 형태로 만들어 연못에 뿌려 놓으면, 그것을 먹고 사지가 마비된 물고기들이 떠오른다. 이것으로 낚시는 상황 끝이다. 수중 음파 탐지기와 같은 첨단 기술의 도움을 받아 이보다 효과적인 낚시법을 개발하는 일은 식은 죽 먹기다. 마음만 먹으면 물고기의 씨를 말려 버릴 수도 있다.

정의는 결과의 불확정성 속에 있다

《논어》에서 공자는 "낚시는 하되 그물을 던지지는 말고, 화살을 겨누되 잠자는 새를 쏘지는 말라."고 했다. 그물을 던져 씨알이 작은 새끼 붕어들까지 싹쓸이하는 것은 옳지 못하고, 잠자는 새를 잡는 것은 옳지 못하다는 것이다. 새에게도 도망갈 여지를 남겨 주라는 것이 공자가 우리에게 주는 충고다. 그러나 현대의 기술은 어떤가? MOAB 폭탄은 도망갈 여지를 남겨 주지 않는다. 한 방이면 말 그대로 끝장이다. 여기에 더 이상의 정의는 없다.

정의는 질 수도 있고 이길 수도 있는 결과의 불확정성 속에 있다. 아버지와 어린 아들이 팔씨름을 할 때, 아버지가 아들의 팔목을 잡는 것도 그 결과의 불확정성을 높이기 위한 방편이고, 아버지와 아들이 장기를 둘 때 아버지가 차(車)를 떼고 두는 것도 역시 결과의 불확정성을 높이기 위한 방편이다.

모든 게임의 기획자들은 결과의 불확정성을 높임으로써 관객들의 게임에 대한 기대를 이끌어 낸다. 가령, 미국의 프로농구팀과 한국의 고등학교 농구팀의 흥행 결과는 보나마나다. 뻔한 결과에 흥이 날 턱이 없는 맥 빠진 경기다. 재미있는 게임, 정의로운 게임은 누가 이길지 모르는 손에 땀을 쥐는 경기다. 가진 자, 힘 있는 자가 일방적으로 이기는 게임은 정의로운 게임이 아니다. 못 가진 자, 힘 없는 자도 한 번쯤은 이겨볼 수 있는 싸움만이 정의로운 싸움이다. 첨단의 기술은 인간의 힘을 한껏 부풀려 놓았는지는 몰라도 인간의 자존심은 한없이 떨어뜨렸다.

"저런, 인간의 품위는 인간의 기술이 다 망치는구나."

청새치 한 마리를 잡기 위해 죽음을 건 사투를 벌였던 헤밍웨이의 소설《노인과 바다》의 주인공 산티아고 노인이 무덤 속에서 한탄할 노릇이다. 어느 한쪽이 일방적으로 이기는 싸움에 정의는 없다. 과학이 가는 길, 기술이 가는 길이 항상 정의의 길만은 아니다.

26 | 불편함의 미덕

사람이 공간을 만들기도 하지만 반대로 공간이 사람을 만들기도 한다. 승려들이 지내는 검소한 방은 승려들로 하여금 검소한 태도를 몸에 지니게 한다. 엄숙한 분위기의 사원은 사람을 진중하게 한다. 채움의 미학보다는 비움의 미학을 보여 주는 건물이 소박한 인간성을 만들어 내기도 한다. 편리성과 기능성을 추구하는 첨단의 건축만이 다는 아니라는 이야기다.

첨단 장비로 이루어진 빌 게이츠의 집

워싱턴 호수와 유니언 호수를 바라보고 있는 일명 '호수 위의 집'은 마이크로소프트사 회장인 빌 게이츠의 저택이다. 태평양에서 올라오는 연어들이 알을 낳는 호수가 집 안 어디에서나 한눈에 들어온다. 배를 타고 호수를 가로질러 1층 현관에 들어서면 1층 현관 오른쪽에 리셉션 홀이 있고, 왼쪽 복도를 따라가면 극장이 나오고, 더 가면 가로 5m, 세로 15m 규모의 수영장이 있다.

이 집을 방문하는 손님들은 누구나 전자 핀을 옷깃에 꽂아야 한다. 이 핀은 방문객이 누구인지, 그가 지금 저택의 어디에 있는지를 알려 준다. 방문객이 복도를 걸어갈 때면 몇 발자국 앞에서 전등이 저절로 켜지고 꺼진다. 좋아하는 음악을 선곡하면 어디를 가든 그 음악이 귓가를 따라다닌다.

저택 안, 도서실의 중앙에 빌 게이츠의 책상이 놓여 있다. 도서실의 시스템은 각종 정보를 취합하고 정리하는 역할을 한다. 집 안에는 곳곳에 대형 비디오 모니터가 설치되어 있고, 집 안의 모든 컴퓨터에는 사무 자동화용 소프트웨어가 깔려 있다.

빌 게이츠는 그의 저서 《미래로 가는 길》에서 '집은 우주의 중심'이라고 선언한 바 있다. 그는 "내 목표는 편안하고 즐거우면서도 쾌적한 분위기로 창조성을 자극하는 집을 짓는 것"이며 '집이란 미래의 비전을 만들고 사업 구상을 위한 창조의 터'라는 집에 대한 철학을 말한 바 있다.

세계 최고의 갑부인 마이크로소프트사 회장 빌 게이츠는 집을 사업 구상을 위한 창조의 터라고 말한다. 빼어난 자연 환경 속에 지어진 이 집에는 각종 첨단 시스템이 작동하고 있다. 그야말로 편리함이 가득한 집인 셈이다. 사진은 빌 게이츠의 집.

인간의 삶을 편리하게 하는 기술의 발전

미국의 컴퓨터 라이프 잡지와 인텔이 주최한 '사이버홈 2000' 전시회는 인텔, IBM, 컴팩, 휴렛팩커드 등 첨단 기술을 이끄는 회사들이 참가해 사용자들의 생활을 보다 안락하게 해주는 PC 기술을 보여 주었다.

컴퓨터 라이프의 편집장 매기 캐논은 사이버홈 2000은 "단순히 미래의 가정을 보여 주는 것에 그치지 않고 오늘의 기술이 미래에 실현되는 현실적인 방법을 보여 준다."고 말한다. 가령, 저녁 무렵 PC와 연결된 부엌의 평면 스크린은 음성 명령에 따라 가족이나 친구로부터 온 비디오 메시지를 보여 준다. 가족들이 어디에 있는지, 저녁 식사는 어디서 할 것인지를 확인할 수 있다. 동시에 팩스나 전자메일, 전화 메시지도 들려준다.

귀가하면서 차에 있는 PC를 통해 저녁 식사 준비를 시작한다. 주방 카운터에 있는 스캐너로 식품 보관소에 들어 있는 몇 가지를 선택하고 PC로 접근하면 몇 가지 조리법이 나타난다. 그 중 하나를 선택해 조리를 시작할 수 있다.

사이버홈 2000에서는 PC로 아이들이 어떤 게임을 하는지를 확인할 수 있다. '못된' 동영상을 보았다가는 부모님께 낭패를 당하기 십상이다. 부모들은 PC로 아이들이 영화를 보는지, 숙제를 하는지를 확인할 수 있다. 심지어는 아이들이 어떤 웹사이트를 검색하는지도 알 수 있다.

청결한 흰 침대에서 눈을 뜬 링컨은 자리에서 일어나 화장실에서 소변을 본다. 이때 소변을 분석한 변기 안의 장치가 "몸에 이상이 발견돼 주치의를 연결할 테니 만나 보라."고 말한다. 이는 영화 〈아일랜드〉의 한 장면이다. 영화 속에 등장하는 최첨단 디지털 의료 장비를 생활 속에서 만날 수 있는 것은 먼 미래의 일이 아니다. 바로 눈앞의 현실이다. 이미 혈압이나 혈당 등 신체와 관련한 각종 정보가 병원에 갈 필요도 없이 시시각각으로 점검되는 시대다.

편리만이 능사가 아니다

이쯤 되면 가히 디지털 혁명이라 하지 않을 수 없다. 전등을 발명했다는 에디슨이 살아난다 해도 이런 첨단 기술에는 혀를 내둘렀을 것이다. 그러나 과연 편리만이 능사일까?

《장자》의 〈소요유〉편에는 다음과 같은 이야기가 등장한다.

　자공이 초나라를 유람하다 진나라로 가는 길에 한수 남쪽을 지나게 되었다. 한 노인이 우물에서 물을 길어 밭에 내고 있었는데 힘은 많이 들었지만 효과가 별로 없었다. 딱하게 여긴 자공이 용두레라는 기계를 소개 했다. 노력은 적게 들고 효과는 큰 기계를 소개하자 그 노인은 분연히 낯빛을 붉히며 이야기했다.

　"내가 스승에게 들은 것이지만 기계라는 것은 반드시 기계로서의 기능이 있게 마련이네. 기계의 기능이 있는 한 반드시 효율을 생각하게 되고, 효율을 생각하는 마음이 자리 잡으면 본성을 보전할 수 없게 된다네. 본성을 보전하지 못하게 되면 생명이 자리를 잃고 생명이 자리를 잃으면 도가 깃들지 못하는 법이네. 내가 기계를 알지 못해서가 아니라 부끄러이 여겨서 기계를 사용하지 않을 뿐이네."

장자에 등장하는 노인은 어니스트 헤밍웨이의 소설에 등장하는 산티아고라는 노인과 너무도 흡사하다. 노인은 엄청나게 거대한 청새치와의 사투 끝에 청새치를 잡지만 상어에게 청새치를 빼앗기고 뼈만을 얻게 된다. 그러나 산티아고는 이렇게 말한다. "인간은 죽는 일은 있을망정 패배하는 것은 아니다.(A Man can be destroyed but not defeated.)"라고.

　노인이 얻고자 했던 것은 물고기가 아니다. 만약에 그가 물고기를 원했다면 탁월한 성능을 가진 기계를 사용하여 얼마든지 많은 물고기를 잡을 수 있었을 것이다. 그러나 산티아고가 원한 것은 물고기가 아니었다. 그가 원한 것은 물고기를 잡는 분투의 과정, 그 자체였다. 산티아고 노인이 기계를 사용했다면 그는 물고기라는 결과는 얻었겠지만 고통스런 과정은 잃어버렸을 것이다. 그러나 스포츠가 무엇인가. 오히려 고통스러운 과정을 즐기는 행위가 아닌가.

산악인들도 마찬가지다. 첨단의 기술에 의존하면 쉽게 정상을 정복할 수 있을지 몰라도 정상에 오르기까지 겪어야 할 고통스런 과정은 사라진다. 그러나 산악인의 영광은 오히려 고통스런 과정에 있다. 똑같이 에베레스트를 올랐다고 할지라도 더 힘겨운 계절에, 더 험한 코스를 택한 산악인에게 최고의 영광이 돌아간다. 최고의 영광은 가장 큰 고통을 이겨 낸 사람에게 돌아가는 법이다.

그러므로 《장자》의 노인이나, 《노인과 바다》의 산티아고 노인, 또 세계의 정상에 오르는 산악인들에게 있어서 고통은 피해야 할 것이 아니다. 오히려 고통은 당당히 맞서고 물리쳐야 할 초극의 대상일 따름이다. 장자의 노인이나 산티아고 노인은 기꺼이 불편을 감수함으로써 편리만이 인간적 진실이 아니며 고통을 초극한 인내의 깊이가 곧 한 인간의 사람됨의 깊이임을 우리에게 말해 준다.

불편함도 미덕이다

편리만이 최고라고 생각하는 시대에 불편함의 미덕을 강조하는 건축가가 있다. 승효상이 바로 그다. 그는 아름다운 집이란 어떤 집일까에 대해서 스스로 이렇게 답한다.

"우선 내 견해로는 다소 불편한 집이다. 소위 동선도 길어서 좀 걸어야 하고 대문도 나가서 열어 줘야 하고, 빗자루로 쓸고 걸레를 훔치며 가족의 살내음을 맡을 수 있는 그런 집이 건강한 집이 될 수 있다. 그러한 다소 불편한 듯한 집에서의 삶이 궁리를 만들고 생각하게 하고 사유케 한다. 다시 말하면 사유할 수 있어 우리의 삶을 다시 관조하게 하는 집, 이 집이 아름다운 집이며 지혜로운 삶을 살 수 있게 하는 집이다."

거실에 앉아서 리모컨 하나로 문도 열고 에어컨도 작동하고 밥도 짓고 창문도 여닫을 수 있는 홈오토메이션이 최첨단 기술일지 모르지만 그런 식의 자동화는 오히려 사람과 사람 사이의 살가운 관계를 방해한다는 것이 승효상의 생각이다. 기능성, 편리성이 다는 아니라는 이야기다. 가난한 사람들의 건축에서 배우라는 것이 그가 말하는 이른바 '빈자의 미학'이다. 그는 장식과 치장으로 집을 채우려고만 하지 말고 담백하게 비우라고 한다. 황금 만능주의에 빠진 우리에게 전해 주는 충고다.

사람이 공간을 만들기도 하지만 반대로 공간이 사람을 만들기도 한다. 승려들이 지내는 검소한 방은 승려들로 하여금 검소한 태도를 몸에 지니게 한다. 엄숙한 분위기의 사원은 사람을 진중하게 한다. 채움의 미학보다는 비움의 미학을 보여 주는 건물이 소박한 인간성을 만들어 낸다. 이처럼 편리성과 기능성을 추구하는 첨단의 건축 기술만이 다는 아니라는 것이 승효상이 자신의 건축을 통해 우리에게 전해 주는 메시지다.

그는《지혜의 도시 지혜의 건축》이란 책에서 이렇게 말한다.

"(아름다운) 집들은 홀로 서 있지 않으며 더불어 있고 밖으로 열려 있다. 폐쇄회로 카메라도 설치되어 있지 않고 철조망으로 무장하지도 않았으며 담장은 낮아서 바깥의 풍광이 넘나들고 골목 소리가 쉽게 들리는 집이며, 어떻게 보면 만만히 보여 쉽게 이웃하도록 만드는 집이다. 이런 집에서의 삶은 집 속에만 갇혀 있지 아니하고 이웃으로 이어져서 서로서로에 애정을 쏟아 결국 우리의 공동체를 건강하게 한다."

첨단의 건물들이 하나둘씩 늘어나면서 점점 인간적인 공간은 축소되어 가고 있다. 빌 게이츠의 저택은 그에게 '사업 구상을 위한 창조의 터'일지는 몰라도 우리네 마당과 같이 혼례도 치르고, 같이 일도 하고, 잔치도 여는 그런 인간적인 터는 아닌 듯싶다. 인간이 인간을 만나 살내음을 맡고, 때로는 고독하게 자신만의 시간을 보낼 수 있는 그런 공간은 없을까?

영화〈와호장룡〉에서 왜 적들이 청명검을 그냥 가져가게 놓아두었느냐고 힐난하는 슈리엔[양자경]에게 리무바이[주윤발]은 이렇게 말한다.

"주먹을 쥐면 손안에 아무것도 쥘 수 없지만 손을 열면 모든 것을 잡을 수 있다."

주먹을 쥐면 빈틈이 없다. 그러나 닫힌 공간, 폐쇄된 공간에서는 어떤 것도 자라날 수 없다. 무엇인가가 생겨나려면 틈이 있어야 한다. 틈을 만들려면 주먹을 열고 소유의 욕망을 비워 내야 한다. 비움으로써 만들어지는 여유의 공간만이 생성의 공간, 창조의 공간이 된다. 그러나 소유욕으로 청명검을 꼭 틀어쥐면 틈은 사라지고, 생성의 공간마저 사라진다. 틈을 만들어 낸다는 것은, 여유를 가진다는 것이고, 비워 낼 줄 안다는 것이다. 그러나 우린 어떤가. 하나라도 더 가지려고 안달이다. 소유의 욕망을 쉽게 떨치지 못한다. 마음에 여유도 없고, 틈도 없다. 여유와 틈을 가지려면 청명검에 대한 집착을 버려야 한다. 그래야 모든 것을 얻을 수 있다는 것이 슈리엔에 대한 리무바이의 충고가 아니었을까. 마찬가지로 승효상 또한 자신의 '빈자의 미학'이라는 건축미학을 통해서 말하려고 했던 것도 그와 같은 '비움의 미학'이었을 것이다.

'비움의 집'이 '채움의 집'보다 아름다운 것은 우리가 비어 있는 공간에 고단한 등을 기댈 수 있기 때문은 아닐까. 비어 있기 때문에 안길 수 있고, 비어 있기 때문에 기댈 수 있는 공간, 바로 그곳이 우리의 집이다.

27 | 시츄가 우스꽝스럽게 생긴 이유는?

애완동물의 역사에서 진화론은 무용지물이 되고 말았다. 애완동물의 역사를 이끈 것은 진화론이 아니라 인간이었다. 인간은 애완동물의 복지는 고려하지 않는다. 개가 눈병을 앓건 말건 관심이 없다. 오직 큰 눈이 귀엽게 보이면 기꺼이 그 개를 애완용으로 선택한다. 납작한 코와 툭 튀어나온 눈이 개의 삶에서는 불리한 조건이든 말든 상관하지 않는다. 인간에게 즐거움을 줄 수 있는 조건이라면 인간은 기꺼이 그 종을 선택한다. 그렇게 해서 탄생한 것이 시츄라는 개다.

귀여움, 그리고 아기다움

피실험자에게 두 장의 사진을 보여 준다. 한 장의 사진은 정상적인 아기 사진이고, 또 한 장의 사진은 아기다운 특성이 의도적으로 과장된 '인공적인' 사진이다. 성인 피실험자에게 이 두 장의 사진 중에서 실제 아기에 가까운 사진을 고르라고 했을 때 어떤 반응이 나왔을까? 실험의 결과, 대부분의 피실험자는 인공적인 사진을 더 많이 선택하는 것으로 나타났다. 그렇다면 피실험자들이 생각하는 '아기다움'이란 무엇일까?

동물학자 콘래드 로렌츠는 여러 척추 동물의 새끼들을 비교해 보면 모두 일정한 물리적 특성을 공통적으로 가지고 있다는 사실을 알 수 있다고 말한다. 곧 척추동물의 새끼들은 성인과 비교해 볼

아기 유령 캐스퍼의 영화 포스터.

때, 머리가 몸통에 비해 훨씬 크고, 사지는 짧고 통통하고, 눈이 크고, 턱, 입, 코는 더 작다는 공통된 특징이 있다. 전체적으로 살집이 많고 통통한 외형을 지녔으며, 피부나 껍질, 털은 더 부드럽고, 움직임은 더 서툴다. 이런 특성을 지닌 동물들은 '귀엽다'는 느낌을 유발하는 경향이 있으며, 이 귀엽다는 느낌은 보호하고 돌보아 주려는 욕망마저 불러일으킨다고 한다. 로렌츠는, 이런 반응을 보이는 이유가 인간이 자기 자식의 모습과 소리에 적절한 반응을 보이도록 진화된 탓이라고 설명한다.

할리우드의 만화가들은 바로 이런 특성을 극대화하여 만화의 캐릭터들을 만든다. 〈아기 유령 캐스퍼〉를 떠올려 보라. 오동통한 볼과 커다란 눈과 머리는 로렌츠가 말하는 '아기다움'의 특성을 그대로 구현하고 있다. 이런 아기다운 특성을 가진 강아지를 보면 사람들은 대개 활짝 미소를 짓는다. 길을 가다가도 그런 개를 품에 안고 가는 사람을 보면 "한 번 만져 볼 수 있을까요?"라며 대범한 제안을 하기도 한다. 심지어는 강아지를 뺨에 부비며 행복한 표정을 짓는 사람들도 있다.

시츄는 인간의 기호에 따라 진화했다

개는 자연 속에서 스스로 진화된 동물이 아니다. 1만 2천 년 전부터 개는 인간에게 사육되어 왔다. 모든 개가 그런 것은 아니지만 일부의 개들은, 작고 귀엽고 어려 보이는 동물들에게 마음이 약해지는 인간의 속성이 반영되어 그 크기와 생김새가 변화했다고 《동물, 인간의 동반자》의 저자 제임스 서펠은 말한다. 턱과 코는 납작해지고, 눈은 비교적 커지고 돌출되었으며, 이마가 넓어진 경우가 이런 변화라는 것이다. 불도그, 치와와, 시츄를 떠올려 보라. 이런 동물들의 얼굴 표정은 사람들에게 귀엽다는 반응을 유발하도록 맞춰진 듯한 여러 외형상의 특성을 지니고 있다.

　시츄의 커다란 눈은 인간으로 하여금 귀여움을 느끼게 할지 모르지만 시츄 본인에게는 썩 달가운 것이 아니다. 시츄를 길러본 사람은 알겠지만 시츄는 늘 눈에 눈곱이 끼고, 눈과 관련한 질환을 자주 앓는다. 진화론의 논리대로라면 눈과 관련한 질환을 유발하는 시츄의 커다란 눈은 생존에 불리하므로 도태되었어야 마땅하다. 그러나

인간은 인간에게 즐거움을 준다는 이유 하나만으로도 시츄를 애완동물로 선택하였다. 따라서 시츄는 자연적으로 진화한 것이 아니라 인간의 기호에 맞게 진화했다. 그것이 시츄의 삶에서 불리한 조건일지라도.

애완동물의 역사에서 진화론은 끼어들 여지가 없다.

애완동물의 역사를 이끈 것은 진화론이 아니라 인간이다. 인간은 애완동물의 복지는 고려하지 않는다. 개가 눈병을 앓건 말건 관심이 없다. 오직 큰 눈이 귀엽게 보이면 그 개를 애완용으로 선택하면 그뿐이다. 납작한 코와 툭 튀어나온 눈이 개의 삶에서는 불리한 조건이든 말든 인간에게 즐거움을 줄 수 있는 조건이라면 인간은 기꺼이 그 종을 선택한다.

동물의 고통과 인간의 즐거움

제임스 서펠은 우리가 애완동물들에게 요구한 온갖 매력적인 특성들로 인해서 수많은 동물들은 신체적 기형을 안고 살아간다고 말한다. 불도그와 킹 찰스 스패니얼의 튀어나온 눈은 건조해지기 쉽고 다치기 쉽다. 이들의 납작한 얼굴은 호흡 곤란과 치아 질병을 유발하기도 한다. 재미있고 사랑스런 표정을 갖게 해 주는 얼굴의 주름 속에는 박테리아가 자리 잡기 쉬워 심각한 전염병에 걸리기도 한다. 결국 인간의 즐거움을 위해 동물의 고통이 선택된 셈이다.

청소가 번거로운 물기 있는 대변을 피하기 위해, 변비에 가까운 대변을 유발하는 먹이를 주는 인간들에게도 애완동물들은 애정을 느끼며 꼬리를 흔든다. 자신에게 어떤 고통을 안겨주었든 말든 치와와는 커다란 눈으로 인간을 반긴다.

복제 인간은 인간인가, 기계인가?

영화 〈아일랜드〉에서 복제품인 클론은 자신들이 복제 인간이라는 사실도 알지 못한 채 통제와 규율 속에 살아간다. 그들은 인간이 위가 필요하면 위를 떼어 주어야 하고 간이 필요하면 간을 떼어 주어야 한다. 장기를 적출하여 인간에게 이식하고 나면 그것으로 클론의 생은 마감된다. 그러나 클론들은 울부짖는다. "왜 내가 죽어 가야 하는가?" "왜 내 몸으로 낳은 아이를 빼앗겨야 하는가?" 과학 기술자들은 그들에게 이렇게 말할 것이다.

클론은 행복의 땅, '아일랜드'를 꿈꾸지만 그들은 인간의 도구에 불과하였다. 그러나 현재의 속박으로부터 부단히 벗어나려고 노력하는 자가 인간이라면, 클론은 인간인가, 기계인가?

"너희는 애초에 그런 운명으로 설계되어 있어. 인간의 필요에 따라 하늘을 나는 것이 비행기이지, 저 혼자 날기를 꿈꾼다면 그것은 비행기가 아니야. 너희들은 기계로 설계되었지. 한 마리 새로 설계된 것은 아니니까 입을 다물고 있는 것이 좋아."

이미 17세기에 데카르트는 사람과 삶의 과정을 기계로 기술하려는 시도를 한 바 있다. 이른바 '동물 기계론'이 그것이다. 데카르트는 동물의 몸을 태엽을 감은 기계와 같이 생각하여 동물은 고통을 느끼지 못한다고 보았다. 사유 능력이 없는 동물은 살아 있기는 하지만 기계나 마찬가지의 존재라고 그는 생각했다. 그래서 동물을 상대로 실험을 하거나 도축할 때 동물이 내는 비명은 기계에서 나는 삐걱거림이나 다를 바 없다고 했다. 본능에 끌려 다니는 동물의 행동은 그저 생리적인 반응일 뿐이라는 것이다.

18세기의 라메트리는 동물 기계론에서 더 나아가 인간도 기계라고 선언한 바 있다. 그러나 클론이 기계적인 도구를 만드는 공학적 시스템의 산물일지라도 영화 속의 클론은 단순한 기계가 아니다. 그들의 심장에는 인간의 피가 흐르고, 인간처럼 사랑을 느끼고 낙원을 꿈꾼다.

더 나은 삶을 꿈꾸는 자, 유토피아를 꿈꾸는 자, 그들은 끊임없이 현재를 초월해서 더 나은 곳으로 가고자 한다. 현재의 속박으로부터 부단히 초월을 꿈꾸는 자, 그가 바로 인간이다. 어찌 영화 속의 클론을 한낱 기계나 도구로 보겠는가!

28 질병을 만들어서 판다고?

병의 범위를 확장시키는 것은 제약회사들에게 경영상 이익을 가져다 준다. 당연히 그들은 질병이 아닌 것을 질병으로, 정상인 것을 비정상으로 규정한다. 나이가 들면 자연스럽게 경험하게 되는 폐경도 여성 호르몬을 주사하면 치료가 가능한 병이라는 점을 그들은 소비자들에게 강조한다. 뿐만이 아니다. 우울증처럼 환자의 환경이나 정서나 마음의 문제도 결국 뇌의 문제로 귀결시켜 약물 치료의 대상임을 강조한다.

질병을 만들어 약을 판다?

"이 세상 사람들의 병을 모두 없애 주시고 그들을 질병과 고통의 근심으로부터 해방시켜 주소서."라는 어떤 종교 지도자의 간절한 기도를 전능한 조물주께서 들어 주셨다면 어떤 일이 생겼을까?

"참을 수 없는 고통으로부터 해방시켜 주신 신이시여, 감사합니다."라며 환자들은 기뻐할 것이다. 그러나 다른 한쪽에는 울상인 사람들이 있다. 바로 병원이나 약국의 경영자이다.

질병이 있기 때문에 병원이 존재할 수 있다. 그러나 질병을 대수롭지 않게 생각하는 사람들이 많아진다면 어떨까? 병원의 경영자들로서 보면 반갑지 않은 사람들이다. 질병이 아닌데도 불구하고 마치 대단한 병에라도 걸린 양 호들갑을 떠는 건강 염려증 환자들 때문에 병원은 북적거릴 수 있다.

래이 모이니헌과 앨런 커셀스가 공동 저술한 《질병 판매학》은 놀라운 사실을 폭로한다. 제약 회사들이 '병을 만들어서 약을 판다.'고 고발하고 있는 것이다.

가령 나이가 들면 흰머리가 느는 것은 당연한 일이다. 그러나 흰머리를 질병으로 분류한다면 제약 회사들로서는 많은 양의 염색약을 팔 수 있다. 따지고 보면 몸에 적당히 살이 붙는 것도 병이라고 할 수 없다. 그러나 한 조사에 의하면 어떤 대학교의 여대생 10명 중 4명이 자신을 비만이라고 생각하고 있으며, 여자 신입생 중 절반 이상이 운동으로 살을 빼고 있다고 한다. 물론 개중에는 생활에 불편을 줄 정도의 과체중도 있을 수 있겠지만 문제는 적당한 몸무게를 가진 여학생들마저 스스로를 비정상으로 규정하고 있다는 점이다. 이렇게 스스로를 비정상으로 생각하는 여학생들 때문에 다이어트 사업은 날로 번창해 간다.

정상을 비정상적으로 만드는 제약 회사

"정상을 비정상으로 규정하라." 이것이 제약 회사의 판매 전략이다. 병(病)의 사전적 의미는 '생물체의 전신이나 일부분에 이상이 생겨 정상적 활동이 이루어지지 않아 괴로움을 느끼게 되는 현상'이고, 약(藥)의 사전적 의미는 '병이나 상처 따위를 고치거나 예방하기 위하여 먹거나 바르거나 주사하는 물질'이다. 그러나 어떤 증상이 신체에 괴로움을 가져다 주지 않더라도 그것을 병으로 규정함으로써 병의 범위를 확장시키는 것은 제약 회사들에게 경영상 이익을 가져다 준다. 때문에 일부 제약회사들은 질병이 아닌 것을 질병으로, 정상인 것을 비정상으로 규정한다.

그들은 나이가 들면 자연스럽게 경험하게 되는 폐경도 여성 호르몬을 주사하면 치료가 가능한 병이라는 점을 소비자들에게 강조한다. 뿐만이 아니다. 우울증처럼 환자의 환경이나 정서나 마음의 문제도 결국 뇌의 문제로 귀결시켜 약물 치료의 대상임을 강조한다. 과민성 대장증후군처럼 병이라고 볼 수도 없는 일상적인 증상을 약물 치료가 필요한 질환이라고 믿게하여 약물 복용이 필요 없는 환자들까지 약물에 대한 유혹을 갖게 한다. 월경 전에 나타나는 여성들의 여러 증상을 '월경 전 불쾌 장애'라는 새로운 진단명으로 탈바꿈시키기도 한다. 또 아이들이 주의가 산만한 것은 당연한 일임에도 불구하고 이에 '아동 주의력 결핍 장애'라는 그럴듯한 이름을 붙여 이 또한 치료의 대상으로 만들어 버린다. 또 여러 사람 앞에서 무엇인가를 발표하는 일이 생기면 약간 초조하고 불안해지는 것도 보통 사람들이 겪는 흔한 현상이다. 그러나 이에 '불안 장애'라는 병명을 붙이고 이를 해결할 수 있는 약을 제시한다. 멀쩡한 사람들도 마치 자신을 환자처럼 여겨 약을 복용하게 만드는 것이다.

고통 없이 성장도 없다

아무리 강철 심장을 가진 부모라도 자식의 죽음 앞에서 냉정함을 유지하기 힘들다. '부모는 죽으면 산에다 묻고, 자식은 죽으면 가슴에다 묻는다.'라는 속담도 자식을 잃은 부모의 찢어지는 심정을 잘 말해 주고 있다. 만약 어떤 제약 회사의 영업자가 자식을 잃은 사람에게 다가가 "당신의 슬픔은 우리 회사의 약으로 치료할 수 있습니다."라고 말한다면 십중팔구는 뺨을 한 대 맞았을 것이다. 자식을 잃은 슬픔을 약으로 치료한다는 것은 어불성설이다. 자식이 살아 있을 때 내가 왜 더 잘해 주지 못했을까, 왜 조금 더 친밀하게 자식과 대화하지 못했을까, 두고두고 후회하고 아파하는 것이 어쩌면 슬픔을 진정으로 치료하는 길인지도 모른다.

이별로 인한 상실감, 실패로 인한 좌절감 등을 우리는 삶에서 숱하게 만나게 된다. 그것은 피할 수 없는 삶의 국면들이다. 바로 그런 국면들에 부딪혀 극복해 가는 과정이 성장이요, 성숙의 과정이다. 그러나 약물을 통해 고통의 과정을 생략하겠다는 것은 성장과 성숙을 멀리하겠다는 자폐적인 태도다. 고통에 직면하는 것은 시련과 대면함으로써 조금 더 성숙한 어른의 길로 나아가는 것이다.

'고통은 쓰다. 그러나 그 열매는 달다.'라는 속담이 의미하는 것은 무엇일까. 성숙은 고통을 통해서 얻어지는 열매라는 의미다. 예수, 부처, 간디 등 역사상 위대한 인물 치고 고통을 외면한 사람은 없다. 불은 쇠를 시험하고 고통은 사람을 시험하는 법이다. 한 인간 됨의 크기는 그 사람이 겪어 내야 했던 고통의 크기와 비례한다는 말의 의미도 거기에 있다. '나'라는 인격의 크기는 내가 감당할 수 있는 고통의 크기와 비례한다. 시련을 의연하게 이겨내야 할 이유가 거기에 있는지도 모르겠다.

무엇이 정상을 규정하는가?

영국의 런던 대학과 브리스톨 대학 연구팀이 22개국 남녀 대학생 1만 8,512명을 조사해 '국제비만학회지' 최근호에 발표한 자료에 의하면, 비만도를 보여 주는 '체질량 지수'는 한국 여대생이 22개국 중 가장 낮았지만 체중 감량을 시도 중인 여학생은 77%로 1위를 차지했다. 세계 22개국을 지역별로 5개 그룹으로 나눈 결과, 체중에 대해 가장 민감한 지역은 한국, 일본 등이 속한 아시아 · 태평양 지역이었으며, 지중해 지역은 체중에 대한 민감도가 가장 낮은 것으로 나타났다.

170cm이상의 키에 40kg의 몸무게를 자랑하는 모델들을 보라. 비정상도 한참 비정상이다. 그러나 그들은 대중들에게 화려한 주목을 받고, 광고에 출연하여 거액의 모델료를 챙긴다. 구직자의 25%가 "다른 능력은 뛰어나지만 외모 때문에 입사에 실패했다."고 믿는다는 여론 조사 결과도 있다. "외모도 경쟁력이다."란 말에 동의하는 구직자가 무려 78.9%에 달했다고도 한다.

이런 상황에서 아무리 객관적인 수치를 들먹이며 당신은 정상이라고 해 봐야 소용이 없다. 문제는 미에 대한 사회의 비정상적인 인식이다. 적당히 살이 붙은 체형을 가진 사람이 건강한 사람임에 틀

림이 없지만 비쩍 마른 사람을 아름답다고 보는
견해가 지배적인 곳에서는 생리학적으로 건강한
사람도 비정상적인 존재로 얼마든지 규정될 수 있
는 것이다.

　미셸 푸코는 정상과 비정상을 가르는 것은 권력,
즉 힘이라고 보았다. 누가 권력을 쥐느냐에 따라 정
상과 비정상이 달라질 수 있다는 것이다. 가령 생산
성과 효율성을 최고의 미덕으로 아는 자본주의가

몸무게에서 지방이 차지하는 비율을 체
지방률이라고 한다. 보통 남자는 14%
~22% 정도, 여자는 17~25% 정도가
정상적인 체지방 분포율이다. 그러나 대
한민국에서 20%의 체지방률을 가진 여
대생은 대부분 자신을 비정상이라고 생
각한다.

사회를 지배할 때는 합리적인 이성을 가진 사람이 정상인으로 분류
되고, 엉뚱한 상상력을 가진 사람들은 비정상적인 사람으로 분류되
기 십상이다. 이성에 가치를 부여하는 사람들이 권력을 쥐느냐, 아니
면 감성에 가치를 부여하는 사람들이 권력을 쥐느냐에 따라 정상과
비정상을 규정한 개념들이 달라질 수 있다는 것이 푸코의 견해다.

　건강함을 비정상으로 인식하게 함으로써 막대한 이익을 챙기려
는 미용 사업가들이 TV나 신문을 비롯한 미디어에 커다란 영향력
을 미치고 있는 한, 대한민국은 '성형의 천국', '다이어트의 공화
국'이라는 오명에서 벗어나기 어려울 것이다.

29 | 김치는 과연 유구한 전통을 가진 토종 음식인가?

우리 것이라고 하는 것이 우리만의 고유한 것은 아니다. 우리 옷으로 알려진 '마고자'도 중국의 '마괘자'에서 유래한 것이고 김치도 외국과의 부단한 교섭 중에 얻은 부산물이다. 에릭 홉스봄의 논리대로라면 김치는 우리 민족의 동일성을 강조해야 할 필요가 있었던 근대의 시기에 만들어진 것이다. 절대적으로 고유한 우리 문화라고 하는 것은 하나의 허구에 지나지 않는다. 전통은 결코 절대적이거나 불변적인 것이 아니다. 김치 또한 어떻게 변해갈지 아무도 모른다. 그 가변성이 곧 김치의 역사다.

김치는 신토불이 음식인가?

생물체가 몸 밖으로부터 섭취한 영양 물질을 몸 안에서 분해하고 합성하여 생체 성분이나 생명 활동에 쓰는 물질이나 에너지를 생성하고 필요하지 않은 물질을 몸 밖으로 내보내는 작용을 '물질의 대사 작용'이라고 한다. 생명체가 생명을 유지하는 데 없어서는 안 되는 것이 바로 이 대사 작용이다.

영양 물질을 몸 안에서 분해하는 대사 작용에 꼭 필요한 것은 산소다. 그런데 에너지 생산을 위한 체내 산소의 대사 과정에서 부산

브로콜리는 소아시아, 토마토는 남아메리카, 피망은 중앙아메리카, 아보카도는 멕시코가 원산지이다. 우리나라와는 지리적으로 멀어도 한참 먼 곳이다.

물로서 활성 산소라고 부르는 것이 생겨난다. 활성 산소는 신체 내에서 질병을 일으키고 노화를 촉진시킨다는 점에서 유해 산소라고도 불린다. 그래서 학자들은 산소를 '양날의 검(劍)'이라고도 한다. 산소와 철이 결합하는 과정이 곧 녹스는 과정임을 감안한다면 이 유해 산소는 인간을 녹슬게 하는 성분으로 비유할 수 있다.

브로콜리, 피망, 토마토, 아보카도 등은 항산화 식품으로 이 활성 산소를 억제해 주는 대표적인 음식이다. 이 음식들은 유해 산소로 인해 발생하기 쉬운 당뇨병, 동맥경화, 암 등의 질병을 예방하는 효과가 있다. 때문에 오늘날 우리는 '신토불이(身土不二)'(몸과 땅은 둘이 아니고 하나라는 뜻으로, 자기가 사는 땅에서 산출한 농산물이라야 체질에 잘 맞음을 이르는 말)를 외치면서도 한편으로는 외래종인 브로콜리나 피망 등을 열심히 먹는다.

몸과 땅이 둘이 아니라는 뜻의 '신토불이'(身土不二)라는 말은 다산 정약용을 연구한 이을호 선생이 불교와 다산 정약용의 가르침을 인용해 처음 사용한 것으로 알려져 있다. "나는 조선 사람이니 조선의 시를 즐겨 짓겠다.(我是朝鮮人 甘作朝鮮詩)"는 다산의 말은 비록 표기 수단은 한문을 쓰더라도 조선의 삶을 담은 시문을 짓겠다는 주체적인 정신을 담고 있다. 이을호 선생은 이런 다산의 정신을 이어받아 우리 민족의 몸은 우리 땅에서 생산되는 토종의 농산물과 다르지 않다는 것을 '신토불이'라는 어구로 표현한 것이다. 이 '신토불이'는 요즘 토종 농산물과 토종 음식의 소비를 권장하기 위한 홍보 전략으로 널리 애용되고 있다.

아무리 호화 식단을 차리더라도 김치가 없으면 밥맛이 없다고 할 정도로 김치는 한국인의 식탁에 빠지지 않는 토종 음식이다. 그래서 많은 사람들이 김치를 한국의 음식으로 꼽는 데 주저하지 않는다. 하지만 김치의 주재료라 할 수 있는 배추는 지중해 연안에서 자라는 잡초성 유채가 중앙아시아를 거쳐 약 2000년 전쯤 중국에 전파된 것이다. 또 김치의 주재료인 고추의 원산지는 멕시코이다. 콜럼버스가 멕시코의 고추를 스페인에 전파했고, 이것이 16세기 이후 영국, 중부 유럽, 일본, 중국 등으로 다시 전파되었다. 우리나라에 고추가 들어온 것은 임진왜란 때 일본으로부터다. 사정이 이쯤 되고 보면 우리의 전통 음식이라고 알고 있는 김치의 역사 또한 생각만큼 오래된 것이 아님을 알 수 있다. 그렇다면 김치의 역사가 유구한 전통을 가지고 있다는 믿음은 대체 어떻게 생긴 것일까?

전통에 대한 믿음은 만들어진 신화

영국의 세계적 석학 에릭 홉스봄은 《만들어진 전통》의 서장에서 민족의 일체성을 드러내는 증거로 여겨지는 전통에 대한 믿음이 사실은 '만들어진 신화'에 불과한 것임을 고발한다.

'전통'은 흔히 매우 오래된 것으로 알고 있기 마련이다. 우리는 상식적으로 옛날의 선조들로부터 면면이 이어져 내려온 것이 전통이라고 생각한다. 그러나 우리가 믿고 있는 전통의 상당수는 극히 최근에 형성된 것이거나 어떤 정치적 목적 아래 주도면밀하게 만들어진 창작물이라는 것이 에릭 홉스봄의 견해다. 유럽에서 '전통 창

절대적으로 고유한 전통이 있을 수 있는가? 한국의 김치와 스코틀랜드의 킬트 모두 19세기 이후 민족주의가 대두되면서 자리 잡은 전통에 불과하다는 견해도 있다. 우리 것이라고 하는 것이 과연 우리만의 고유한 것일까? 결국 전통도 가변적인 것으로 이해해야 한다.

조'가 집중적으로 이뤄진 19세기 말~20세기 초는 민족 국가의 형성기로 이때에 권력자들은 민족의 정체성 확립이라는 현실적 필요에 의해서 전통을 발명했다는 것이다. 에릭 홉스봄에 따르면 오늘날 우리가 보는 전통의 다수는 전통 사회의 유산이 아닌 근대의 산물이다.

홉스봄은 스코틀랜드 사람들이 자신들의 역사와 문화를 응축한 상징물로 격자무늬 남성용 치마 '킬트'를 내세우지만, 그 킬트의 역사는 최대로 잡아도 300년이 되지 않았다고 한다. 게다가 그것을 만들어 낸 사람은 스코틀랜드 인이 아니라 잉글랜드 인이라고 말한다. 1707년 스코틀랜드가 잉글랜드에 병합되고 수십 년이 지난 뒤 잉글랜드 랭커셔 출신 제철업자 토머스 로린슨이 연료용 목재를 얻기 위해 스코틀랜드 고지대 삼림에서 스코틀랜드 인들을 인부로 고용하면서 일하기 편한 옷을 만들었는데, 그것이 킬트였다는 것이다. 그러니까 이 치마는 벌목 노동자들에게 입히려는 데서 생겨난 것이다. 그런데 이것이 19세기 이후 민족의 원형을 찾는 낭만주의 바람이 불면서 오래 전부터 내려온 전통 의상으로 날조되고, 거기에 방직업자들의 농간이 끼어들어 스코틀랜드의 민족 의상이 되고 말았다는 것이다.

전통은 불변이 아니다

우리 것이라고 하는 것이 우리만의 고유한 것인가? 우리의 옷이라고 알려져 있는 '마고자'도 중국의 '마괘자'에서 유래한 것이고, 김치도 외국과 부단한 교섭 중에 얻은 부산물이다. 에릭 홉스봄의 논리대로라면 김치는 우리 민족의 동일성을 강조해야 할 필요가 있었던 근대의 시기에 만들어진 것이다.

절대적으로 고유한 우리 문화라고 하는 것은 하나의 허구에 지나지 않는다. 전통은 결코 절대적이고 불변적인 것이 아니다. 김치 또한 어떻게 변해 갈지 누가 알겠는가? 그 가변성이 곧 김치의 역사다. 우리만의 불변의 고유한 전통이 있다는 생각은 착각에 불과하다. 전통은 늘 생성 중에 있다. 대중음악가 신중현이 락 음악에 국악을 접목시켰다면 그 또한 새로운 전통이 될 수 있다. 전통은 결코 오래되고 낡은 것만은 아니다. 과천 국립현대미술관에 있는 백남준의 비디오아트를 보라. 전통은 새롭게 창조되는 것이다. 그림은 종이나 캔버스 위에만 그려야 한다는 편견을 버리고 과감히 비디오 화면 위에 그릴 수 있는 배짱과 소신이 새로운 전통을 만들어 내는 것이다.

한국인은 단일 민족인가?

한국인은 순수 혈통을 가진 단일 민족이라는 것이 그간의 상식이었다. 하지만 과학자들은 이에 의견을 달리한다. 서울대 생명과학부 이정주 교수와 홍성수 박사, 일본 유전학 연구소 사토시 호라이 박사는 서울과 제주에 사는 한국인 213명의 미토콘드리아 DNA를 분석한 결과 이 가운데 14.5%는 남태평양 토착민에게 나타나는 유전 형질을 지니고 있다는 논문을 대한생물학회지에 발표한 바 있다.

우리의 역사를 살펴볼 때도 대한민국의 단일 민족설은 설득력을 잃는다. 한민족은 역사에 있었던 수많은 전쟁 과정에서 불가피하게 피가 섞일 수밖에 없었다. 13세기 고려 때 이미 몽골인을 포함해 귀화인의 총수가 7만 명에 달했다. 더구나 지금은 한국 내 외국인이 100만 명에 육박하는 시대다. 베트남, 태국, 방글라데시아의 여성들과 한국인들 간의 국제 결혼도 늘고 있으며, 동남아 등지로부터 들어온 이주 노동자들도 늘고 있다.

국가인권위원회는 2001년 11월 외국인 4명과 김해성 목사 등이 기술표준원장과 3개 크레파스 제조업체를 상대로 진정한 '크레파스 색상의 피부색 차별' 사건에 대해, 2002년 8월 "특정 색을 '살색'이라고 명명한 것은 헌법 제11조의 평등권을 침해할 소지가 있

외국인 이주 노동자와
함께하는 따뜻한 세상

Go together

1990년대 초반부터 "코리안드림"을 꿈꾸며 한국으로 건너오기 시작한 이주 노동자들…
현재 한국의 외국인 이주 노동자의 수 약 36만명…
이제 외국인 노동자들의 모습은 주변에서 흔히 만날 수 있는 이웃이 되었습니다.

가족을 위해 먼 바다를 건너 힘든 노동을 마다하지 않는 이들은 몇 십년 전 아메리칸 드림을 꿈꾸며
미국으로 넘어간 우리 한국인의 모습을 떠올리게 합니다.

이미 최근 인적 발전을 경험한 우리가 이웃 나라들을 위해 경험을 나누어 줄 때입니다.
아무렇지도 않다는 모습이 되다보면 정신보다
외국인 노동자들이 한국에서 미래의 행복을 일굴 수 있는 세상이 될 것 입니다.

국내 이주 노동자 수가 40만 명을 넘은 현재, 단일 민족이라는 신화에 얽매어 다른 나라의 사람들을 배척하기보다는 열린 자세로 그들을 껴안는 포용주의가 필요하다.

는 것으로 인정된다."며 기술표준원에 한국 산업규격(KS)을 개정하도록 권고했다. 이에 기술표준원은 2005년 5월 KS 표준의 관용 색 명칭을 전면 개편하면서, 기존의 '살색'에 해당하는 명칭을 살구색으로 최종 확정하게 되었다.

이러한 사례는 나만의 기준이 절대적인 것이 아니라는 성숙한 포용주의의 일단을 보여 주는 흐뭇한 일이다. 특히 국제적으로 인적·물적 교류가 활발하게 벌어져 '지구촌'이라는 말이 실감나는 시대에 타민족의 문화를 열린 자세로 껴안는 포용주의가 절실히 필요한 시점에서 살색의 재규정은 반가운 일이다.

30 | 우리는 누구나
알래스카 인이다

《지구의 미래로 떠난 여행》의 저자, 마크 라이너스는 알래스카 사람들은 자연이 파괴되고 북극곰과 같은 오랜 친구들이 사라져 가는 것을 가슴 아파하지만 석유를 얻기 위해 북극 야생동물 보호 구역을 개발하는 것에 찬성하는 알래스카 사람들을 일방적으로 비난하지 않는다. 대신 그는 이렇게 말한다. "우리는 누구나 알래스카 인이다." 알래스카 인들이 성장이냐 생존이냐를 결정해야 하는 것처럼 인류 또한 중대한 결정을 해야 한다는 것이 마크 라이너스의 경고인 셈이다

타이타닉 현실주의

'경제 성장은 선(善)'이라는 것이 우리 시대의 상식이다. 그러나 일본에서 활동하고 있는 미국인 정치학자이자 평화 운동가인 더글러스 러미스는 성장이 만인의 상식이 될 수 없음을 역설한다. 그는 《경제성장이 안되면 우리는 풍요롭지 못할 것인가》를 통해 파국을 향해 치닫는 현재의 성장주의적 태도를 '타이타닉 현실주의'라고 이름 붙인다.

생태학자들은 현재 수준의 생산과 소비 방식을 고수한다면 언젠가 지구는 타이타닉처럼 침몰할 것이라는 사실을 끊임없이 경고한다. 환경주의자들은 선진 공업국들이 자원 소비를 90% 감소시키지 않으면 지구 같은 행성이 다섯 개는 필요하다며 성장의 엔진을 멈출 것을 주장한다.

2007년 2월 10일자의 신문에는 화석 연료 사용에 따른 이산화탄소 증가로 인한 지구 온난화 여파와 해수면 온도에 이상이 생기는 엘니뇨 현상 때문에 116년 만에 가장 따뜻한 겨울을 기록하게 되었다는 기사가 실렸다. 비유하건대 타이타닉 호의 선내에서는 "빙산에 부딪힙니다."라는 방송이 끊임없이 흘러나오고 있는 것이다. 그러나 모두가 귀에 못이 박힐 정도로 듣고 있는 터라, 선내의 승객들은 방송의 메시지를 심각하게 받아들이지 않는다. 전진하는 것만이 타이타닉 호의 본질인 이상, 빙산에 충돌할 것이라는 예언에도 아랑곳없이 타이타닉 호는 성장을 위해 앞으로 줄기차게 나아간다. 경제 성장에만 관심이 있는 현실주의 경제학자들과 기업의 CEO들은 타이타닉 호에 "전속력으로"라고 명령을 한다. "속력을 떨어뜨려선 안 된다."는 것, 즉 성장을 멈춰서는 안 된다는 것이 '타이타닉 현실주의'의 행동 강령이기 때문이다.

지구 온난화, 그 재앙의 징후들

여기 타이타닉 호의 선내 경고 방송을 아주 심각하게 듣고 있는 사람이 있다. 《지구의 미래로 떠난 여행》의 저자, 마크 라이너스가 바로 그다. 그는 국제 환경단체인 '원월드넷(Oneworld.net)' 일원으로 5년 동안 일하면서 중앙아메리카의 허리케인 미치, 아프리카와 아시아의 가뭄과 기아, 모잠비크의 대홍수, 베네수엘라의 살인적 진흙 사태 등을 취재했다. 그는 이 모든 재해의 원인이 지구 온난화에 있음을 깨닫게 되었지만, 확고한 물증을 찾지 못했다. 그래서 그는 물증을 찾아 여행을 떠났다.

3년 동안 그는 세계의 곳곳을 누비며 '지구 온난화의 현장'을 취재했다. 해수면 상승으로 국토가 가라앉고 있는 남태평양의 산호섬 국가 투발루, 황사로 인해 양과 염소를 먹일 풀마저 사라진 황무지 네이멍구(내몽골) 자치구의 농민들, 영구 동토층이 녹으면서 집과 도로가 지면과 함께 무너져 내리는 알래스카, 허리케인으로 쑥대밭이 된 미국, 빙하가 녹아 버리는 바람에 식수를 구하기가 점점 어려워지는 페루의 빈민들에서 저자는 심각한 수준으로 진행 중인 지구 온난화의 재난을 똑똑히 목격했다. 그의 책, 《지구의 미래로 떠난

아르헨티나 파타고니아의 업살라 빙하 지대의 모습. 위는 1928년의 모습이고 아래는 2004년의 모습이다. 빙하의 얼음이 녹아 호수로 변해 있다.

여행》은 바로 그가 눈으로 본 재해의 현장에 대한 사실적인 기록이다. 머리로 쓴 책이 아니라 발로 뛰고 가슴으로 쓴 책이었다. 그만큼 마크 라이너스의 메시지는 과학자들의 경고 메시지보다 강력하게 들린다.

전 세계 인구의 3분의 1이 바다로부터 100km 이내에 살고 있는 현실에서 "해수면 상승이 투발루에만 영향을 끼친 것은 아니다. 그 영향은 이제 세계의 거의 모든 해안 지대에서 발견되고 있다. 전 세계 해안선 모래사장의 70% 이상이 뒤로 물러나면서 좁아지고 있으며, 짠물의 유입은 멀리 중국의 양쯔 강이나 호주의 메리 강의 지대 낮은 삼각주에서도 기록되고 있다."는 그의 메시지가 눈앞에서 벌어진다면 과연 우리는 그의 메시지를 태연하게 외면할 수 있을까? 지구 온실 효과로 눈과 얼음이 녹기 시작하면 지구 표면의 반사력이 감소하여 태양열이 더 잘 흡수되어 온난화가 더 빨리 진행되는 악순환에 빠진다는 경고의 메시지는 또 어떤가? 지구 온난화로 인해 북극의 영구 동토층이 녹으면 "숲, 주택, 도로 및 기타 인프라의 피해가 가속화될 것이다. 지금까지는 잠잠히 얼어붙어 있던 습지에서 배출되는 이산화탄소나 메탄 같은 온실 가스의 방출이 어마어마해질 것이다."라는 경고의 메시지는 또 어떤가!

고대 중국의 간쑤 성 지역은 풍부한 물과 비옥한 땅으로 중앙 정부의 관심을 끌었던 곳이다. 그러던 곳이 지금은 전 지역의 94%에서 사막화가 진행되고 있으며, 주변 사막의 모래 언덕이 매년 10m씩 침입해 오고 있다. 마크 라이너스는 지구 온난화의 또 다른 측면이 간쑤 성의 강에도 커다란 영향을 끼치고 있다고 말한다.

간쑤 성 서쪽에 있는 치롄 산맥은 핵심적인 오아시스 강들의 원천이다. 또 이 일대의 강들이 일 년 내내 흐를 수 있도록 해 주는 것은 이 산맥의 빙하들이다. 그런데 지구 온난화로 인해 이 빙하들이 빠르게 사라짐으로 인해 이 일대 강들의 4분의 3이 흐름을 멈추었고, 절반은 지난 150년 동안 사라져 버렸다고 한다.

강이 사라지고 그곳이 사막 지대로 변하면서 사람들은 삶의 근거지를 잃고 고향을 떠날 수밖에 없었다. 그들 삶의 모태를 이루던 문화는 모래 폭풍 속으로 사라져 버리고 말 처지에 놓이게 된 것이다. '환경 난민'이라고 불리는 이들은 결국, 그 모든 재앙이 하늘이 만든 천재(天災)인지, 사람이 만든 인재(人災)인지를 따져 묻지도 못한 채 도시 언저리에서 막일을 하며 겨우 생계를 이어나가게 되었다. 과연 누가 지구인 대부분이 '환경 난민'에 처할 운명과 맞닥뜨리게 되지 않을 것이라고 장담할 수 있을까?

우리는 누구나 알래스카 인이다

마크 라이너스는 자연이 파괴되고 북극곰과 같은 오랜 친구들이 사라져 가는 것을 가슴 아파하지만 석유를 얻기 위해 북극 야생동물 보호 구역을 개발하는 것에 찬성하는 알래스카 사람들을 일방적으로 비난하지 않는다. 대신 그는 이렇게 말한다.

"우리는 누구나 알래스카 인이다."

알래스카 인들이 성장이냐 생존이냐를 결정해야 하는 것처럼 인류 또한 중대한 결정을 해야 한다는 것이 마크 라이너스의 경고다. 물을 끓이기 위해 스위치를 켜고, 길을 가기 위해 자동차 운전을 하고, 더위를 피해 에어컨을 켤 때마다 우리는 이 메시지를 떠올려야 하는지도 모른다.

"우리는 누구나 알래스카 인이다."

지속 가능한 개발이란?

1987년 UN 보고서는 '미래 세대가 그들의 욕구를 충족시킬 수 없게 되는 위험을 피하면서도 현재의 욕구를 충족시키는 개발'을 제안했다. 환경과 개발은 좀처럼 어울리기 힘든 대립적 개념이다. 한 쪽을 선택하면 다른 한 쪽을 포기해야 한다. 선뜻 어느 한 쪽을 선택하기가 쉽지 않다. 국제 사회가 이를 두고 고민을 거듭해 오다 합의에 이른 문제 해결 방안이 이른바 '지속 가능한 개발(sustainable development)'이다.

지속 가능한 개발은 환경 보전과 개발, 두 마리 토끼를 다 잡자는 것이다. 요컨대 산림을 이용할 때는 새로 심은 나무의 양과 성장 속도 등을 감안해 보충할 수 있을 만큼만 벌목을 허용해야 한다는 것이다. 따라서 지속 가능한 개발은 우리 후손의 욕구를 충족시킬 수 있는 능력과 여건을 저해하지 않으면서 현 세대의 욕구를 충족시키는 개발이라고 정의할 수 있다.

지속 가능한 개발은 다음 세대의 욕구와 만족을 고려해야 하고, 환경도 화폐 가치로 환산하여 평가해야 한다. 뿐만 아니라 자원에 대한 접근이 모든 그룹 간에 형평을 이루어야 하고, 최소한 현 세대가 물려받은 만큼 다음 세대에 물려주어야 한다. 또 지속 가능한 개

환경과 개발이라는 두 마리의 토끼를 잡는 것이 실제로 가능할지는 의문이다. 알래스카 인들에게 있어서 생활의 향상은 곧 생존의 터전을 잃는 것을 의미한다. '지속 가능한 개발'이 말처럼 쉽지 않은 이유가 여기에 있다.

발은 인간의 기본적인 욕구를 충족하면서도 삶의 질을 향상시키는 미래 지향적인 개발이어야 한다.

3I 환경적으로 지속 가능한
최적의 교통수단, 자전거

자전거를 탄 사람은 보행자보다 3~4배 더 빨리 이동할 수 있으며, 그럴 경우에 소비하는 에너지는 보행자의 1/5로 줄어든다. 자전거가 인간의 신진대사 에너지를 이동력의 한도에 정확하게 맞춘 이상적인 변환기라는 것도 자전거의 이점이다. 자전거는 페달을 밟는 힘만으로 동력을 얻을 수 있고 가격 또한 저렴하다. 자전거 운행에 따르는 공공 설비 비용은 저렴하지만, 자동차를 위한 고속도로나 고속철도를 위한 철도 건설에는 천문학적 비용이 들어간다.

빠름은 망각으로, 느림은 사유로

100m 달리기를 한다고 하자. 이때는 어떤 생각도 할 겨를이 없다. 무조건 앞만 보고 달릴 수밖에 없다. 잡생각을 하다가는 형편없는 기록을 감수해야만 한다. 그러나 마라톤과 같은 오래달리기는 상황이 다르다. 뛰면서 이런 저런 생각에 잠길 수 있다. 그러나 달리기보다는 걷기가 생각을 하기에는 더 적격이다. 소설,《느림》의 작가 밀란 쿤데라가 "속도는 망각의 열정에 비례한다."고 했던 것도 이런 맥락에서다. 뛸 때는 아무 생각을 할 수가 없다. 수치스럽고 고통스러운 과거를 기억하고 싶지 않은 사람들이 전속력으로 차를 몰아 대형 사고를 일으키는 것도 이 때문이다. 빠른 속도는 망각으로 이어지고 느림은 사유로 이어진다.

정극인의 〈상춘곡(賞春曲)〉이란 작품에는 '미음완보(微吟緩步)하여 시냇가에 혼자 앉아'라는 구절이 나온다. '미음완보'란 시 구절을 읊조리며 천천히 걷는 행위를 뜻한다. 천천히 걸을 때 우리는 자유로운 공기를 흠뻑 만끽할 수 있다. 나는 지금 어떤 삶을 살고 있는지를 성찰할 수도 있으며, 즐거운 추억을 떠올려 볼 수도 있다.

'소풍(逍風)'이라는 단어는 '걷다'라는 뜻을 가진 '소(逍)'와 바람이란 뜻을 가진 '풍(風)'의 합성어로 '바람 속을 걷는다.'는 뜻으로 해석할 수 있다. 뛰는 자는 주변의 경관을 음미할 수 없다. 음미하기 위해서는 반드시 속도를 늦추어야 한다. 생각해 보라. 음속으로 달리는 제트기 안에서 우리가 즐길 수 있는 경치가 무엇이 있겠는가. 꽃을 바라보며 그 아름다움을 말할 수 있는 사람, 커다란 나무를 보며 지나간 추억을 떠올릴 수 있는 자는 걷는 자이다. 과속이 접촉 사고로 이어지고 느림은 풍부한 사유로 이어진다는 사실을 모르는 것은 아니지만 현실 가운데 우리 삶의 속도는 나날이 빨라지고만 있다.

왜, 우리는 자전거를 타야 하는가?

《행복은 자전거를 타고 온다》의 저자 이반 일리히는 자전거의 속도는 인류의 삶을 위협하지 않지만 자동차의 속도는 인류를 위협한다고 경고한다. 매년 교통사고로 사망하는 사람들의 엄청난 수치가 이를 증명한다.

미국에서는 총에너지 사용량의 45%를 수송 수단이 소비한다고 한다. 2억 9천만 미국인을 수송하기 위한 한 가지 목적에 사용하는 연료가 13억 중국인과 10억 인도인이 모든 용도로 사용하는 연료를 양적으로 압도한다. 그리고 이 연료의 거의 대부분은 속력을 높이는 데 사용된다. 속도를 높이기 위한 에너지의 사용이 지구 자원 고갈, 환경 공해, 자연 파괴 등으로 이어지고 있는 것이다. 뿐만 아니라 속도를 높이기 위한 에너지의 과소비는 사회적 불공정마저 초래한다는 것이 일리히의 주장이다. 고급 외제차를 탄 사람과 경차를 탄 사람을 같은 눈으로 보지 않는 우리 사회의 현실을 감안한다면 크게 틀린 말이 아니다.

에너지 소비가 큰 자동차에 대한 대안으로 일리히는 자전거를 제시한다. 자전거를 탄 사람은 보행자보다 3~4배 더 빨리 이동할 수 있으며, 소비하는 에너지는 보행자의 5분의 1정도이다. 자전거가 인간의 신진대사 에너지를 이동력의 한도에 정확하게 맞춘 이상적인 변환기라는 것도 자전거의 이점이다.

자전거는 페달을 밟는 힘만으로 동력을 얻을 수 있고 가격 또한 저렴하다. 자전거 운행에 따르는 공공 설비 비용도 저렴하다. 하지만 자동차를 위한 고속도로나 고속철도를 위한 철도 건설에는 천문학적 비용이 들어간다.

이밖에도 자전거의 이점은 많다. 자동차 1대를 주차하는 장소에 자전거는 20대 정도를 세울 수 있다. 또 4만 명의 사람을 1시간 이내에 다리를 건너게 하기 위해서, 전차는 일정한 폭의 노선이 두 개

자전거는 환경오염을 최소화시키고, 생태계를 보전하며, 자원을 효율적으로 이용하게 하며, 세대 간, 계층 간, 지역 간 형평성을 유지하게 한다.

가 필요하고, 버스는 네 개가 필요하고, 승용차는 12개가 필요하지만, 자전거는 단 하나로 끝난다는 것이 일리히가 열거하는 자전거의 장점이다.

이외에도 자전거는 대기오염을 일으키지 않는다. 기차처럼 덜커덩거리는 소음도 없다. 골목길 같은 후미진 곳에 접근할 수 있으니 이동 접근성이 뛰어나다고 할 수 있다. 페달을 열심히 구르다 보면 별도의 다이어트 운동이 필요 없다. 자전거 동호회를 만들 수도 있으니 자전거는 사회 구성원 간의 의사소통을 활성화하는 도구로도 이용될 수 있다. 이런 이점 때문에 OECD에서는 자전거를 환경적으로 지속 가능한, 최적의 교통수단, 즉 EST(Environmentally Sustainable Transport)로 꼽았다.

행복은 자전거를 타고 온다

일리히는 생산과 소비 과정에 사용되는 도구가 인간을 지배하고 수단으로 만들어 버리기 때문에 인간성 회복을 위해서는 그 도구의 성장에 한계를 부여해야 한다고 주장한다. 거대하게 성장한 도구는 인간에게 삶의 속도를 보장해 줄지 모르지만 반대로 삶의 여유를 앗아간다. 그런 점에서 자전거는 인간적인 삶의 속도를 보장해 주는 도구라고 할 수 있다.

자전거를 타고 바람을 가르며 달려갈 때, 몸도, 산천도 푸르러진다. 행복은 자전거를 타고 온다.

불편을 선택하는 사람들

성경을 공책에 한 자 한 자 손으로 써가는 사람들이 있다. 컴퓨터로 스캔을 하면 단번에 문제를 해결할 수 있는데도 말이다. 조금 불편하더라도 문서 편집기에 타이핑을 하면 언제든 필요한 수만큼 인쇄할 수 있을 텐데, 굳이 불편을 감수하면서까지 왜 공책에 성경의 구절을 힘들게 적는 것일까? 손으로 한 자 한 자 적을 때 성경의 말씀이 가슴에 느껴지기 때문이라고 기독교 신자들은 말한다. 그들의 불편은 의도적이고 자발적이다. 스스로 불편을 선택한 것이라는 이야기다.

《나에게 컴퓨터는 필요 없다》의 저자 웬델 베리도 자발적으로 불편을 선택한 사람이다. 그는 미국 켄터키 대학을 졸업하고 한때 강단에 서기도 했으나 고향인 켄터키로 돌아가 땅을 사랑하고 존중하는 마음으로 농사를 짓기 시작했다. 농부이자 시인이며 소설가인 그는 1956년산 타자기로 글을 쓴다. 컴퓨터로 글을 쓰면 편리하겠지만 의도적으로 불편을 감수한다. 컴퓨터가 자연을 파괴하는 대형 전력 산업과 기술 산업에 의존하게 하고 기존의 유익한 것들과의 관계를 파괴하는 물건이라고 생각하기 때문이다. 더구나 컴퓨터 작동에 필요한 전력은 자연의 질서를 위배함으로써만 얻을 수 있다고

컴퓨터는 문서를 편집하거나 출력, 보관하는 데 있어서 효용성이 뛰어난 편리한 도구이다. 그러나 이 편리함을 버리고 타자기라는 불편함을 선택하는 것은 그 안에 진실이 있기 때문이다.

생각한다.

컴퓨터가 문서를 쉽게 작성하게 해 주고 수많은 자료를 신속하게 처리하게 해 주는 효율적인 기계라는 것을 모르는 것은 아니다. 이 효율성을 의도적으로 거부하는 것이다. 웬델 베리는 "컴퓨터라는 것이 나에게 있어 중요한 것들, 이를테면 평화나 경제적 정의, 생태적 건강함, 정치적 정직, 가족과 공동체의 안정, 선한 노동, 그 어떤 것에도 우리가 한 걸음 더 다가갈 수 있도록 인도해 줄 것이라 보지 않는다."라고 단언한다.

성경을 일일이 손으로 쓰는 사람들, 타자기로 글을 쓰는 웬델 베리 모두 불편을 자발적으로 선택한 사람들이다. 편리를 선택하지 않았다고 해서 그들을 비난할 수는 없다. 그들의 진실은 그들이 선택한 불편에 있기 때문이다.

32 | 시민을 위해 과학 지식을
무료로 파는 과학 상점

미국 매사추세츠 주 보스턴에 본부를 둔 '환경 · 보건 연구를 위한 JSI센터'는 자신이 사는 지역에서 발생한 환경 문제를 조사하려는 주민들에게 기술적인 지원을 하는 비영리 단체, 곧 '과학 상점'이다. 대개의 과학자들은 정부나 기업체에 소속되어 국가나 기업의 이익 증진을 위해 연구 활동을 하지만 과학 상점의 과학자들은 지역 주민의 이익을 위해 연구 활동을 한다. 재정 능력이 낮은 시민 단체나 여성 단체 또는 노동조합도 고객이 될 수 있다.

누구의 말을 믿어야 하는가?

농림부는 식량 안보를 위해 새만금 사업이 꼭 필요하다고 한다. 그러나 환경 단체는 1990년대 한때만을 제외하고는 꾸준히 100% 자급되는 거의 유일한 농작물이 쌀이라는 이유를 내세우며 새만금의 개발이 필요하지 않다고 한다. 오히려 새만금의 개발로 인해 환경 문제가 악화되고, 국민들이 떠맡아야 할 고통의 양이 증가된다는 것이 환경 단체의 주장이다. 과연 누구의 장단에 춤을 추어야 할지 시민들로서는 헷갈릴 수밖에 없다.

어떤 사업이 경제적 이득을 줄지, 손해를 줄지를 평가하는 작업을 소위 '경제성 평가 작업'이라 한다. 이런·평가는 당연히 객관적으로 이루어져야 한다. 그런데 실상을 들여다보면 과연 누구를 위한 경제성 평가인지 아리송하기만 하다.

농림부와 한국농촌공사, 전라북도 등의 행정관청 책임자들이 작성한 '새만금호 경제성 평가 작업'에는 '간척논의 농산물 증산액', '새만금 국토 확장 효과', '담수호 창출 효과' 등이 새만금호 사업으로 인해 발생하는 이익 항목으로 자리 잡고 있다. 실제로는 새만금 사업의 가장 중요한 편익은 '농산물 증산액'이다. 이것을 위해서 '국토를 확장'했고, 농업용수를 확보하기 위해 하구를 막아 담수호인 새만금호를 조성한 것이다. 즉, '새만금 국토 확장 효과'와 '담수호 창출 효과'는 당연히 '간척논의 농산물 증산액'에 포함되는 것이 분명한데도 별도의 항목으로 잡아 새만금 사업의 경제적 효과를 그만큼 키운 것이다.

새만금 사업은 원래 식량 안보를 목적으로 하는
새만금호를 조성하는 사업으로, 전라북도 군산,
김제, 부안에 총 길이 33km의 방조제를 축조하는
사업이다. 1991년에 시작된 이 사업은 환경 단체
의 반발로 공사가 중단되었으나 2006년 대법원
이 적법하다는 판결을 내린 바 있다.

행정관청의 보고서들은 사업 시행에 따른 이익은 부풀리고, 그에 따르는 비용은 의도적으로 줄인다. 가령, 하구를 막아 산을 깎아냄으로써 발생하는 육상 생태계의 파괴는 의도적으로 모르는 체 한다. 하구 개펄과 얕은 바다가 사라짐으로써 생기는 해양 생태계의 교란에 대해서도 마찬가지이다.

새만금 사업을 반대하는 시민 단체에서 작성한 보고서는 이와는 판이하다. 시민 단체에 소속된 경제학자들은 환경 파괴로 인한 마이너스 효과를 부풀린다. 과연 누구의 말을 믿어야 할까? 시민들로서는 답답하지만 문의해 볼 곳도 없다.

과학 상점의 사례들

'과학 상점(Science Shop)'은 이런 시민들의 답답함을 해결하기 위한 제도이다. 대개의 과학자들은 정부나 기업체에 소속되어 국가나 기업의 이익 증진을 위해 연구 활동을 하지만 과학 상점의 과학자들은 지역 주민의 이익을 위해 연구 활동을 한다. 따라서 재정 능력이 낮은 시민 단체나 여성 단체 또는 노동조합도 고객이 될 수 있다.

최초의 과학 상점은 1974년에 네덜란드의 위트레히트 대학 내에 설립됐다. '상점'이라는 표현을 쓴 것은 동네 구멍가게처럼 지역 주민이면 누구나 자유롭게 드나들 수 있도록 한다는 취지에서였다. 네덜란드에는 거의 모든 대학에 과학 상점이 설립돼 있으며, 매년

과학 상점이 어떤 곳인지 알고 싶다면 시민참여연구센터로 접속해 보자. 인터넷 주소는 http://www.scienceshop.or.kr이다. 과학이 좀 더 가깝게 느껴질 것이다.

총 2천여 건의 연구 요청이 들어온다고 한다. 이 중 53%는 환경 단체와 같은 비영리 사회 단체에서 의뢰한 것이고, 10%는 노동조합, 그리고 22%는 개인이 요청한 것들이다. 학생들은 과학 상점을 통해 연구 과제를 해결하면서 논문도 쓰고 학점도 이수한다. 한편 교수도 지역 문제의 구체적 해결 방안과 관련하여 교과목을 개설하고 연구를 진행할 수 있다.

미국 매사추세츠 주의 보스턴에 본부를 둔 '환경 · 보건 연구를 위한 JSI센터'는 자신이 사는 지역에서 발생한 환경 문제를 조사하려는 주민들에게 기술적인 지원을 하는 비영리 단체다. JSI센터의 직원은 모두 다섯 명이다. 3명은 지역 주민과 연락을 주고받고, 2명은 기술적 자문을 하거나 필요한 문제와 관련된 과학 기술자가 누구인지를 알아내 그에게 협조를 의뢰한다.

JSI 센터는 미국 매사추세츠 워번 시에서 발생한 백혈병의 원인을 밝혀 내는 과정에서 잉태됐다. 워번 시의 한 마을에서는 10년에 평균 5.3명이 백혈병에 걸렸다. 희생자들 부모를 중심으로 모임을 결성해 자체적으로 실태 조사에 나섰다. 당시 주민들은 비트리스 식품과 그레이스 회사가 배출하는 물질이 공동 우물을 오염시키는 것으로 추측했다. 이런 내용을 토대로 미국 국립보건원에 도움을 요청했지만 주민들의 요구는 묵살됐다. 이에 주민들은 하버드 대학 공중 보건 연구소에 조사를 의뢰했다. 조사 과정에서 연구자들이 JSI 센터를 만들어 오염된 우물을 식수로 사용한 것이 백혈병의 원인이라는 사실을 밝혀 냄으로써 주민들은 기업으로부터 800만 달러의 보상금을 받았다.

이 밖에도 과학 상점이 지역 주민과 협력하여 환경, 보건 등의 문제를 함께 해결한 사례는 적지 않다.

네덜란드 그로닝겐 대학의 '물리 상점'은 겨울이면 호수가 얼어붙어 희귀 조류가 굶어죽는 것을 안타까워 하는 지역 주민들의 호소를 듣고, 트럭에 사용하는 배터리와 작은 펌프로 호수가 얼지 않게 하기도 했다.

지역 문제를 해결해 주는 과학 상점

과학 기술 지식이 공공성을 잃지 않고 지역 주민의 복지를 위한 방향으로 활용되도록 하자는 취지에서 설립된 과학 상점이 우리나라에서도 2004년 7월 1일에 문을 열었다. 젊은 과학 기술자들이 힘을 모아 '시민참여연구센터'를 설립한 것이다.

시민참여연구센터는 "지역의 문제를 가장 잘 아는 사람은 바로 지역 주민이라는 전제 하에 지역 주민들이 문제 해결을 위해 정말로 필요로 하는 과학 기술적 지식을 제공할 수 있도록 전문가들의 참여를 이끌어 내고, 그동안 가려졌던 과학 기술의 폐해나 부정적인 면들을 지역 사회에 알리는 데도 힘을 기울이겠다."고 밝혔다.

과학이 전문가의 지식 영역에 안주하지 않고 지역의 현실적인 문제와 결합함으로써 환경, 에너지, 보건 등 지역 주민의 생활과 밀접한 당면 문제를 해결하려는 노력은 아직 그 시작은 미미하지만 의미 있는 성과를 기대해 볼만한 일이다. 이러한 흐름은 과학이 생활의 과학으로서 다시 탄생하는 순간이며, 이는 전문가들에게도 과학자로서의 본래의 역할과 새로운 의미를 되새기게 하는 계기가 될 것이다. 이러한 과학 상점이 과학이 나아가야 할 방향을 제시하고 있다고 할 수 있다.

시민들에게 권력을 부여하는 과학 상점

과학 기술은 삶을 편리한 방향으로 이끌어 준다고 우리는 막연하게 생각한다. 그러나 '기술의 사회적 구성론'을 주장하는 사람들은 기술이 모두의 이익을 공평하게 증진시켜 준다고 믿지 않는다. 이 이론 체계에서는 어떤 특정의 기술이나 프로젝트에 참가하는 여러 행위자들—엔지니어, 자본가, 투자은행, 정부, 소비자 등—의 이해 관계나 가치 체계가 기술이 특정한 형태로 결정되는 과정에 중요한 역할을 한다고 주장한다.

가령 대단위 아파트 건설을 두고 공청회를 연다고 가정해 보자. 시민 단체들은 삶의 질을 고려하여 친환경 개발을 주장하고, 건설 업체들은 영리를 우선시해 고층 아파트 위주로 개발할 것을 주장할 것이다. 이때 어떤 기술이 채택될 것인가는 그 기술이 가지는 우수성에 있다고 생각하기 쉽다. 그러나 기술의 사회적 구성론을 주장하는 사람들은 집단의 이해 관계가 기술을 결정한다고 주장한다.

기술을 결정하는 것은 기술 그 자체가 아니라 그 기술에 관련된 사회 집단들의 정치적·경제적 힘이라는 것이다. 그런데 정작 시민들에게는 이 힘이 부족하다. 가령, 정부가 어떤 정책을 실시한다고 했을 때, 시민들로서는 정부의 정책이 시민들의 삶에 어떤 영향을 미칠지에 대해서 판단할 전문적인 지식과 자본이 부족하다. 이럴 때 시민들이 문을 두드릴 수 있는 곳이 과학 상점이다. 시민들에게 전문적 지식을 제공함으로써 시민들로 하여금 정부의 정책 결정에 참여할 수 있는 힘을 부여하는 곳이 곧 과학 상점인 셈이다. 과학 상점이 활성화되면 시민들은 더이상 과학 기술 정책 결정에 있어 수동적인 방관자가 아니다. 그런 점에서 과학 상점은 시민들에게 정치 참여의 권리를 되돌려 준다고 할 수 있다.

33 | 원자력은 에너지 문제의 해결사?

핵에너지, 석탄 에너지, 석유 에너지에서 재생 가능 에너지로 넘어가지 않으면 더 이상의 생존은 물론이고 인류의 생존도 위태롭다. 태양열 에너지를 이용하는 경우 연료를 공급할 필요가 없고, 광범위한 전력 공급망도 필요가 없게 되어 비용 효과 면에서 커다란 경제성이 기대되지만, 이것은 기존 에너지 업계에 커다란 타격을 준다. 그러므로 기존 에너지 업계는 재생 가능 에너지로의 전환에 호의적인 반응을 보이지 않는다.

대체 에너지에 대한 고민

　제레미 리프킨의 《수소 혁명》은 인류가 직면하고 있는 에너지 위기를 경고하고 그 해결책을 제시하고 있는 책이다. 이 책에서 리프킨은 20세기를 지탱하게 해 준 화석 연료, 특히 석유는 몇 십 년 안에 고갈될 것이며 얼마 남지 않은 석유마저도 정치적으로 불안정한 중동 지역에만 남아 있게 될 것이라고 경종을 울린다. 그는 화석 연료 사용으로 인한 지구 온난화 등의 환경 문제가 일으킬 재앙도 함께 지적하면서 그 대안으로 수소 에너지 체제를 역설한다.

　리프킨은 수소가 물의 구성 원소인 만큼 거의 무궁무진한 자원이라고 말한다. 또 수소는 연료 전지 등을 통해 전기를 발생시킬 수 있고, 기체 연료로 쓸 수 있다는 장점을 든다. 하지만 리프킨의 주장에 강력하게 제동을 걸고 있는 학자가 있다. 바로 《에너지 주권》의 저자, 헤르만 셰어다. 셰어는 먼저 수소 에너지가 석탄, 석유 등과 같이 땅에서 캐낼 수 있는 1차 에너지가 아님을 강조하고 있다. 수소는 변환 과정을 거쳐 얻어야 하는 2차 에너지인데 이 변환 과정에서 일정 정도의 에너지가 필요하다는 것이다.

　셰어는 가령 물과 같은 재생 가능 에너지를 이용하여 수소를 생산하려면 전기가 필요한데, 이 전기를 멀리 떨어진 곳에서 끌어와야 한다면 적어도 10%의 에너지 손실을 감수해야 하고, 또 물의 전기 분해, 수소의 액화 과정, 압축저장 과정, 운송 과정, 수소를 전기로 전환시키는 과정 등에서 커다란 에너지 손실이 있기 때문에 수소 에너지는 비효율적인 에너지라고 주장한다.

셰어는 수소 에너지를 옹호하는 그룹을 셋으로 분류한다. 첫째, 수소 에너지에 대한 선의의 의도를 가지고 있지만 정보 부족으로 편중된 사고를 하는 사람, 둘째, 단기적인 사회 안정을 위하여 전통적 에너지 시스템과 관련된 변화를 뒤로 미루고자 하는 사람, 셋째, 핵전력을 이용하여 수소를 생산할 계획을 가지고 있지만 이를 공개적으로 밝힐 의사가 없는 사람들이 그들이다. 셰어는 세 번째의 사람들을 집요하게 공격한다.

셰어는 최근 수소와 연료 전지를 주제로 하여 수많은 회의가 개최되고 있는데, 그 가운데 대다수는 세 번째 의도를 기반으로 하고 있다고 말한다. 최근 일고 있는 수소에 대한 열광과 보편적인 공감대를 위하여 핵에너지를 다시 끌어들이려는 것이 그들의 숨은 의도라는 것이다.

셰어는 미국의 조지 부시 대통령이 추구하고 있는 17억 달러짜리 수소 프로그램은 핵수소를 중심으로 한 것으로, 재생 가능 에너지 연구비로 책정된 예산을 끌어와 그 비용을 충당하고 있다고 비난한다. 수소 캠페인은 전통적인 핵 로비스트들과 석유 로비스트들에 의해 주도되고 있는데, 이들이 바로 "자신들의 목적을 위해 수소를 유괴한 자들"이라고 셰어는 극언을 서슴지 않는다.

원자력이 대안인가?

1950년대만 하더라도 '핵에너지의 평화적인 사용'이 온갖 종류의 물질적 궁핍으로부터 해방시켜 줄 수 있으리라는 낙관론에 인류는 빠져 있었다. 철학자 에른스트 블로흐는 그의 저서 《희망의 원리》에서 "사하라 사막과 고비 사막을 흔적도 없이 사라지게 하고, 시베리아와 캐나다 북부, 그린란드, 남극 지방을 휴양지로 바꾸어 놓으려면 몇 백 파운드의 우라늄과 토륨만 있으면 충분하다."라고 말했다. 핵무기를 반대하는 1954년의 〈러셀과 아인슈타인 선언〉에서도 "오로지 너의 인간성만을 상기하고, 그 밖의 다른 모든 것을 잊어버리도록 하라. 만약 그렇게 할 수만 있다면 새로운 파라다이스가 활짝 열릴 것이다."라고 하면서 원자력의 긍정적 이용에 큰 기대를 걸고 있었다. 이런 사회적 분위기에 힘입어 핵에너지는 정부로부터 광범위한 지원을 받았다. 그러나 셰어는 원자력에 대한 긍정적 기대가 낭만적인 것에 불과하다고 조목조목 반박한다.

첫째, 물 부족 문제다. 원자로 증기 발생 과정과 냉각을 위해서는 엄청난 양의 물이 필요하다. 세계 인구 증가에 따른 물 수요 증가를 감안할 때 심각한 문제가 향후 발생할 수 있다는 것이다.

둘째, 낮은 효율성의 문제다. 핵 폐열을 이용하여 전기 - 난방 연계시스템을 가동시키려면 멀리 떨어진 장소에 중앙 집중식으로 모여 있는 발전소로부터 열을 끌어와야 하는데, 이 때 소요되는 비용이 엄청나기 때문이다.

셋째, 위험성의 문제다. 현재 특정 국가들 간의 대립을 넘어서 새로운 형태의 전쟁 위기가 고조되는 상황에서 전 세계적으로 원자로를 목표로 한 핵 테러리즘의 위험성이 증가하고 있기 때문이다.

넷째, 에너지 경제적 방안의 오류 문제다. 핵발전소 건설을 위해서는 집중적이고 장기적인 자본 투자가 필요한데, 이는 전력 시장의 자유화 정책과 어긋난다는 것이다. 전력 시장 자유화 정책은 단기적인 투자 비용 회수를 기초로 하기 때문이다.

다섯째, 핵폐기물의 최종 처리 문제다. 핵폐기물은 반드시 10만 년 동안 안전하게 보관해야 하는데, 사회적인 불안이 날이 갈수록 증가하고 있는 상황에서는 어떤 정치적인 시스템도 이 긴 기간을 책임지고 보증할 수 없다는 것이다.

여섯째, 은밀하게 진행되는 방사능 오염 문제다. 방사능 누출이 장기적인 관점에서 자연과 인간에 초래할 위험에 대해서는 누구도 예측할 수 없기 때문이다.

재생 가능한 에너지를 연구하고 이를 어떻게 시민들의 삶 속에서 실천할 수 있는지를 모색하고 있는 '에너지 전환' 대표 이필렬 교수도 〈원자력 석유 대체론의 허구성〉이란 글을 통해 원자력 발전이 화석 에너지의 대안이 될 수 없다고 단정 지으면서 이렇게 말한다.

"원자력도 고갈된다. 땅 속에서 쉽게 캐낼 수 있는 우라늄은 무한히 존재하는 것이 아니다. 현재 전 세계에서 돌아가는 원자력 발전소 440개는 50년 정도 돌릴 양밖에 되지 않는다. 우리나라에서 필요한 전기, 자동차 연료, 난방용 연료 등의 에너지를 모두 원자력으로 공급하려 한다면 원자력 발전소가 150개 가량 필요한데, 이것이 더해지면 그 연한은 37년으로 줄어든다. 그런데 150개의 원전을 건설하는 것이 가능한 것일까?"

재생 가능한 에너지의 개발은 가능한가?

존 버스비도 〈왜 원자력은 지구 온난화에 대한 답이 되지 않는
가?〉라는 글에서 "현재 세계의 연간 우라늄 광산의 전체 산출은 고
작 3만 6천 t이다. 원자력 발전에 필요한 연간 6만 6천 t 에서 모자
라는 나머지 3만 t은 재고, 과거 무기 재료, 혼합 핵연료, 그리고 재
가공한 광산의 선광 부스러기에서 나온다. 그런데, 현재의 세계 에
너지 수요를 원자력으로만 채우려면 우라늄 생산은 140배 늘어야
한다."고 우려를 표명한다.

그는 원자력이 무(無)탄소(carbon-free)라는 주장도 거짓이라고
주장한다. "이산화탄소는 원자로에서의 핵분열 과정을 제외한 모
든 핵연료 사이클의 구성 부문에서 방출된다. 채광, 광석 제분
(milling) 그리고 광석 농축 과정에, 연료 캔 준비 과정에, 발전소 건
설, 사용 중단, 폐로(demolition) 과정에, 핵폐기물 관리와 핵폐기물
재처리 과정에, 그리고 핵폐기물 보관을 위한 암반을 뚫는 과정에
화석 연료가 필요하다."고 존 버스비는 말한다. 원자력은 깨끗한 에
너지라는 믿음이 허구임이 증명되는 순간이다.

헤르만 셰어는 원자로는 '원천적 불안전성'을 지니고 있다고 말
한다. 정부 당국자들이나 전문가들이 "이중 삼중의 안전 장치와 경
보 장치가 설치돼 있어 원자로는 안전하다."고 주장하는 것 자체가
원자로는 근본적으로 안전하지 않다는 것을 역설적으로 말해 주는
것이라고 셰어는 꼬집는다.

《에너지 주권》에서 저자는 현재 에너지 위기를 타개하려는 세계

헤르만 셰어는 태양열 주택이나 풍력 발전을 하면 정부에서 더 많은 보조금을 지불해야 한다는 생각은 편견에 불과하다고 말한다. 오히려 핵에너지나 화석 에너지에 대한 정부의 보조금이 지금까지 지급된 모든 종류의 재생 가능 에너지 보조금보다 몇 배나 더 많았다고 주장한다.

각국의 시도를 살피고, 위기의 대안으로 핵에너지, 석탄 에너지, 석유 에너지에서 재생 가능 에너지로 넘어가지 않으면 인류의 생존도 위태롭다고 경고한다.

태양열 에너지를 이용하는 경우 연료를 공급할 필요가 없을 뿐만 아니라, 광범위한 전력 공급망도 필요가 없게 되어 비용 효과면에서 커다란 경제성이 기대된다. 하지만 태양열과 같은 대체 에너지 방식으로의 전환은 기존의 에너지 업계에게는 큰 타격이다. 때문에 기존의 에너지 업계가 재생 가능 에너지로의 전환에 호의적인 반응을 보이지 않는다고 셰어는 지적한다. 정부 역시 기존의 에너지 업계의 타격이 곧 국민 경제의 몰락으로 비추어지지 않도록 하기 위해 정책 결정시 기존 에너지 업계를 배려할 수밖에 없는 한계점이 있다. 이런 것들이 재생 가능 에너지 시스템으로의 전환에 걸림돌이 된다는 것이다.

셰어는 에너지원이 다양하고 소규모 자체 발전이 가능한 재생 에너지가 각 국가 또는 지역별, 지자체별로 효율적인 에너지 생산과 공급을 가능하게 할 것이며, 이는 국가 간 불균형과 양극화를 해소할 수 있는 또 다른 기회가 될 것이라고 말한다. 셰어는 이어 재생 가능 에너지에 대한 인식 개선과 발전을 위해서 전통적 에너지 체제 중심에서 비롯된 고정관념에서 벗어나라고 말한다. '에너지 소비', '에너지 시장', '환경 부담금' 같은 표현도 그 고정관념의 일부라고 셰어는 지적한다.

'에너지 소비'라는 말은 에너지가 '모두 소모된다.'는 의미를 함축하고 있으므로 재생 가능 에너지의 장점을 배제한 표현이라면서 셰어는 '에너지 사용'이라는 말을 그 대체어로 제시한다. '환경 부담금'도 마찬가지다. 환경 부담금은 환경 유해 물질, 특히 화석 에너지에 세금을 부과하는 제도를 말한다. 그런데 이 개념은 관심의 초점을 환경오염에서 세금 부담으로 옮기고 있으므로 '환경 부담금'보다는 '유해 물질 부담금'이라는 용어가 더 적합하다고 주장한다. 세세한 곳에서까지 의식의 혁명을 요구하는 셰어의 세심함이 돋보이는 대목이다.

재생 가능한 에너지로의 전환을 위해

국가별 지역별 차이를 인정하고 경쟁력 있는 에너지 생산을 위한 다양성이 전제되지 않는 한, 에너지 주권 확립은 불가능하다고 저자는 말한다. 전 세계적 합의의 주축은 선진국과 국가를 초월하는 거대 에너지 기업들일 수밖에 없고, 이들의 이권을 보호하는 선에서 협약과 정책이 결정되기 때문이라는 것이다.

기존 에너지 업계가 자금과 권력을 쥐고 있는 상황에서 국가별·지역별로 자체적인 에너지 운용이 가능할 수 있는 방안은 오직 '재생 가능 에너지로의 전환'뿐이라고 그는 거듭 말한다. 이를 위해 셰어는 10가지 철칙을 제안한다.

① 의식적 자율성을 되찾는다. ② 새로운 경제 발전 모델을 세운다. ③ 국내 자원에 원칙적인 우선권을 부여한다. ④ 전통적 에너지를 대체할 순서를 정한다. ⑤ 재생 가능 에너지를 통해 얻은 국민 경제적 이익을 개별 경제 활성화를 위한 자극제로 전환한다. ⑥ 에너지 업계 내에 존재하는 카르텔을 실질적으로 해체한다. ⑦ 국가가 본보기가 되어 재생 가능 에너지 사용에 앞장선다. ⑧ 재생 가능 에너지를 중심으로 한 조경 계획과 도시 계획을 세운다. ⑨ 지식의 결핍을 극복한다. ⑩ 위협적인 세계 경기 침체에 대처하려면 재생 가능 에너지를 이용해 경기를 활성화시켜야 한다.

《에너지 주권》 저자, 헤르만 셰어는 2002년 〈타임〉지가 선정한 '녹색 세기를 만든 영웅'으로 뽑히기도 했다.

34 기술이 위험을 증가시킨다

핵무기나 원자력 발전소와 같은 거대한 기술에 의존하는 사회일수록 위험에 노출되기 쉽다. 기술 시스템에 포괄된 특정 구성 요소에 내재한 사소한 문제가 시스템의 전반에 대한 순간적인 붕괴로 이어지는 대형 사고를 낳을 수 있기 때문이다. 원자력 발전소의 사소한 기술적 결함 문제가 엄청난 재앙을 불러올 수 있음을 상기해 보라.

현대 사회는 위험 사회다

500년 전에는 배고픔이 문제였다. 호랑이와 같은 맹수와 천연두와 같은 전염병도 문제였다. 그러나 오늘날에는 차도 조심해야 하고, 전기도 조심해야 하고, 엘리베이터도 조심을 해야 한다. 성수대교나 삼풍 백화점의 붕괴에서 보듯이 대규모의 사고라도 나는 날에는 엄청난 인명 피해가 생긴다. 주위를 둘러보라. 얼마나 많은 위험 표지판이 있는가! 모든 것이 기술의 증가와 함께 생겨난 것들이다.

유전자 조작 기술은 인간에게 커다란 이득을 가져다준다. 가령 바닷물에도 재배할 수 있는 벼를 개발한다면 인류의 식량난을 쉽게 해결할 수 있다. 그러나 인공적으로 개발한 벼가 인체에 알레르기

현대 사회는 거대 기술 시스템이 제어하는 사회다. 현대인은 이 시스템의 혜택 안에 살고 있다. 그러나 기술이 발달하고 거대해질수록 그만큼 위험 요소가 증가한다. 우리는 그런 위험 사회에 살고 있는 것이다. 과연 우리는 어떻게 이 위험 사회에서 벗어날 수 있을까?

나 이상 현상을 유발할 가능성을 무시할 수는 없다.

자동차가 있으니 빨리 갈 수 있고, 비행기가 있으니 하늘을 날 수 있다. 누가 뭐라 해도 기술은 인간의 편익을 증진시키는 방향으로 발전하는 것임에 틀림이 없다. 그러나 인간이 기술에 의존하면 의존할수록 그 사회의 위험도도 증가한다는 견해를 가진 학자가 있다. 독일의 사회학자인 뮌헨 대학의 울리히 벡 교수다. 그는 기술의 증가와 함께 위험성이 커지는 현대 사회의 특징으로 '위험 사회'의 개념을 제시한다.

핵무기나 원자력 발전소와 같은 거대한 기술에 의존하는 사회일수록 위험에 노출되기 쉽다는 것이 울리히 벡 교수의 견해다. 가령 오늘날의 전기 시스템을 예로 들어 보자. 전기 시스템은 발전 설비를 갖추고 선로망을 통해 전기를 공급하는 전력 회사, 공급된 전기를 다양한 형태로 소비할 수 있도록 전자 제품들을 생산해 내는 가전업체, 발전소에 필요한 화석 연료를 공급하는 유조선과 선박 회사, 화석 연료를 채굴하는 시추선과 이를 정제하는 정유 공장 등 소규모 시스템들을 그 속에 포괄하는 거대 시스템이다. 호미나 낫을 만드는 대장간과는 비교도 안 될 만큼 거대한 규모와 복잡한 체계를 갖춘 것이 이 거대 기술 시스템이다.

거대 기술 시스템은 본질적으로 위험하다

20세기에는 원자탄 개발 계획, 허블 우주 망원경 계획, 인간 게놈 계획, 입자 가속기 건설 계획 등 거대 규모의 과학이 등장하였다. 즉, 혼자 연구하는 과학에서 수백 명이 팀을 구성하여 연구하는 과학으로 바뀌었다. 또한 아폴로 우주 개발 계획, 컬럼비아 우주 왕복선 계획, 원자력 발전 계획 등의 거대 기술 체계가 나타났다. 자정이 훨씬 넘은 시각까지 사람들이 대낮처럼 활동할 수 있는 것도, 서울에서 동경까지 1시간에 닿을 수 있는 것도, 서울에서 부에노스아이레스에 있는 사람과 채팅으로 대화할 수 있는 것도 바로 이 거대 기술 시스템 덕분이다.

문제는 이렇게 삶의 편리성을 획기적으로 증대시켜 주고 사회의 모습을 새로운 방향으로 구조화하는 거대 기술 시스템이 완벽하지만은 않다는 것이다. 기술 시스템에 포괄된 특정 구성 요소에 내재한 사소한 문제가 시스템 전반의 순간적인 붕괴로 이어지는 대형 사고를 낳을 수 있다는 것이다. 원자력 발전소의 사소한 기술적 결함이 엄청난 재앙을 불러올 수 있음을 상기해 보면 이 사실을 쉽게 짐작할 수 있다. 과학자들은 꼼꼼하고 치밀하게 기술의 운용 과정을 계산한다고 하지만 기술의 운용 과정에 개입할 수 있는 모든 요인들을 빠짐없이 점검하기란 사실상 불가능하기 때문이다.

우주 왕복선과 같은 거대 기술 체계가 일정 기간 동안 큰 사고 없이 운행되었다고 해서 그것이 일상적이고 안전한 기술이 되었다고 간주할 수는 없다. 우주 왕복선과 같은 거대 기술 체계는 기술적인 복잡성과 그 속에 내재한 불확실성의 요소 때문에 본질적으로 위험한 기술일 수밖에 없다.

인간을 위한 적정 기술

망치가 작을 때는 손을 다쳐도 가볍게 다치지만, 망치가 커지면 부상이 심해질 수밖에 없다. 이럴 때는 도구의 크기를 적정하게 해야 한다. 이반 일리히는 생산과 소비 과정에 사용되는 도구가 인간을 지배하고 수단으로 만들어 버리기 때문에 인간성의 회복을 위해서는 그 도구의 성장에 한계를 부여해야 한다고 주장한다. 도구의 성장에 한계를 부여하라는 말은 결국 도구가 거대하게 성장하는 것을 막음으로써 도구가 주는 위험을 경계하자는 이야기다.

인간을 소외시키지 않으며, 커다란 재앙을 불러오지 않는 기술이란 어떤 것일까? 거대 규모의 핵발전소 건설과 중앙 집중식의 전력 공급 체계가 문제점이 있다면, 이를 지양하고 환경에 부담을 적게 주는 체계로 소규모의 분산적인 태양 에너지에 의한 전력 공급 체계를 생각해 볼 수 있다.

가령 핵발전소나 수력 발전소의 경우는 전력을 생산하고 공급하는 데 거대한 체계가 필요하다. 이런 거대한 체계는 전쟁이나 자연재해와 같은 재앙에 취약해 대형 사고의 위험을 안을 수밖에 없다. 그러나 태양 에너지로 소규모의 전기를 만들어 쓸 때는 대형 사고의 위험도 없고, 환경을 해칠 염려가 없다. 바로 태양 에너지와 같은 전력 공급 시스템이 인간을 위한 적정한 기술이다.

슈마허의 중간 기술

《작은 것이 아름답다》의 저자 슈마허는 1961년 네루의 초청을 받아 인도의 농촌 개발을 위한 자문으로 인도를 방문하게 된다. 슈마허는 당시 거의 원시 상태에 가까운 인도의 농촌 현실을 둘러보고 제3세계의 자주적 경제 발전을 이끌어 내기 위한 기술로서 '중간 기술'이라는 새로운 개념을 창안해 낸다.

세계 제2차 대전 이후 대량 생산에 의한 대량 소비가 진행되면서, 대량 생산 체제를 유지하기 위한 자원 투하량의 증가, 생산성 향상을 위한 투자의 대규모화와 거대 조직화로 소득과 자원에 있어서 부국과 빈국의 갈등, 특정 집단의 기술 독점으로 인한 불평등, 자원의 고갈과 생태계의 파괴 등의 문제점이 나타났다. 이런 문제를 극복하고자 슈마허가 창안한 개념이 이른바 '중간 기술'이다.

슈마허는 기술은 특정 집단의 이익만을 증가시키지 않고 모든 사람에게 골고루 그 혜택을 돌려줄 수 있어야 하며, 기술은 자원을 남용하지 않으면서 생태계를 건강하게 할 수 있어야 한다고 생각했다. 그는 인간의 노동력을 최대로 활용하여 작은 규모로 이루어지는 중간 기술이야말로 개발도상국이 선택할 수 있는 최선의 개발 전략이라고 보았다.

대규모 섬유공업처럼 환경과 인간성을 파괴하지 않는 기술, 자원을 남용하지 않으면서 생태계를 건강하게 하는 기술이 이른바 '간디의 물레'로 상징되는 '중간 기술'이다.

호미로 농사를 짓고 있는 제3세계의 농촌을 개발하기 위해 트랙터와 콤바인을 들여오면 일자리 부족으로 더 많은 실업이 발생하고, 복잡한 기계에 무지한 농민들은 그 기계를 다룰 수 있는 사람에게 매여 버리게 된다. 그래서 슈마허 박사는 호미와 트랙터의 중간에 해당하는 그 지역의 상황에 적합한 기술이 있을 것이라 생각하여 그것을 '중간 기술'이라 이름붙이고, 그러한 기술을 연구, 개발하기 위하여 '중간 기술 개발 그룹'이라는 국제적인 단체를 조직하게 된다.

중간 기술의 개념은 순전히 슈마허 박사가 창안한 개념은 아니다. 슈마허 스스로가 인정하듯 그것은 본래 간디의 아이디어였다.

영국의 지배하에 들면서부터 영국의 섬유 공업이 인도 가내 공업을 파괴하였고 영국은 섬유 산업을 통해서 인도로부터 많은 이윤을 가져가고 있었다. 이 때 간디는 서양의 거대한 생산 체계가 제3세계의 민중을 소외시키고 자연을 약탈한다고 생각했다. 그는 영국의 지배 하에서 벗어나는 길은 비천한 사람들에 대한 차별을 없애고, 인도의 지방 산업을 다시 활성화하는 것이라고 생각했다. 또 인도의 섬유 시장을 점령하고 있는 영국의 섬유 공업을 약화시키기 위해서는 인도인들 스스로가 물레를 돌려 옷을 만들어야 한다고 생각한 것이다.

물레 역시 인간의 편리를 증진시키는 기술이다. 그러나 물레는 영국의 대규모 섬유 공업과는 달리 인도인들을 소외시키지 않고, 인간성과 환경을 파괴하지 않는다는 것이 간디의 생각이었다. 슈마허의 '중간 기술'은 바로 이런 간디의 생각을 구체화한 것이라고 볼 수 있다.

일찍이 장자는 이상 국가의 조건으로서 소국과민(小國寡民)을 말한 바 있다. 이상적인 국가는 그 규모가 작아야 하고 백성의 수도 적어야 한다는 뜻이다. 슈마허가 장자의 '소국과민'의 개념을 알고 있었는지는 모르지만 그의 다음과 같은 발언은 현대 문명에 던지는 의미심장한 발언이라고 하지 않을 수 없다.

"조직이 커질수록 점점 질서가 필요해진다. 하지만 이 필요성이 너무도 효과적으로, 그리고 완벽하게 충족되어 인간이 창조적인 직관을 발휘할 수 있는 가능성, 즉 기업가의 무질서가 조금도 남아 있지 않다면, 그 조직은 시체나 다름없게 된다."

기술과 도구가 거대해지면 오히려 인간은 그 기술과 도구에 거꾸로 지배될 가능성이 있고, 그만큼 사회의 위험성도 증대된다. 이런 위험을 방지하기 위해서는 가급적 기술을 분산시키고 그 규모를 적정한 수준으로 유지해야 한다는 것이 슈마허의 충고다.

35 | 저엔트로피 사회를 향하여
삶의 틀을 바꾸자

에너지와 물질의 형태 변화는 오직 한 방향으로만 이루어진다. 사용할 수 있는 형태로부터 사용할 수 없는 형태로, 질서가 있는 상태에서 무질서가 증가하는 상태로만 변할 수 있으며, 그 되돌림은 불가능하다. 이 때 사용 불가능한 형태로 바뀌어 있는 에너지의 총량을 '엔트로피'라고 한다. 곧 엔트로피란 더 이상 일로 바꿀 수 없는 에너지의 양에 대한 척도이며, 엔트로피의 증가는 사용 가능한 에너지의 감소를 뜻한다.

과학이 유토피아를 건설해 줄 수 있는가?

1600년대 초에 프란시스 베이컨이 썼다는《뉴 아틀란티스》는 과학이 유토피아를 건설해 줄 것이라는 낙관주의적 신념으로 가득 차있다. 책은 페루에서 닻을 올려 중국으로 항해하던 배가 폭풍우를 맞이하여 항로를 잃어버리고 헤매다 마침내 지도에 나오지 않는 땅을 발견하는 것으로 시작한다. 바로 그곳이 인간의 과학이 만들어낸 유토피아 벤살렘 왕국이다.

벤살렘은 둘레가 5600마일로, 토양이 비옥한 섬이다. 벤살렘의 실력자는 학술원 회원인 과학자들이다. 그들은 건강을 증진시켜 주고 생명을 연장시켜 주는 물을 만들고, 유성의 체계와 운동을 모방한 거대한 건물을 만들고, 다양한 생물체를 번식시키고, 동물의 손상된 부위를 재생하는 방법도 연구한다. 과학자들의 손에서 섬은 유토피아의 모습으로 새로 태어난다.

과학이 유토피아를 건설해 줄 것이라는 당시의 이런 낙관론은 비단 프란시스 베이컨 혼자만의 생각은 아니었다. 과학혁명과 산업혁명을 거치면서 많은 사람들이 과학과 지식의 진보가 인간의 삶의 조건을 획기적으로 개선해 줄 것이라는 낙관주의적 신념을 가지게 되었다. 그러나 근대의 과학 문명을 비판하는 목소리 또한 만만치 않았다.

《엔트로피》의 저자 제레미 리프킨도 과학 문명이 장밋빛 미래를 건설할 것이라는 데 이의를 제기한다. 결론부터 말하면《엔트로피》는 문명의 종말을 경고하는 책이다. 베이컨이 생각했던 대로 과학 문명이 유토피아를 건설해 주기는커녕 오히려 종말을 앞당길 것이라고 저자는 말한다. 현대의 과학 문명에 대한 섬뜩한 경고인 셈이다.

엔트로피의 법칙

제레미 리프킨이 현대 문명에 대한 비극적 전망을 말하기 위해 끌어들인 개념은 열역학 법칙이다. 열역학 제 1법칙에 따르면 이 우주의 총 에너지는 불변이다. 즉 어떤 변화가 일어나더라도 우주 전체의 에너지는 보존된다는 것이다. 다시 말해서 에너지의 총량은 항상 일정하기 때문에 에너지를 계속 사용하더라도 그 형태만 변할 뿐 새롭게 생성되거나 소멸될 수 없다는 것이다. 그러나 이는 에너지를 무한정 사용해도 된다는 것을 의미하지는 않는다. 예를 들어 석탄을 태우면 에너지 총량에는 변화가 없을지 모르지만 일의 에너지원이 되는 석탄은 다시 얻을 수 없게 된다.

물질세계의 이러한 현상을 설명하기 위한 것이 열역학 제 2법칙, 즉 '엔트로피'의 법칙이다. 이에 따르면 에너지와 물질의 형태 변화는 오직 한 방향으로만 이루어진다. 사용할 수 있는 형태로부터 사용할 수 없는 형태로, 질서가 있는 상태에서 무질서가 증가하는 상태로만 변할 수 있으며, 그 되돌림은 불가능하다. 이 때 사용 불가능한 형태로 바뀌는 에너지의 총량을 '엔트로피'라고 한다. 곧 엔트로피란 더 이상 일로 바꿀 수 없는 에너지의 양에 대한 척도이며,

엔트로피의 증가는 사용 가능한 에너지의 감소를 뜻한다.

엔트로피는 '무질서의 정도'로도 표현된다. 가령 물과 잉크가 따로 있을 때는 물은 물대로 존재하고 잉크는 잉크대로 존재하므로 '무질서'하지 않다. 즉 엔트로피가 낮은 상태이다. 그러나 물에 잉크를 섞으면 잉크가 점점 퍼져가면서 물 속의 '무질서도', 즉 엔트로피가 증가하고 종국에는 잉크의 확산 현상은 멈춘다. 마찬가지로 빨갛게 단 부지깽이를 난로에서 꺼내어 공기 중에 방치하면, 부지깽이가 식어감에 따라 주위의 공기가 뜨거워진다. 열은 언제나 뜨거운 물체에서 찬 물체로 흐르기 때문이다. 그리하여 마지막에는 부지깽이와 주위의 공기는 같은 온도를 유지하게 된다. 이와 같이 에너지 수준에서 차이가 없어진 상태를 평형 상태라고 부른다. 말하자면 정지되어 있는 잉크병 속의 물과 비슷한 상태인데, 운동이 정지된 상태로서 이미 유용한 일을 할 수가 없는 상태다. 바로 이 상태가 엔트로피가 최대로 된 상태요, 곧 인류의 종말을 의미한다.

리프킨은 인간이 행하는 모든 물리적 활동은 열역학 제1법칙 및 제2법칙의 형태로 표현된다고 주장한다. 그는 카드의 예로 이를 설명한다.

"카드 한 장 한 장을 숫자와 그림에 맞추어 질서 있게 쌓아 놓았다고 하자. 이 카드 뭉치는 질서의 최대값, 또는 엔트로피의 최소값에 있다. 이 카드 뭉치를 방바닥에 던지면 무질서한 상태로 흩어질 것이다. 카드 한 장 한 장을 집어 처음처럼 질서 있는 상태로 쌓아 올리려면 카드를 뿌릴 때보다 더 많은 에너지가 필요하다."

이 비유가 말하고 있는 것이 무엇일까? 카드 뭉치를 던진다는 것은 엔트로피를 증가시키는 일, 곧 무질서도를 증가시키는 일이다. 이는 곧 인간의 에너지 사용 행위를 의미한다.

리프킨은 자신의 책에서, 무엇이 엔트로피가 증가하는 데 일조했는가를 조목조목 살피고 있다.

먼저 기술이다. 기술의 규모가 크고 복잡할수록 에너지의 소비량이 많아진다. 기술이 발달하면 할수록 에너지의 소비는 많아지고 결과적으로 쓸 수 없는 에너지, 곧 엔트로피는 증가한다. 그럼에도 사람들은 기술이 환경에 대한 의존에서 그들을 해방시켜 줄 것이라는 환상에 사로잡혀 있다. 프란시스 베이컨이 꿈꾸었던 유토피아도 이런 종류의 환상이다.

제도의 발달 역시 엔트로피를 증가시킨다. 리프킨은 정치 및 경제기구들은 기계와 마찬가지로 에너지의 변환자들이고, 그들이 하는 일은 문화 전체를 통과하는 에너지 흐름을 더욱 원활히 하는 것이라고 생각한다. 이 에너지의 흐름이 원활하게 되어 결국 에너지의 부족 사태를 맞을 때 국가는 유용한 에너지원을 찾아 영토 확장을 꾀하게 되는데 이것이 바로 제국주의라고 리프킨은 설명한다.

전문화는 증가하는 복잡성 및 집중화와 나란히 진행되는데 이 역시 엔트로피를 증가시킨다. 이 전문화로 인해 각 개인의 기능은 더욱 세분화되고 한정되지만 지나친 전문화로 인해서 융통성을 잃어버리고 환경 변화에 적응하지 못할 수도 있다고 리프킨은 경고한다.

리프킨은 미국에서 농업 장관을 지낸 클리포드 하딘이 "한 사람의 인력으로 현대적이고 기계화된 사육 시스템을 통해 7만 5천 마리의 닭을 키우고, 자동 사료 공급 장치를 써서 5천 마리의 소를 키울 수 있는 나라가 미국 이외에 어디 있단 말인가?"라는 말을 인용하면서 현대적 농업이 얼마나 고엔트로피 산업인지를 설득력 있게 말해 준다.

이동의 효율을 현저히 높여 주는 수송 수단과 도시화 역시 엔트로피를 증가시키는 요인이라고 리프킨은 지적한다. 도시의 팽창으로 무질서가 축적됨에 따라 도시의 통치 기구는 더욱 비대해진다는 것도 도시화의 문제점으로 지적된다. 도시에서 쏟아져 나오는 쓰레기 역시 골치다.

리프킨은 전쟁 준비는 인간 활동 중 가장 많은 엔트로피를 증대시키는 활동이라고 하면서 미사일을 만드는 것은 "후손들이 쓸 쟁기를 빼앗아 칼을 만들고 있는 꼴"이라고 비판한다. 교육 제도의 중앙 집중화 또한 문제다. 교육 제도의 중앙 집중화로 새로운 정보기술이나 전문화된 프로그램 등을 이용할 수 있게 되었지만, 정보가 대량으로 늘어나면서 에너지 소비도 크게 늘어났으며, 그 결과 쓰레기 정보와 같은 무질서가 축적되고, 엔트로피 과정이 더욱 빨라졌다는 것 또한 문제다.

리프킨은 세계 인구의 6%를 차지하는 미국이 전 세계 에너지 총소비량의 1/3을 차지한다고 비판하면서 에너지 문제의 대안으로서 내 놓은 자구책들이 얼마나 타당성 있는지를 검토한다. 먼저 석탄을 원료로 휘발유를 얻는 합성 연료는 화석 연료와 같은 재생 불가능한 에너지원에서 파생된 것일 뿐이고, 합성 연료의 에너지를 변환시키기 위해서는 별도의 에너지를 투입해야 하기 때문에 합성 연료의 효율성은 형편 없으며, 그 안정성이 문제가 되는 핵연료도 에너지 문제의 대안이 될 수 없다고 리프킨은 지적한다.

고엔트로피 사회에서 저엔트로피 사회로

리프킨은 고엔트로피 사회에서 저엔트로피 사회로 이행하기 위해서는 다음과 같은 몇 가지 핵심적인 변화가 일어나야 한다고 주장한다.

먼저 제3세계가 발전해야 한다. 근본적인 부의 분배가 이루어지지 않은 상태에서 지구의 생물학적 한계를 지키자는 주장은 가난한 사람을 영원한 노예 상태로 묶어 두는 결과를 낳기 때문이다. 으리으리한 욕실이 달린 저택에 살면서 유명 디자이너의 옷을 입고 벤츠를 모는 상류사회의 생태론자들이 깨끗한 공기를 요구하려면, 우선 자신들의 경제적 풍요를 이루고 있는 부를 좀 더 균등하게 재분배해야 한다고 리프킨은 지적한다.

둘째, 현재의 중앙 집권적인 전력 시스템을 분산적인 태양 에너지 시스템으로 바꾸어야 한다. 현재의 전력 시스템을 태양 발전 시스템으로 대체하면 고도의 에너지가 필요한 중화학 공업과 첨단 기술과 같은 고엔트로피 산업을 더 이상 유지할 수 없게 된다. 그러므로 태양 에너지에만 의존하는 체제로 전환하려면 기술과 경제에 큰 변화가 일어나야 한다.

리프킨은 현재의 고엔트로피 문화에서 태양열과 같은 재생 가능 에너지를 사용하는 저엔트로피 문화로 이행하기 위해서는 사람들이 생각의 틀 자체를 근본적으로 바꾸어야 한다고 말한다. 고엔트로피 시대에는 성장이 삶의 목표였지만 저엔트로피 시대에는 검약이 삶의 중요한 덕목이 되어야 한다. 또한 무절제한 소비와 물질적 집착 등에서 벗어나 내적인 성장을 중시하는 태도, 생태적인 관심 등에 기초를 두는 사고방식으로 인식의 대전환이 있어야 한다고 말한다.

중간 기술과 인류의 미래

《작은 것이 아름답다》를 쓴 경제학자 슈마허는 "태양 에너지로 집 한 채를 따뜻하게 하는 것은 쉽다. 그러나 록펠러 센터에 난방을 공급하는 것은 불가능하다. 태양 에너지와 풍력을 합친다 해도 엘리베이터조차 가동하지 못할 것이다."라고 말한다. 대량생산과 대도시의 삶이 태양 에너지 시대의 모델과 맞지 않는다는 것이다. 그렇다면 태양 에너지 시대에 맞는 모델은 어떤 것일까?

리프킨은 《작은 것이 아름답다》에서 슈마허가 제시한 이른바 '중간 기술'을 그 모델로 든다. 중간 기술은 인간의 노동력을 최대로 활용하여 이루어지는 작은 규모의 기술이다.

그러나 무한경쟁의 시대, 경제 성장을 최고의 미덕으로 아는 시대, 기술만이 최고의 부가가치를 창출해낼 것이라는 기대로 기술과 인력 개발에 총력을 기울이는 시대에 어떤 정부가 중간 기술과 같은 저엔트로피 기술을 도입하겠는가! 인류의 세계관 자체가 근본적으로 변화지 않는 이상 요원한 일이다. 지구는 현세의 인류만을 위한 곳이 아니고 미래의 후손들과 같이 공유하는 곳이며, 인류는 홀로 독불장군처럼 존재하는 것이 아니라 생태계를 이루는 한 구성원일 뿐이라는 세계관의 대전환을 요구한다는 점에서 리프킨의 책 《엔트로피》는 독자들에게 통렬한 각성과 실천을 요구한다.

나와 세계를 변화시키는
과학책 읽기

한쪽에서는 과학이 장밋빛 미래를 가져다 줄 것처럼 말하는 사람들도 있지만 또 한쪽에서는 많은 사람들이 지구의 환경과 미래를 생각해야 한다고 우려의 목소리를 높이며 과학에 적절한 제동 장치를 달아야 한다고 주장하기도 한다. 심지어는 지구의 종말을 우려하는 사람들도 있다. 제레미 리프킨도 그런 학자 중 한 사람이다. 《엔트로피》, 《노동의 종말》, 《바이오테크의 시대》, 《육식의 종말》, 《소유의 종말》 등 그의 책들은 지구의 미래를 걱정하는 한 실천적 지식인의 고뇌의 산물이다. 그의 책들은 오늘날의 과학 기술이 어떻게 환경과 인간을 위협하는지를 풍부한 실증적 사례들을 통해 제시한다.

《엔트로피》를 통하여 그는 현대를 사용 가능한 에너지는 감소하고, 사용 불가능한 에너지는 증가하는 '고엔트로피의 시대'로 규정하면서 고엔트로피 사회에서 저엔트로피 사회로의 전환만이 인류의 지속 가능성을 보장할 수 있다고 주장한다. 그는 가장 손쉽게 구할 수 있는 자원인 수소가 앞으로 인류 문명을 재구성하고 세계 경제와 권력 구조를 재편할 것이라고 예견하면서 수소를 '민주적 에너지'로 규정한다.

그러나 《에너지 주권》의 저자, 헤르만 셰어는 수소 에너지의 비효율성에 대해 지적한다. 수소 에너지는 석탄, 석유 등처럼 땅에서 캐낼 수 있는 1차 에너지가 아니고, 변환 과정을 거쳐 얻어야 하는 2차 에너지이므로 이 변환 과정에 엄청난 에너지가 필요하다는 것이다. 셰어는 최근 수소와 연료 전지를 주제로 열리는 수많은 회의를 주도한 이들의 대다수가 수소 에너지 생산을 위해 핵에너지를 다시 끌어들이려 한다고 비난한다. 결국 수소 에너지는 미래의 에너지가 될 수 없다고 셰어는 주장한다.

수소 에너지에 대해서 헤르만 셰어와 같은 입장에 있는 학자는 《다시 태양의 시대로》, 《석유 시대, 언제까지 갈 것인가》, 《에너지 대안을 찾아서》의 저자 이필렬이다. 그는 《에너지 대안을 찾아서》에서 원자력의 위험성을 살살이 파헤치며, 인류의 안전을 위해서는 현재의 원자력 의존 정책을 획기적으로 전환시켜 태양력, 풍력, 생물 자원 등 재생 가능한 에너지를 사용하는 친환경적인 새로운 에너지 시스템을 만들어야 한다고 역설한다. 비록 그의 주장은 아직 소수의 목소리에 불과하지만 문명에 대한 그의 진지한 성찰은 깊이 음미해 볼 만하다.

수소 에너지에 대한 제레미 리프킨의 생각이 정당하든 그렇지 않든 간에 그는 지구의 미래를 진지하게 걱정하는 학자 중 한 사람임에는 틀림이 없다. 이런 사실은《육식의 종말》,《바이오테크 시대》와 같은 책들에서도 확인된다. 그는《육식의 종말》에서 "오늘날 지구상에 존재하는 소의 수는 12억 8천만 마리로 추산된다. 그 사육 면적은 전세계 토지의 24%를 차지한다. 그들은 미국 곡물 생산량의 70%, 지구 곡물 생산량의 3분의 1을 먹어 치운다. 만성적 기아에 시달리는 13억 명을 넉넉히 먹여 살릴 만한 곡식이다."라고 말하며 지방질이 많은 미국산 쇠고기의 탄생은 소, 인간, 환경 모두에게 거대한 재앙이었다고 지적한다.

육식 문화와 관련해서는 존 라빈스의《음식 혁명》이란 책도 기억해 둘 만하다. 존 라빈스는 세계 최대의 아이스크림 회사 배스킨 라빈스의 상속자였음에도 불구하고, 아이스크림을 비롯한 각종 유제품과 축산물에 대해 감춰졌던 진실을 폭로한 환경 운동가로서 유명하다. 육식이 건강에 어떤 문제점이 있는가라는 의문으로부터 시작하여 육류 산업의 문제점과 동물 복지의 문제점, 육식으로 인한 각종 환경 문제와 인간의 식량 부족 등 존 로빈스의 책은 육식의 문제점을 총체적으로 파헤친다.

햄버거와 프렌치프라이로 대표되는 패스트푸드 세계의 이면을 적나라하게 파헤치고 있는 책은 에릭 슐로서의《패스트푸드의 제국》이다. 패스트푸드에 포함된 지방질과 고칼로리, 그리고 이들과 불가분의 소비 관계를 가진 청량 음료인 코카콜라에 포함된 과다한 칼로리가 비만 등 건강상의 문제점을 야기하고 있으며, 패스트푸드의 주요 원료인 육우 도축 기업들이 정부 규제 완화를 위해 정치권에 상당한 로비를 전개하고 있다는 것이 그의 주장이다.

육식 문화와 관련된 책을 읽다 보면 동물에 대한 인간의 학대가 거의 만행 수준에 달했음을 알게 된다. 이 대목에서 피터 싱어의 《동물 해방》을 읽어보길 권한다. 《동물 해방》에서 피터가 고발하는 동물들의 상황은 섬뜩하다. 송아지의 운동량을 줄여야 빨리 살이 찌기 때문에 축산업자는 송아지가 어떤 운동도 할 수 없도록 감금한다. 그렇게 해서 송아지는 하루 종일 먹는 일 이외에는 아무 짓도 하지 못하는 상태로 비육된다. 우리가 자주 마시는 우유를 생산하기 위해서 젖소는 임신 가능해진 그때부터 5~6년 뒤 햄버거나 개 사료가 되기 위해 도축장으로 끌려가는 날까지 줄곧 강제로 임신하게 되고, 출산 후에는 즉시 새끼를 박탈당한다. 환경을 파괴하고 동물을 학대해가면서까지 굳이 육식 문화를 고집해야 하는지, 책은 우리가 풀어야 할 실천적 화두를 제시한다.

《바이오테크 시대》에서 제레미 리프킨은 인류가 만들어 낸 새로운 종들이 돌연변이로 발전하거나 생태계를 교란하는 요인으로 작용할 것을 우려하고 있다. 또 유전공학이 다국적기업의 이익만을 극대화시킬 수 있다고 우려를 표명한다. 가령 세계 최대의 종자(種子)회사인 미국의 몬산토 사가 개발한 '터미네이터'라는 유전자가 이식된 씨앗은 농부들이 파종을 하여 수확할 수는 있지만 그 씨앗은 다시 얻을 수는 없다. 결국 이듬해에 파종하려면 고가의 비용을 지불하고 그 씨앗을 몬산토 사에서 다시 구입할 수밖에 없다. 결국 제레미 리프킨은 이 사례를 통해 유전공학이 다국적 기업의 이익만을 배타적으로 부풀리고 있는 것은 아닌지를 묻고 있는 셈이다. 이와 관련하여 반다나 시바는 그의 저서 《자연과 지식의 약탈자》를 통해 제1세계에 속한 나라들은 지적재산권을 통해서 제3세계 생물 자원을 바탕으로 만들어진 상품에 대해 소유권을 주장하는 것에 대해 문제를 제기한다. 거의 모든 생물 다양성 자원은 제3세계 토착 공동체들이 오랜 기간 사용해 온 것이며, 그들의 관리를 통해 유지되어 온 것들이라는 사실을 무시하고 있는 것이라고 하면서 다국적 기업의 연구 활동을 '생물해적질 (biopiracy)'이라고 이름 붙인다. 결국 유전공학은 제1세계, 즉 다국적 기업의 이익을 대변한다고도 볼 수 있다. 이런 주장은 과학 기술이 모든 이에게 고른 혜택을 분배해 준다는 생각이 그릇된 편견이었음을 말해 준다.

과연 과학 기술이 누구의 이익을 증진시켜 주는가를 심각하게 묻고 있는 책은 레이 모이니헌과 앨런 커셀스가 공동 저술한 《질병 판매학》이다. 이 책은 미국의 다국적 제약회사들이 질병에 대한 두려움을 마케팅 도구로 하여 의학계에 막강한 영향력을 행사하고 건강한 사람을 환자로 만들고 있다고 주장한다. 책은 질병을 판매하기 위한 여러 전략들을 소개한다. 명확한 기준치도 없는 콜레스테롤 수치로 건강한 보통 사람을 불안하게 하라, 고혈압은 정상 혈압 범위를 낮춰 판정 기준을 엄격하게 만들라, 골다공증과 과민성 대장 증후군 등 건강한 사람들이 경험할 수 있는 사소한 일들을 심각한 질병으로 받아들이도록 하라는 것 등이다. 한 마디로 제약회사는 영업 이익을 올리기 위해 질병을 만들어 낸다는 것이다. 과연 이런 사실을 알고서도 우리는 막연히 과학이 인류의 복지를 증진시켜 주는 유효한 수단이라고 말할 수 있을까.

과학 기술이 과연 인류의 복지를 향상시키고 삶의 질을 증가시켜 주었는지에 대해 치열한 성찰을 보여 준 학자는 독일의 사회학자 울리히 벡이다. 그는 《위험 사회》라는 책에서 거대 기술 시스템이 가지고 있는 근본적인 불완전성에 주목하여 현대 사회를 '위험 사회'로 명명한다. 원자력 발전소에서 사소한 기기의 잘못된 작동으로 인해 엄청난 재앙이 일어나는 것을 상상해 보라. 그는 과학 기술을 바탕으로 하여 고도로 복잡하게 체계화되어 있는 현대 사회의 조직이 발생시키는 다양한 효과들은 완전한 예측이 불가능할 뿐만 아니라, 인간의 의도나 바람과는 전혀 무관하며, 일단 작동하기 시작하면 대부분 인간의 능력으로는 통제 불가능하게 작동하는 경향이 있다고 경고한다. 과학 기술이 인류에게 오히려 재앙이 될 수도 있다는 이런 충고는 조심스럽지만 경청할 만한 가치가 있다.

지구를 생물과 무생물이 상호 작용하는 생물체로 바라보면서 지구가 생물에 의해 조절되는 하나의 유기체임을 강조하고 있는 제임스 러브록의 《가이아》는 환경 분야의 고전이라 할 수 있다. 러브록은 지난 30억 년 동안 대기권의 원소 조성과 해양의 염분 농도가 거의 일정하게 유지돼 왔다는 사실에 주목하여, 탄소, 질소, 인, 황, 규소 등 지구를 구성하는 주요 원소들이 대륙과 해양을 오가며 순환한다는 사실을 발견했는데, 그 메커니즘이 전적으로 생물에 의해 통제된다는 사실을 알아 낸다. 이런 실례들을 들어 저자는 지구 차원에서 균형 조절 시스템의 존재를 확신해 이를 '가이아'라고 이름 붙인다. 이 가이아의 세계에 치명타를 가하는 존재가 인간이라는 사실을 통해 인간 중심주의를 반성하게 한다는 점에서 《가이아》는 환경에 대한 문제적 인식을 심화시키는 데 크게 도움이 될 만한 책이다.

환경 분야의 고전으로 꼽는데 주저하지 않는 또 한 권의 책은 레이첼 카슨의 《침묵의 봄》이다. 미국 환경운동의 기폭제가 됐으며 20세기 후반 인류에게 환경문제의 중요성을 일깨워 주었다는 공로로 이 책은 미국의 랜덤 하우스 출판사가 선정한 20세기 1백대 논픽션 중에서 5위로 선정된 바 있다. 이 책의 영향으로 1963년 케네디 대통령은 환경 문제를 다룰 자문 위원회를 구성하기도 했다. 레이첼 카슨은 1957년 친구로부터 정부의 '모기 박멸 프로그램' 때문에 새와 곤충이 DDT에 죽어간다는 편지를 받자, 만사를 제쳐놓고 《침묵의 봄》을 쓰는 데 매달린다. 느릅나무를 죽이는 곤충을 박멸할 목적으로 뿌려진 DDT가 어떻게 야생 동물의 죽음을 가져오고 생태계를 파괴하는지를 밝혀 낸다. 느릅나무를 죽이는 곤충을 박멸할 목적으로 뿌려진 DDT가 그 곤충을 잡아먹는 종달새와 참새와 제비들을 거의 전멸시키고, 느릅나무 해충은 오히려 DDT에 저항력을 갖게 되고, 이를 박멸하기 위해 더 많은 살충제가 뿌려진다. 이 엄청난 양의 살충제가 강으로 흘러들면서 플랑크톤과 수중곤충을 박멸시키고 이들을 먹고 사는 송어와 연어를 또한 멸종시킨다. 곤충의 죽음은 곤충을 먹이로 하는 새들의 죽음을 야기하고, 송어와 연어의 죽음은 그것을 먹고사는 야생 동물의 죽음을 가져온다. 그는 이 책을 통해 생명의 세계가 거대한 연관의 체계, 공생의 세계임을 보여 준다.

이본 배스킨의 저서 《아름다운 생명의 그물》이란 책은 가문비나무, 딱따구리, 곰팡이, 말벌, 나비 등 수많은 생물들이 하나의 거대한 그물망을 이루고 살아가고 있음을 깨닫게 해 준다. 그 깨달음은 결코 추상적 인식이 아니다. 엄정한 사실로부터 얻어진 아주 구체적 지식이다. 그러나 그 구체적 지식은 구체성으로 끝나는 것이 아니다. 여러 생물들이 공생하는 모습을 통해 우리는 인류의 공생, 더 나아가 인류와 생태계와의 공생의 필요성에 대한 인식을 얻게 된다.

과학책은 구체적인 낱낱의 사실의 인식에만 그치게 하는 것이 아니라 우리가 세계에 대해 어떤 태도를 가져야 하고, 우리가 어떤 삶을 살아야 하는지를 성찰할 수 있게 해 준다. 과학은 세계를 인식하는 활동일뿐더러 또한 그것은 나의 삶을 변화시키고 세계를 변화시키는 활동이기도 하기 때문이다.

찾아보기

ㄱ

가렛 하딘 69

가우스 69

각인 136

간디 335

갠지스테드 201

결과의 불확정성 246

결정적 시기 136

경쟁 68

경쟁 배제의 원리 69

《경제성장이 안 되면 우리는
풍요롭지 못할 것인가》 292

경험론 165

계몽주의 102

고추 284

고통 228, 277

고흐 71, 144

곤여만국전도 99

곰 115

공생 115

공포 188

과민성 대장증후군 275

과학 상점 312

〈구두〉 144

구충 33

국가인권위원회 288

국수주의 103

권력 279

귀납추리 158

극초단파 248

기생충 29

《기생충 제국》 31

기억 222

기하학적 정신 155

김종길 64

김치 284

ㄴ

나라덩굴 121

《나에게 컴퓨터는 필요 없다》 306

나이프피시 108

나탈리 엔지어 18

《남북 관계 : 생존을 위한 계획》 98

네루 334

노암 촘스키 168
《노인과 바다》 253
노자 125
《논어》 252
《뉴 아틀란티스》 340
뉴턴 146
《느림》 302
늑대 소년 138
〈능양시집서〉 153
니치 68

ㄷ

다양성 86
다윈 40
다윈 의학 62
《다윈은 어떻게 프로이트에게
낚시를 가르쳤는가》 251
다윗 248
다이어트 279
단일 민족 288
대니 서 172
《대지의 수호자 잡초》 44
대칭성 201
대형 포유류 190
데카르트 271
도구 246
동물 기계론 271

동물 실험 161
《동물, 인간의 동반자》 268
《동물과 인간 세계로의 산책》 107
동병상련 65
《떡갈나무 바라보기》 107

ㄹ

래이 모이니헌 274
러셀 158
〈러셀과 아인슈타인 선언〉 322
레이첼 카슨 116
로버트 나이만 113
로버트 맥아더 70
로버트 페인 121
루이스 캐롤 74
리블렛 180

ㅁ

마고자 287
마크 라이너스 293
《만들어진 전통》 284
만유인력 148
매트 리들리 74
먹이 사슬 117
《멋진 신세계》 226
메르카토르 투영법 96

면역 반응 30

모방 176

모아브 248

《문명과 야만-타자의 시선으로 본
19세기 조선》 102

물레 336

물리 상점 314

미라미치 강 117

《미래로 가는 길》 256

미생물 34

미셸 투르니에 52

미셸 푸코 279

미음완보 302

미토콘드리아 288

밀란 쿤데라 302

ㅂ

〈바이센테니얼맨〉 226

박지원 16, 153

반 데어 그린텐 투영법 98

방사능 오염 323

백남준 287

뱀필드 112

벙커버스터 248

베르테르 효과 182

베토벤 71

벤살렘 340

벨크로 테이프 179

본성 165, 259

부메랑 251

〈부서진 기둥〉 230

불안 장애 276

《붉은 여왕》 74

비대칭성 204

비버 122

비정상 275

빅토르 프랑클 232

《빈 서판》 168

빈자의 미학 261

빌 게이츠 256

ㅅ

사유 153

사육 267

《살아있는 것들의 아름다움》 18

《삶의 의미를 찾아서》 232

상상력 144

상의상관 116

〈상춘곡〉 302

새만금 310

《생각의 거울》 52

생체 모방 공학 178

생태계 26

섬세의 정신 155

〈성탄제〉 64

성형 279

세계관 99

소국과민 336

소금쟁이 108

〈소요유〉 259

소풍 302

《손자》 246

손힐 201

쇠똥구리 17

쇠비름 44

수레바퀴 48

수력 발전소 333

《수소 혁명》 320

숙주 30, 76

《숲은 연어를 키우고,
연어는 숲을 만든다》 112

슈마허 334, 346

스키너 166

스티븐 제이 굴드 86

스티븐 핑커 168

스티키봇 176

〈슬견설〉 38

승효상 261

시민참여연구센터 315

신토불이 283

쐐기돌종 120

○

〈아기 유령 캐스퍼〉 267

아놀드 토인비 77

아돌프 히틀러 33, 58

아동 주의력 결핍 장애 276

《아름다운 생명의 그물》 120

아리스토텔레스 41

아서 밀러 152

아인슈타인 152

《아인슈타인, 피카소》 152

〈아일랜드〉 258, 270

알래스카 296

알레르기 29

애완동물 269

앤더스 묄러 201

앨런 커셀스 274

앨리슨 고프닉 140

야곱 폰 웩스쿨 107

야생아 136

양육 165

《에너지 주권》 320

에른스트 블로흐 322

에릭 레너버그 137

에릭 홉스봄 284

《엔트로피》 340

엘니뇨 현상 292

《역사의 연구》 77

연기론 116

연꽃잎 효과 180

연어 115

열역학 제1법칙 341

〈예덕 선생전〉 16

예측 시스템 210

옥수수 44

온정적 간섭주의 126

〈와호장룡〉 262

〈왜 원자력은 지구 온난화에 대한
답이 되지 않는가?〉 324

《요람 속의 과학자》 140

우라늄 324

우생학 58, 165

운명론 164

울리히 벡 331

움벨트 107

원월드넷 293

원자력 324

원자력 발전소 331

〈원자력 석유 대체론의 허구성〉 323

원효 대사 21

월경 전 불쾌 장애 276

웬델 베리 306

위성항법장치 248

위험 사회 331

유전자 62

유전자 조작 330

유토피아 271, 340

이규보 38

이반 일리히 303

이본 배스킨 120

《이상한 나라의 앨리스》 74

이상화 210

이은상 203

이을호 283

e-폭탄 248

이필렬 323

인간 중심주의 88

인간성 164

인종 차별 94

ㅈ

자기중심주의 57

자연 127

자전거 304

《작은 것이 아름답다》 334, 346

장자 47

재생 가능한 에너지 326

저엔트로피 사회 345

전통 284

정극인 302

정상 275

정약용 283

제갈량 248

제국주의 102

제러미 블랙 94

제레드 다이아몬드 190

제레미 리프킨 320, 340

〈제물론〉 47, 106

JDAM 248

제임스 서펠 268

조건 반사 이론 166

조기 교육 40

조셉 코케이너 44

조자룡 248

조절 T세포 29

조현범 102

존 로크 165

존 버스비 324

존 에드워즈 250

주혈흡충 31

중간 기술 334, 346

증류기 53

지구 온난화 293

《지구의 미래로 떠난 여행》 293

《지도, 권력의 얼굴》 94

지도의 정치성 94

지렁이 39

〈지렁이의 활동에 의한 옥토의
형성〉 40

지속 가능한 개발 298

지역 균형 선발 90

지역 할당제 90

《지혜의 도시 지혜의 건축》 262

직선적 생명관 88

진화 267

《진화하는 전쟁》 250

질병 63

《질병 판매학》 274

짚신벌레 108

ㅊ

척추동물 266

천남성 26

첨단 무기 247

초기억 신드롬 221

《총, 균, 쇠》 190

추상 84

추상화 216

치렌 산맥 296

《침묵의 봄》 116

ㅋ

카사바 33

칼 짐머 31

콘래드 로렌츠 266

키부츠 169

킬트 286

ㅌ

타이타닉 현실주의 292

타자기 306

탁광일 112

태양열 에너지 325

테러리즘 322

토머스 퀸 113

투발루 295

T-4 프로그램 58

투석 53

ㅍ

파블로프 166

파스퇴르 34

퍼지 이론 85

페터스 98

포유동물 107

포크 48

폴 퀸네트 251

표준화 82

《풀 하우스》 88

프란시스 베이컨 340

프랜시스 골턴 165

프리다 칼로 228

플라톤 164

피보나치 수열 198

피카소 146, 152

피타고라스 197

ㅎ

하이데거 144

〈한 눈 없는 어머니〉 203

합리주의 166

항생제 21

핵무기 331

핵발전소 322, 333

핵폐기물 323

행동주의 166

《행복은 자전거를 타고 온다》 303

허리케인 293

헉슬리 226

헤르만 셰어 320

헤밍웨이 253

호모 사피엔스 86

혼일강리역대국도지도 99

홀로코스트 59

홍연어 124

화석 연료 292

황금비 194

〈황소머리〉 146

획일성 82

효모 34

《희망의 원리》 322

국어선생님의 과학으로 세상읽기

지은이 | 김보일

1판 1쇄 발행일 2007년 9월 3일
1판 10쇄 발행일 2018년 4월 2일

발행인 | 김학원
편집주간 | 김민기 황서현
기획 | 문성환 박상경 임은선 김보희 최윤영 전두현 최인영 이보람 정민애 임재희 이효온
디자인 | 김태형 유주현 구현석 박인규 한예슬
마케팅 | 이한주 김창규 김한밀 윤민영 김규빈 송희진
저자 · 독자 서비스 | 조다영 윤경희 이현주(humanist@humanistbooks.com)
스캔 · 표지 출력 | 이희수 com.
조판 | 새일기획
용지 | 화인페이퍼
인쇄 | 청아문화사
제본 | 정민문화사

발행처 | (주)휴머니스트 출판그룹
출판등록 제313-2007-000007호(2007년 1월 5일)
주소 | (03991) 서울시 마포구 동교로23길 76(연남동)
전화 | 02-335-4422 팩스 | 02-334-3427
홈페이지 | www.humanistbooks.com

ⓒ 김보일, 2007
ISBN 978-89-5862-195-9 03100

만든 사람들

기획 | 황서현(hsh2001@humanistbooks.com)
편집 | 강봉구
표지 · 본문디자인 | AGI 황일선